AF300125

LES IMPOTS

ÉTUDIÉS

AU POINT DE VUE ÉCONOMIQUE

ET JURIDIQUE

Précédés d'une

DISSERTATION SUR L'ACTION PUBLICIENNE

EN DROIT ROMAIN

PAR

Démètre Paul VIOREANO

Docteur en Droit

PARIS

TYPOGRAPHIE DE Ve LACOUR

Rue Soufflot, 16.

1858

LES IMPOTS

ÉTUDIÉS

AU POINT DE VUE ÉCONOMIQUE

ET JURIDIQUE

Précédés d'une

DISSERTATION SUR L'ACTION PUBLICIENNE

EN DROIT ROMAIN

PAR

Démètre Paul VIOREANO

Docteur en Droit

<hr>

PARIS

TYPOGRAPHIE DE Ve LACOUR

Rue Soufflot, 18.

1858

A MON NOBLE ET GÉNÉREUX AMI

M. Jean CAMPINIANO,

Ancien ministre de l'instruction publique et des cultes,
chevalier de plusieurs ordres,

HOMMAGE AFFECTUEUX DE RECONNAISSANCE ET DE RESPECT.

DISSERTATION

SUR

L'ACTION PUBLICIENNE

NOTIONS GÉNÉRALES.

Pour bien comprendre le rôle important que joue, dans le droit romain, l'action publicienne ; pour se rendre un compte exact de la nécessité qui amena la création de cette institution éminemment prétorienne, nous sommes obligés de jeter un rapide coup d'œil sur la revendication et l'usucapion, qui se trouvent dans des rapports intimes avec l'action publicienne dont nous allons nous occuper.

L'acquisition de la propriété s'opérait, en droit romain, de deux manières différentes : on employait soit des modes *originaires*, comme l'occupation, la spécification, etc., qui font entrer dans le patrimoine de l'acquéreur une chose qui n'appartient à personne; soit des modes *dérivés*, qui, comme la mancipation, la cession juridique, la tradition, etc., présupposent l'existence du droit de propriété dans la personne de l'aliénateur. Dans le premier cas, celui qui a perdu la possession de sa chose peut facilement, en intentant l'action en revendication, établir son droit de propriété. Cette preuve est, au contraire, longue et difficile pour celui qui a acquis la propriété par un mode dérivé : il doit en effet prouver, d'un côté, le fait juridique en vertu duquel le droit de propriété lui a été transmis, et, de l'autre, établir l'existence de ce droit dans la personne de tous ses auteurs, en remontant ainsi par degrés l'échelle des propriétaires précédents, jusqu'à ce qu'il puisse arriver à la preuve d'un mode originaire d'acquisition. On comprend aisément que l'action en revendication, assujettie aux conditions rigoureuses du *jus civile*, offrirait pour le demandeur des dangers sérieux, si l'usucapion ne venait point en restreindre singulièrement les effets.

L'usucapion est un mode d'acquisition de la propriété par l'usage : elle s'accomplit par un an ou deux ans au profit de celui qui a possédé sans interruption, pourvu qu'il prouve qu'il a possédé la chose pendant le temps voulu et qu'il l'a reçue *ex justa causa*. Cette preuve une fois faite, le demandeur est dispensé de rattacher son droit à celui de son auteur.

Cependant ce remède du droit civil était encore imparfait et présentait une lacune, car l'usucapion ne protégeait pas le demandeur qui avait cessé de posséder avant le temps prescrit par la loi. De là il résulte qu'il arrivait souvent que des acquisitions, conformes au droit des gens, n'avaient aucune efficacité en droit civil. Nous savons, en effet, que l'usucapion était destinée non-seulement à protéger la bonne foi de ceux qui avaient acquis une chose *mancipi* ou *nec mancipi a non domino*, mais encore à compléter la tradition des choses *mancipi*, qui, même avec le fait et la volonté du propriétaire, ne transférait que l'*in bonis* et ne permettait pas d'intenter la revendication (Gaius, c. II, §§ 41 et 43 ; Inst. de Just., IV, 6, 8, 4).

Aussi le préteur, mettant de côté la rigidité des principes du *jus civile*, vint-il au secours du demandeur, et, en créant l'action publicienne, remédia-t-il à cet état de choses. Cette action, ainsi nommée sans doute du nom du préteur qui l'introduisit, est fondée sur une fiction de droit. La formule délivrée par le préteur enjoint au juge de supposer accomplie l'usucapion qui n'est que commencée, et de n'examiner, abstraction faite du temps, que les autres conditions de la possession. Ces conditions sont-elles remplies, est-il démontré au juge que le possesseur dépouillé serait réellement propriétaire s'il avait possédé durant le temps requis, aussitôt le juge doit donner gain de cause au demandeur et lui faire restituer la chose enlevée.

Le jurisconsulte Gaius expose d'une manière bien précise dans le § 36 du commentaire IV les principes sur lesquels repose la théorie de l'action publicienne. « Datur autem hæc ac-
« tio, *dit-il*, ei qui ex justa causa traditam sibi rem nondum
« usucepit, eamque amissa possessione petit ; nam quia non
« potest eam ex jure Quiritium suam esse intendere, fingi-
« tur usucepisse, et ita quasi ex jure Quiritium dominus
« factus esset, intendit hoc modo : Judex esto, si hominem
« Aulus Agerius emit et is ei traditus est, anno possedisset,
« tum si eum hominem de quo agitur, ejus ex jure Quiri-
« tium esse oporteret, et reliqua. »

Il semble bien résulter, d'après ce qui précède, que l'action publicienne, dans le droit classique, devait protéger aussi bien celui qui avait reçu une chose *mancipi* ou *nec mancipi* avec juste cause et bonne foi *a non domino*, que celui qui avait reçu du propriétaire lui-même par simple tradition une chose *mancipi ;* en d'autres termes, que la Publicienne devait également protéger l'*in bonis* et la *bonæ fidei possessio.* Telle est du moins l'opinion généralement admise.

Cependant quelques auteurs allemands sont venus après Hugo contester cette doctrine, et de trop grands noms figurent dans la controverse pour qu'elle ne mérite pas de fixer notre attention. Ces auteurs pensent que la Public'enne ne s'appliquait qu'à la possession de bonne foi et non pas au domaine bonitaire; l'*in bonis* serait garanti, suivant eux, par une autre action réelle sur la nature de laquelle d'ailleurs ils ne sont pas d'accord. Ce serait, suivant les uns, la *formula petitoria*. Gaius (c. iv, § 92), en effet, dit-on dans ce système, la mentionne en ces termes : « *Hæc est qua actor intendit rem suam esse*, sans ajoutei les mots *ex jure Quiritium*, qui figurent, au contraire, dans la procédure *per sponsionem : per sponsionem vero hoc modo agimus, provocamus adversarium tali sponsione : si homo de quo agitur ex jure Quiritium meum est, sestertios XXV nummos dare spondes* (Gaius, c. iv, § 93). D'où l'on conclut que le *dominium ex jure Quiritium* était garanti par la *sponsio*, tandis que la *formula petitoria* protégeait le domaine du droit des gens, l'*in bonis*.

Nous n'hésitons pas à rejeter ce système. En effet, l'objection présentée nous semble mal fondée, car à ce texte on peut en opposer d'autres (Gaius, ii, § 41 ; Cicéron, 2° in Verrem, 21), où les mots *ex jure Quiritium* figurent dans la *formula petitoria* elle-même. On peut répondre, il est vrai, que cette diversité dans les textes prouve que si le demandeur pouvait bien se prétendre *dominus ex jure Quiritium*, la seule expression essentielle de la formule était *suum est*. Mais il nous est aisé d'établir péremptoirement que, dans les actions *in rem*, les expressions *meum, tuum, suum esse*, même sans l'addition du mot *ex jure Quiritium*, désignent toujours chez les Romains le *dominium ex jure Quiritium* exclusivement. En veut-on la preuve? On la trouve dans Gaius (com. iv, § 34) : Celui qui a obtenu du préteur la *bonorum possessio*, dit le jurisconsulte, ne peut pas *id quod defuncti fuit, intendere suum esse, cum prætorio*

jure et non legiti… succedit in locum defuncti. N'est-ce
pas démontrer que *meum, tuum, suum est,* ne s'applique
pas à la chose qu'on a *in bonis,* mais seulement à celle dont
on a le domaine quiritaire, puisque le *bonorum possessor*
qui a la chose seulement *in bonis* est incapable de *intendere
suam esse rem defuncti* (G., c. iii, §§ 80 et 81)? Ulpien
(6, §2, *De confessis*), et Paul (6, § 2, *De rei vindic.*) nous
fournissent également d'autres preuves en faveur de notre
doctrine.

D'autres auteurs conçoivent une action *in rem,* fictive
comme la Publicienne, mais reposant sur une fiction diffé-
rente et variant suivant les cas. Ils prétendent que cette fiction aurait pour but de tenir la mancipation pour accomplie
ou la qualité d'héritier pour existante, suivant qu'il s'agirait,
soit de l'acquisition d'une chose *mancipi* par simple tradition, soit de la *bonorum possessio* ou de la *bonorum emptio.* Mais aucun texte ne nous présente la formule ainsi modifiée, et d'ailleurs les fictions sur lesquelles on la fonde nous
semblent bien moins naturelles que celle de l'usucapion
achevée. L'usucapion, en effet, s'appliquait à l'un et l'autre
cas; Gaius le dit en termes formels. Or, on convient que si
le possesseur de bonne foi perdait la possession avant le
temps requis, le préteur feignait l'usucapion accomplie et
lui accordait le secours de la Publicienne. Pourquoi donc
penser qu'il l'aurait refusé à celui qui avait acquis du propriétaire lui-même, mais par simple tradition, une chose *mancipi?* Le droit civil les considérait tous deux comme non
propriétaires; on concevrait donc avec peine que le préteur
eût fait une différence; leur droit, entaché d'un vice pareil,
dut nécessairement recevoir un remède pareil.

CHAPITRE PREMIER.

DES CONDITIONS REQUISES POUR OBTENIR LA PUBLICIENNE.

L'action publicienne n'est accordée qu'à celui qui réunit les quatre conditions suivantes : la possession, la juste cause, la bonne foi et l'absence de vices. Nous allons étudier successivement chacune de ces conditions.

SECTION PREMIÈRE.

LA POSSESSION.

Comme le principe qui sert de base à la Publicienne est l'usucapion supposée accomplie, et comme, d'un autre côté, l'usucapion ne peut se concevoir sans l'idée de possession, il en résulte que, pour intenter la Publicienne, le demandeur doit nécessairement avoir possédé la chose qu'il réclame ; autrement sa demande serait rejetée.

Cette doctrine, qui ressort d'une manière incontestable des principes relatifs à cette matière, semble ne devoir présenter aucun doute. Elle a néanmoins été l'objet d'une vive controverse.

Plusieurs jurisconsultes d'Outre-Rhin, en suivant l'opinion émise par Vinnius, soutiennent que, dans le cas où, sans avoir pris possession, vous auriez acquis la propriété et eu droit à la revendication, si votre auteur eût été propriétaire, vous aurez de même, sans être entré en possession, droit à la Publicienne, si votre auteur, n'étant pas propriétaire, vous l'avez cru tel. Il est vrai, ajoutent ces auteurs, que l'édit du préteur ne mentionne que la tradition et l'usucapion, et semble par là vouloir refuser la Publicienne à celui qui ne se trouve pas en position d'usucaper ; mais il a seulement prévu le cas le plus ordinaire, et l'on ne peut s'en autoriser pour supposer qu'il ait refusé ce secours à ceux qui avaient lieu de croire qu'ils étaient devenus propriétaires par un autre mode d'acquisition, et dont la position et la bonne foi méritent un égal intérêt.

Cujas et Savigny professent, au contraire, sur cette question, une opinion diamétralement opposée à celle que nous venons d'exposer. Ils prétendent que la tradition de la chose, ou tout au moins une prise de possession non vicieuse, de quelque manière qu'elle soit effectuée (D. 8, *Pro legato*), est une condition essentielle, indispensable pour l'exercice de l'action publicienne.

Nous adoptons cette seconde opinion, parce qu'elle repose sur l'idée même qui sert de fondement à la Publicienne. N'oublions pas en effet que cette action a été créée pour venir en aide à celui qui est en train d'acquérir la propriété par usucapion, et qu'elle a pour but de considérer comme accomplie l'usucapion qui n'est point encore achevée. Or, on ne peut pas feindre l'usucapion accomplie quand elle n'est pas même commencée, et elle ne peut évidemment commencer qu'après l'entrée en possession. Plusieurs textes du Digeste viennent, en outre, à l'appui de ce système :

1° Sine *possessione* usucapio contingere non potest (D. 25, *De usurp. et usucap.*).

2° Fingitur rem *usucepisse* et ita quasi ex jure Quiritium dominus factus esset (Gaius, com. iv, § 36).

3° Ante *traditionem*, quamvis bonæ fidei quis auctor sit, experiri Publiciana non poterit (l. 1, § 16, h. t.).

4° Ait prætor : Si quis id quod *traditur* ex justa causa non a domino et nondum usucaptum petet, judicum dabo (l. 1, h. t.).

5° Judex esto : si quem hominem A. A. emit et is cui *traditus est*, anno possedisset, tum si eum hominem de quo agitur ex jure Quiritium esse oporteret (Gaius, com. IV, § 36).

Examinons maintenant les principaux arguments de l'opinion que nous combattons, et nous verrons qu'ils n'ont pas la valeur qu'on veut leur attribuer.

1° On invoque en premier lieu le § 2 de la loi 1, h. t., qui semble considérer le legs *per vindicationem* comme transférant la propriété sans le secours de la *tradition*. Mais on n'a qu'à lire la loi 2, h. t., qui développe l'idée contenue dans le texte précédent, pour rester convaincu que le légataire lui-même ne peut jouir de la Publicienne qu'autant qu'il est entré d'une manière quelconque dans la possession de la chose léguée. « Nam amissa *possessione* competit Publiciana, » dit, en effet, le § 2 que nous venons de citer.

2° On argumente ensuite de la loi 18, § 15, *De damno infecto* : « Si is qui jussu prætoris cœperat possidere, et possidendo dominium capere, aut non admissus aut dejectus fuerit, utile interdictum unde vi aut publicianam actionem habere potest. » *Les mots non admissus*, dit-on, prouvent évidemment que la Publicienne peut être accordée sans qu'il y ait possession. Mais cet argument n'est pas sérieux, car la loi s'occupe, non pas d'un homme qui commence à posséder, mais bien d'une personne qui rencontre des obstacles à *sa rentrée* en possession. *Cœperat possidere*, dit la loi. D'il leurs le texte en parlant de l'interdit *unde vi,* suppose sans aucun doute une possession préexistante et qui est actuellement perdue, car nous savons qu'il est accordé à celui qui est dépouillé de la possession par violence. Enfin, la loi 3, § 14, *De vi,* fortifie notre interprétation et lève tous les doutes sur ce point.

3° On s'appuie également sur la loi 15 de notre titre, qui décide que si mon esclave, pendant qu'il était en fuite, a' acheté une chose *a non domino*, la Publicienne devra me compéter, *licet possessionem rei traditæ per eum nanctus non sim*. Mais nous croyons, avec Cujas et Savigny, qu'on doit entendre ici, par le mot *possessio*, la détention corporelle de la chose, et alors le texte s'explique parfaitement avec notre système, en disant que la Publicienne m'est accordée quoique, à cause de l'éloignement de mon esclave, je ne puisse pas avoir la détention naturelle de la chose achetée. Le jurisconsulte Paul déclare en outre, dans la loi 1, § 14, *De acquir. vel amit. poss.*, qu'il est généralement admis que nous pouvons acquérir la possession par l'esclave fugitif.

4° On a voulu argumenter de la loi 12, § 1, h. t., qui décide que celui à qui une hérédité est restituée en vertu du sénatus-consulte Trébellien, peut intenter la Publicienne, bien qu'il ne soit pas entré en possession. Mais il ne s'agit dans cette loi que de choses que le *de cujus* avait commencé à usucaper et pour lesquelles il aurait pu personnellement se servir de la Publicienne ; le successeur prétorien auquel l'hérédité est restituée pour cause de fidéicommis, en exerçant cette action, ne faisait que continuer la personne du *de cujus*. Comme on avait décidé que l'usucapion ne serait pas interrompue par la mort du possesseur, l'hérédité même étant jacente, on a dû également reconnaître, et c'est là ce qui fait l'objet de notre loi, que la Publicienne passerait aux héritiers et aux successeurs, sans considérer leur bonne ou mauvaise foi personnelle ou leur défaut de mise en possession, leur position, à ce double point de vue, n'étant autre que celle de leur propre auteur.

5° Enfin, l'opinion adverse met en avant la loi 9, § 6, h. t. Cette loi statue que si l'esclave héréditaire a acheté, avant l'adition de l'hérédité, une chose qu'on lui a livrée et dont il a perdu ensuite la possession, l'héritier pourra intenter la Publicienne, comme s'il avait possédé lui-même. Elle ajoute, en outre, que les habitants d'un municipe, à l'esclave desquels une chose a été vendue et livrée, seront dans la même situation. Comment se fait-il, nous dit-on, que la Publicienne soit accordée à des personnes qui n'ont pas manifesté ou qui ne peuvent pas manifester par un acte de leur volonté l'intention de posséder? N'est-ce point là une preuve que la Publicienne peut être intentée abstraction faite de la possession? Cet argument n'a rien de concluant. Papinien, en effet, déclare dans la loi 44, § 3, *De usurp.*, que ce fut *jure singulari*, c'est-à-dire d'une manière exceptionnelle, que la jurisprudence s'est relâchée peu à peu de l'ancienne rigueur pour étendre à ce cas l'application de l'usucapion et partant de l'action publicienne.

Nous pouvons donc conclure, d'après ce qui précède, que les textes invoqués à l'appui de l'opinion qui cherche à prouver que la Publicienne pouvait exister indépendamment de toute possession, ne présentent pas des arguments bien sérieux pour faire admettre cette opinion, que combattait déjà si énergiquement l'esprit même de l'institution prétorienne. Au contraire, les passages des différents jurisconsultes abondent en faveur de notre système. Nous nous contentons ici d'en extraire quelques-uns pour les ajouter à ceux que nous avons cités au commencement de cette discussion.

1° Ut igitur Publiciana competat, hæc debent concurrere, ut et bona fide quis emerit, et ei res empta eo nomine sit *tradita.* Cæterum ante traditionem quamvis bonæ fidei quis emptor sit, experiri Publiciana non potest (loi 7, § 16, h. t.).

2° Sed etiam is qui momento *possedit* recte hac actione experiretur (loi 12, § 7, *idem*).

3° Sed ut is qui bona fide emit *possessionemque* ejus ex a causa nanctus est, potius rem habeat (loi 17, *idem*).

Il n'y a pas à distinguer, pour pouvoir exercer la Publicienne, si on acquiert la possession par soi-même ou par un autre, comme un esclave ou un fils de famille ; peu importe encore que ces derniers entrent en possession *peculiari* ou *domini vel patris nomine.* La seule différence qui existe à cet égard entre les deux cas se présente quant au point de départ de l'usucapion. Celle-ci, en effet, commence immédiatement à courir et même à l'insu du maître, quand l'esclave achète une chose *ex peculiari causa*, tandis que, si l'achat a été fait *domini nomine*, l'usucapion ne saurait commencer qu'au moment où le maître a eu connaissance d'une manière quelconque de l'acquisition effectuée.

On peut également acquérir la possession par un mandataire, un gérant d'affaires, un tuteur, un curateur. Dans les deux premiers cas, l'usucapion commence à courir à mon profit et par conséquent la Publicienne m'est accordée dès l'instant où j'aurai pris connaissance de cette acquisition ; dans les deux derniers cas, au contraire, ces effets juridiques se produisent au moment même du contrat, car la volonté du tuteur ou du curateur s'est substituée à la mienne.

SECTION II.

DE LA JUSTE CAUSE.

Nous avons vu que l'édit du préteur présente la juste cause comme l'une des conditions indispensables pour l'exercice de l'action publicienne. En droit romain, ainsi que dans les législations modernes, on entendait par juste cause un fait juridique qui dénote chez le *tradens* l'intention de transférer la propriété et autorise l'*accipiens* à posséder comme propriétaire. Si celui-ci ne devient pas immédiatement propriétaire de la chose livrée, à cause d'un obstacle existant dans la qualité de la chose ou dans le pouvoir du *tradens*, le possesseur devra avoir recours à l'usucapion pour arriver à l'acquisition de la propriété, et à l'action publicienne, s'il vient à perdre la possession avant le temps requis pour l'usucapion. Gaius nous dit formellement (l. 13, pp. h. t.) que toutes les fois, qu'ayant acquis la possession d'une chose quelconque en vertu d'une juste cause d'acquisition de la propriété, nous l'avons ensuite perdue, on nous donnera la Publicienne pour poursuivre cette chose.

Examinons successivement les principales justes causes qui peuvent donner lieu à l'usucapion et partant à l'action publicienne.

Le premier cas de juste cause présenté par Ulpien n'offre pas de difficultés. Quand la femme livre à son mari, à titre de dot, une chose dont elle n'a pas la propriété, il est évident que le mari pourra usucaper et se faire accorder la Publicienne. Seulement, si la chose a été estimée, il possédera *pro emptore*, car c'est le prix de la chose qui est alors l'objet de la dot, tandis que dans le cas contraire il possédera *pro dote*, et c'est la chose livrée qui devra être restituée par le mari lors de la dissolution du mariage.

Le legs constitue encore une juste cause si le légataire de bonne foi est entré en possession de la chose léguée par un *non dominus*.

Il faut en dire autant de la donation lorsqu'elle intervient entre personnes à qui elle est permise. Ainsi les donations entre fiancés étant permises, peuvent servir de juste cause (l. 12, h. t.), tandis que celles qui sont faites par un époux à l'autre conjoint, étant prohibées, ne peuvent pas fonder la juste cause et donner lieu à l'action publicienne.

La donation à cause de mort sert également de juste cause à la possession. Cujas, se fondant sur un rapprochement des textes de la loi 1, § 2, *in fine*, et de la loi 2, h. t., pense que dans notre cas la propriété est transférée sans le

secours de la tradition, mais nous ne voyons là qu'un ar
gument insuffisant et qui ne tendrait à rien moins qu'au ren
versement des principes de la législation romaine en cette
matière. Quoi qu'il en soit, il faut distinguer, quant au moment où la juste cause existe, les deux espèces de donations à cause de mort : la *donatio pura quæ sub conditione
resolvitur*, c'est-à-dire, la donation sous condition résolutoire et la donation sous condition suspensive. Le donataire
sous condition résolutoire présente une juste cause de possession dès l'instant où la tradition a eu lieu, soit que la donation ait été effectuée par simple tradition, comme cela se
pratiquait du temps de Justinien, soit que la tradition ait
accompagné la mancipation ou la cession juridique qui, à
l'époque de la jurisprudence classique, transférait la propriété. Le donataire sous condition suspensive, au contraire,
ne devient propriétaire qu'au jour du décès du donateur ;
ce n'est donc qu'à partir de cette époque que la Publicienne
pourra lui être accordée par le préteur.

Il y a une juste cause, nous dit le § 1, l. 3, h. t., dans la
tradition d'une chose *ex causa judicati*. Mais dans quels cas
peut-on dire qu'une chose a été livrée *ex causa judicati ?*
dans quels cas le jugement constitue-t-il une juste cause ?
La question sur ce point est vivement controversée.

Supposons d'abord que le débat s'élève sur une matière
réelle, et que le juge, reconnaissant comme juste la prétention du demandeur, ordonne au défendeur de lui restituer la
chose qui fait l'objet du litige. Plusieurs auteurs pensent que
le jugement rendu dans ce cas constitue une *justa causa
transferendi dominii*, c'est-à-dire, que si le défendeur n'é-
tait pas propriétaire de la chose, le demandeur le deviendra
à l'aide de l'usucapion, et pourra en attendant se servir de
la Publicienne. Nous croyons devoir repousser cette opinion,
parce qu'il nous paraît impossible de croire que, dans notre

hypothèse, le jugement puisse constituer une juste cause.
D'abord le jugement n'est que déclaratif et non pas translatif de droits; il ne fait que constater l'état des choses
préexistant qui était nié et méconnu; la chose jugée n'est
pas la source, elle n'est que la preuve d'un droit; elle proclame son existence sans le créer. En second lieu, nous
avons vu que la juste cause est un fait juridique, qui manifeste clairement l'intention de transférer la propriété de la
part de celui qui livre la chose; or, ce fait ne se rencontre pas dans le jugement. Il ne peut pas émaner du juge,
puisque celui-ci n'a nullement l'intention de transférer une
propriété qui ne lui appartient pas. Il n'émane pas non plus
du défendeur, car celui-ci n'agit que par l'ordre du juge, et
ne fait, dès lors, que se conformer à ce que contient cet
ordre. Pour trouver la juste cause, il faut remonter jusqu'au
titre primitif que le jugement est venu sanctionner.

Les arguments de texte qu'on nous oppose nous semblent
peu faits pour convaincre. On invoque une prétendue analogie qui existerait entre le jugement et la transaction, et
on s'appuie, à cet effet, sur les lois 8, au Code, *De usucap.
pro empt.*, et 29, Dig., *De usurp, et usucap.*; la transaction y est représentée, il est vrai, comme une juste cause de
possession pour l'usucapion; mais avec le cas qui nous occupe l'analogie n'est pas exacte : dans la transaction, chaque partie fait un sacrifice de quelque droit qu'il a ou qu'il
croit avoir; il y a toujours une intention de transférer la
propriété, ce qui n'existe jamais chez le défendeur qui succombe dans la revendication. On argumente encore de la
loi 33, § 3, *De usurp. et usucap.* D'après cette loi, nous
dit-on, le possesseur qui, menacé de revendication, cède son
fonds, ne fait que reconnaître le droit de son adversaire,
sans avoir l'intention de lui transférer la propriété; et ce
pendant Julien nous présente cette cession comme une

juste cause d'usucapion. Pourquoi donc ne déciderait-on pas de même dans le cas où le défendeur restitue la possession au demandeur en vertu d'un jugement? Mais cette argumentation n'est pas sérieuse. En allant, en effet, au fond des choses, on voit que notre loi s'occupe d'une véritable transaction, et que le possesseur dont elle parle fait un sacrifice pour éviter les ennuis d'un procès. Nous nous appuierons, en outre, pour soutenir notre manière de voir, sur le second exemple de la même loi, où les mots *cedere possessione* sont suivis de cette expression : *si solvendi causa id fecerit*, ce qui indique bien que cette cession a pour but de transférer la propriété, puisque c'est le seul mode d'acquitter une obligation contractée par stipulation. *Cedere possessione* signifie donc céder la possession dans l'intention de transférer la propriété, et non pas restituer la possession, comme le fait le défendeur qui succombe dans la revendication.

Nous croyons que le jugement ne peut constituer une juste cause que dans les actions personnelles, qui toutes donnent lieu à une condamnation pécuniaire. Si, dans cette hypothèse, le défendeur a payé avec des écus qui ne lui appartiennent pas, ou a fait une *datio in solutum* en remettant au demandeur une chose dont il n'avait pas la propriété, le demandeur de bonne foi pourra usucaper cette chose ou les écus *pro judicato*. On pourrait trouver une seconde application remarquable de notre texte dans quelques actions personnelles arbitraires, comme l'action *quod metus causa*, et dans quelques actions personnelles de bonne foi, comme dans l'action *empti*. Dans ces actions, en effet, après avoir reconnu et déclaré que le défendeur était obligé à transférer au demandeur la propriété d'une chose, le juge lui ordonnait de satisfaire à cette obligation, et il ne prononçait la condamnation que sur le refus du défendeur d'obtempérer à l'ordre que le juge lui avait donné en vertu de son *arbitrium* ou du pouvoir qu'il avait de faire, dans les actions de bonne foi, des appréciations *ex æquo et bono*. Si donc, en pareil cas, le défendeur, pour éviter la condamnation, livrait la chose elle-même, le demandeur commençait bien à la posséder *ex causa judicati* et pouvait par conséquent intenter la Publicienne.

C'est là l'explication la plus plausible que l'on peut donner de la loi 3, § 1. Nous devons, toutefois, reconnaître qu'elle a l'inconvénient de restreindre à des cas particuliers une disposition qu'Ulpien semble présenter comme étant d'une application générale.

La juste cause existe également : 1° dans la *noxæ deditio*, ou l'abandon de l'esclave fait par le possesseur de bonne foi pour se dispenser de payer la réparation du délit commis par l'esclave, et 2° dans la *noxæ ductio*, c'est-à-dire, la prise de possession par ordre du préteur *ex noxali causa*, quand le maître ne défend pas son esclave. Dans les deux cas, le nouveau possesseur est en mesure d'usucaper et partant de se servir de la Publicienne.

Rapprochons de ces cas l'envoi en possession par le second décret du préteur, *ex causa damni infecti*, car ici encore il y a juste cause de possession. Une maison menace ruine et le propriétaire refuse de donner caution de réparer le dommage que pourrait causer sa chute ; alors le préteur, par un premier décret, envoie le propriétaire de la maison voisine en possession *custodiæ causa*, et, après quelque temps, l'autorise à posséder par un second décret. Mais le magistrat, ne pouvant le rendre propriétaire *ex jure Quiritium*, le met seulement en position d'usucaper, et en attendant il lui accorde la Publicienne.

Quand une chose a été adjugée, l'adjudicataire commence à posséder *ex justa causa*, et jouira de la Publicienne. Dans les trois actions divisoires, le juge a le pouvoir de transférer la propriété de la chose qu'il adjuge; l'adjudicataire devient dès lors propriétaire exclusif de la chose auparavant commune. Si donc l'action en partage s'était engagée par erreur sur des fonds appartenant à autrui, l'usucapion serait accordée à l'adjudicataire, et par suite la Publicienne. Le droit antérieur à Justinien nous fournit encore une seconde hypothèse, où l'adjudication devait servir de juste cause de possession : c'est le cas où une adjudication est prononcée dans un *judicium imperio continens;* il résulte, en effet, du rapprochement de deux textes de Paul (Vatic. frag., § 47, et D., l. 44, § 1, *Fam. ercisc.*) qu'une telle adjudication ne transférait pas le *dominium ex jure Quiritium,* mais mettait seulement la chose *in bonis* de l'adjudicataire. Ce n'est que dans les *judicia legitima* que l'adjudication opère translation de la propriété quiritaire. Cette remarquable différence s'explique par la considération que le *judex* du *legitimum judicium,* délégué par la loi *Julia judiciaria,* peut conférer la propriété civile; au contraire, dans *le judicium quo imperio continetur,* le juge ne puisait son autorité que dans le pouvoir du préteur, dont les fonctions ne duraient qu'un an.

Celui qui offre l'*estimation du procès,* ou qui y est condamné faute de restituer la chose revendiquée, est censé avoir acheté cette chose; il la possède *pro emptore,* et deviendra propriétaire par usucapion si elle est *res mancipi,* ou si elle appartient à un tiers.

Celui qui a acheté d'un fou, ignorant la démence de son vendeur, peut usucaper, et par suite exercer la Publicienne; car l'erreur plausible de fait équivaut à l'existence même d'une juste cause. Remarquons toutefois la contradiction formelle de la loi 2, § 16, *Pro emptore,* de Paul, avec la loi 7, § 2, de notre titre. On a en vain essayé de concilier ces deux textes; on a dit que l'acheteur n'aurait de juste cause que vis-à-vis des tiers, car, a-t-on ajouté, la vente est nulle entre le vendeur et l'acheteur, et par suite l'acheteur ne pourra pas opposer la réplique *rei venditœ et traditœ* à l'exception *justi dominii*, ni actionner son vendeur en garantie, ni enfin joindre la possession de celui-ci à la sienne propre.

La loi 7, § 3, h. t., déclare, pour faire disparaître un doute, que celui qui a reçu une chose pour quelque cause lucrative aura la Publicienne. Cette action est accordée au donataire même contre le donateur : à l'exception *justi dominii* il opposera la réplique *rei donatœ et traditœ*.

L'acheteur qui a traité avec un mineur dont il ignorait la condition a la Publicienne. Il y a deux systèmes sur la capacité du mineur pubère. Nous adoptons celui qui lui permet de s'obliger, sauf *restitutio in integrum*, en lui interdisant toutefois d'aliéner. Nous croyons donc que, dans notre cas, il y a une juste cause, car le pouvoir d'aliéner qui manque au mineur est suppléé par la bonne foi de celui qui croyait recevoir la chose d'un majeur (D., 101 et 141, § 2, *De verb. oblig.*, et 43, *De oblig. et act.; Contra, C., l. 3, De in integrum restit.*).

Le serment constitue également une juste cause pour la Publicienne au profit de celui qui a juré que la chose était sienne; mais cette action ne pourra être intentée que contre la partie qui aura déféré le serment, car son effet, comme celui de la chose jugée, ne s'étend pas aux tiers (Loi 7, § 7, h. t.). D'autres textes (D., l. 11, § 1, *De jurejur.*) donnent dans le même cas à celui qui a prêté le serment une action *in factum de jurejurando*, sorte d'action utile destinée à tenir lieu de l'action *in rem*, et arrivant comme elle à la restitution de la chose, des fruits et autres accessoires. C'est sans doute cette même action *in factum* qui est appelée l'ublicienne par notre loi 7 ; quelle différence, en effet, y a-t-il, au point de vue de la pratique, entre cette action réelle utile et la Publicienne, autre action réelle utile également ?

L'acheteur de bonne foi a une juste cause de possession. Mais il faut noter comme particularité que la vente, pour être valable, doit avoir été véritablement contractée. Ici la croyance seule ne suffit pas. Aussi une locution spéciale exprimait-elle la possession de l'acheteur : quand une chose lui était livrée, on disait qu'il possédait *pro emptore*, tandis que la chose livrée pour acquitter toute autre obligation constituait une possession *pro soluto*. Mais d'où avait pu venir cette différence dans la règle du droit ? C'est l'histoire de la vente qui peut nous l'expliquer. La vente primitive *venumdatio* n'était pas un mode de contracter des obligations, mais une manière de transférer la propriété ; d'où il résultait que la tradition faite en vertu d'une vente ne constituait pas un paiement, un titre *pro soluto*, comme la tradition qui suivait une stipulation, mais n'avait d'autre but et d'autre résultat que de remettre à l'acheteur la possession d'une chose dont il était déjà propriétaire. Il était donc tout naturel que l'on exigeât de l'acheteur, pour lui reconnaître une juste cause, non pas la preuve d'une tradition, alors et dans ce cas indifférente pour dénoter l'intention de transférer la propriété, mais la preuve de la vente elle-même, c'est-à-dire de la *mancipatio* qui seule pouvait dénoter cette intention.

L'édit du préteur n'exige pas d'une manière expresse le paiement du prix, d'où il semble, nous dit Gaius (l. 8, h. t.), que la pensée du préteur n'était pas qu'on dût examiner si le prix avait été acquitté ou non. Rien ne prouve toutefois que ce fût là la décision à laquelle s'arrêta Gaius, et les textes des jurisconsultes classiques semblent même prouver que ce n'était pas là l'opinion dominante (D. 72, *De rei vindic.* ; 4, § 32, *De doli mali et met. excep.* ; 2 *De exc.*

rei vend.) Le paiement du prix est, en effet, une condition essentielle pour que l'acheteur qui n'a pas obtenu crédit puisse acquérir la propriété par l'usucapion, quand la tradition n'a pas pu la lui transférer immédiatement. De plus, pour arriver à l'usucapion et exercer la Publicienne, il ne suffit pas d'avoir acquis la possession, il faut encore avoir cru devenir propriétaire; or, quand l'acheteur n'a pas payé le prix et que le vendeur n'a pas suivi sa foi, il est impossible qu'il se croie devenu propriétaire.

La tradition faite malgré le maître par un procureur (l. 14, h. t.) qui avait vendu avec son consentement, est une juste cause pour la Publicienne, si l'acheteur vient à perdre la possession. Il est bien entendu que l'acheteur a payé ou est prêt à payer son prix, ou qu'il a obtenu crédit, car autrement, la défense de livrer la chose avant le paiement du prix suffirait pour empêcher que la Publicienne compète à l'acheteur.

La vente d'une hérédité constitue une juste cause de possession au point de vue même de chacun des objets particuliers de cette hérédité (l. 9, h. t.). Il y avait eu doute sur ce point, parce que, dans la vente d'une hérédité, l'objet vendu c'est l'universalité et non chacune des choses héréditaires en particulier; mais on a décidé que la Publicienne compéterait dans ce cas, car en vendant l'hérédité, l'héritier a vendu tout ce qui lui appartenait comme héritier, et il est obligé de livrer à l'acheteur les choses héréditaires.

Sera-t-il toujours nécessaire pour invoquer la Publicienne d'avoir une *justa causa* réelle? en d'autres termes, suffit-il quelquefois de prouver qu'on a été induit en une erreur plausible relativement à cette juste cause? Cette question a été longtemps débattue entre les jurisconsultes romains, ainsi que le prouvent les dissidences des lois: 27 *De usurp. et usucap.*; 1 *Pro donato*; 11 *Pro emptore*; 1, 3, 5 *Pro suo*, Nous pensons que dans le droit de Justinien la juste cause putative suffisait pour motiver l'usucapion et par suite la Publicienne. Mais il faut, bien entendu, que la croyance où l'on est qu'il a existé une *justa causa*, repose sur une erreur de fait très excusable ; comme, par exemple, dans le cas où une personne ayant ordonné à son esclave d'acheter une chose, celui-ci se contente de la louer seulement. Que si, au contraire, une personne s'imagine que la tradition qui lui a été faite pour cause de louage était de nature à lui transférer la propriété, comme celle faite en exécution d'une vente, il y aurait là une erreur de droit grossière qui ne pourrait servir de base à l'usucapion ni par conséquent à la Publicienne : *error falsæ causæ non parit usucapionem*.

SECTION III.

DE LA BONNE FOI.

Pour exercer l'action publicienne, le possesseur doit non-seulement fonder son acquisition sur un juste titre, mais encore remplir une autre condition non moins essentielle, c'est-à-dire être de bonne foi. Il ne faut pas croire, comme quelques auteurs l'ont pensé, que la *justa causa* n'est qu'un des éléments de la bonne foi, et prétendre que cette bonne foi consiste dans l'opinion du possesseur qui croit être devenu propriétaire ; car ce serait confondre l'intention d'aliéner avec le pouvoir d'aliéner. La bonne foi est la croyance où est le possesseur que celui qui lui a livré la chose était propriétaire et pouvait aliéner (D., l. 109, *De verb. oblig.*), tandis que la juste cause est un fait qui démontre chez l'aliénateur l'intention de transférer la propriété. Gaius (C. 2, § 43) parle de la *justa causa* et de la *bona fides* comme de deux choses parfaitement distinctes. Ulpien, dans notre titre, (loi **7**, § 11) les commente séparément et tout fait présumer que l'édit du préteur devait en contenir la double mention. Co n'est pas là d'ailleurs seulement une question de théorie, les conséquences pratiques en sont fort importantes.

Si, en effet, on décide que la *justa causa* est comprise dans la *bonne foi*, il suffira, pour intenter la Publicienne, de prouver sa possession, puisque la bonne foi est toujours présumée. Si, au contraire, on soutient, comme nous, que ces deux éléments sont tout à fait distincts et indépendants l'un de l'autre, le possesseur devra prouver en même temps sa possession et la juste cause sur laquelle elle est fondée.

La bonne foi n'est pas toutefois une condition qui doive accompagner la possession dans toute sa durée, comme lorsqu'il s'agit de l'acquisition des fruits. C'est seulement au moment de la prise de possession qu'elle est requise; la mauvaise foi qui survient après cette époque n'empêche ni l'usucapion ni la Publicienne : *mala fides superveniens, non impedit usucapionem.* Ainsi le demandeur en revendication qui succombe, acquiert la certitude qu'il n'est pas propriétaire et conserve néanmoins la faculté d'exercer la Publicienne (l. 39, § 1, *De evict.*).

Le principe que nous venons d'établir subissait deux exceptions remarquables.

1° Ainsi, dans la vente, au lieu de ne tenir compte, comme dans les autres contrats, que du moment du paiement, sans se préoccuper du moment de la stipulation, on exige la bonne foi au moment où la vente est faite et au moment de la tradition. Comment expliquer cette dérogation importante ? C'est que l'édit du préteur sur la Publicienne, comme les lois sur l'usucapion, mentionnait la *bonæ fidei emptio*, indépendamment de la mention générale de la *traditio ex justa causa.* Il est vrai que la loi 1 (pp. h. t.), qui donne la formule de l'édit, ne contient pas la mention que nous signalons, mais ce fragment ne donne pas le texte pur d'Ulpien; il a été remanié par Tribonien, qui l'a mutilé pour le mettre en harmonie avec le droit en vigueur sous Justinien; nous n'en voulons d'autre preuve qu'un fragment tiré également d'Ulpien (l. 7, § 11, h. t.), où ces mots sont reproduits formellement comme faisant partie du texte même de l'édit. Cette rédaction de l'édit semble avoir amené dans la jurisprudence romaine la nécessité de la bonne foi au moment de la vente.

Une autre raison qui motive cette exception repose sur des anciens principes en matière de vente. Nous avons déjà vu qu'à l'origine la vente *venumdatio* n'était pas un contrat, mais un mode de translation de la propriété. Elle se faisait par la mancipation qui transférait la propriété sans le secours de la tradition; or, il était naturel, à cette époque, d'exiger la bonne foi au moment même de la vente, puisqu'il est de principe qu'on doit être de bonne foi au moment où l'on veut acquérir la propriété. Plus tard, la vente changea de caractère, la tradition devint nécessaire pour rendre l'acheteur propriétaire, et l'on demanda encore la bonne foi, d'après ces principes, à l'instant de cette tradition, sans prendre garde que l'on pouvait alors se relâcher de la première exigence. Observons, d'ailleurs, que la question dont nous venons de nous occuper paraît avoir divisé les jurisconsultes de deux grandes écoles, et que nous avons exposé l'opinion des Sabiniens qui semble avoir prévalu (D., l. 10, *De usurp. et usucap.*).

2° Une seconde exception est relative à l'usucapion *pro donato* pour laquelle la bonne foi est exigée jusqu'au moment même où l'action publicienne est intentée (l. 11, § 3, h. t.). Quelques jurisconsultes exigeaient, en effet, pour les choses reçues à titre gratuit, la persistance de la bonne foi pendant tout le temps de l'usucapion (Code, l. 1, *De transf. usucap.*), et c'est sans doute par application de cette doctrine sur l'effet interruptif de la mauvaise foi survenue pendant le cours de la possession commencée à titre gratuit, que notre loi 11, § 8, contient ces mots : *eo momento quo experiar.* C'est là une particularité de l'usucapion *pro donato,* comme la nécessité de la bonne foi lors du contrat de vente en est une pour la possession *pro emptore.*

Cujas, n'ayant pas aperçu cette exception admise dans la pratique romaine, proposa une correction pour faire disparaître la prétendue contradiction entre ce texte et les fragments précédents. Mais la substitution des mots *et parfat* au mot *experiar* est arbitraire et condamnée par le texte formel des Basiliques et la paraphrase de Stéphane, l'un des commissaires nommés par Justinien pour la rédaction des Pandectes. Nous devons donc conserver ce texte tel qu'il est et nous contenter de l'explication que nous en avons donnée.

Quand on acquiert la possession par un tiers, tel qu'un esclave, un fils de famille, il faut d'abord, pour que l'usucapion et la Publicienne soient possibles, que ce tiers soit de bonne foi ; mais il faut, en outre, que le maître ne soit pas de mauvaise foi au moment où doit commencer le cours de l'usucapion. Ainsi, supposons que l'esclave a fait une acquisition *peculiari nomine.* Suivant les principes, l'usucapion doit commencer immédiatement : si le maître a connaissance, à ce moment, de l'acquisition, et qu'il sache en même temps que la chose a été livrée *a non domino,* l'usucapion ne pourra courir à son profit. S'il n'est instruit de l'acquisition que plus tard, sût-il même, au moment où il l'apprend, que la chose est à autrui, l'usucapion n'en continuera pas moins de s'accomplir, parce que sa mauvaise foi n'est survenue que pendant le cours de cette usucapion. Au contraire, l'esclave a-t-il acheté *domini nomine,* l'usucapion

ne peut commencer qu'à partir du moment où le maître sera
instruit; or, s'il sait, à ce moment, que la chose a été livrée
a non domino, il ne pourra pas usucaper, car sa mauvaise
foi coïncide avec l'instant où sa possession peut commencer
à compter pour l'usucapion.

L'héritier ou tout autre successeur universel, même le *bona-
rum emptor*, représente le défunt et continue sa personne.
De là il suit qu'il succède à la possession de son auteur telle
qu'elle se comporte, qu'elle soit acquise de bonne ou mauvaise foi. On n'a pas à rechercher quelle est l'opinion de
l'héritier. L'accession de la possession est, pour ainsi dire,
forcée. Mais si l'acquisition a lieu par un mode particulier,
comme la vente, la possession de l'auteur et celle de celui
qui le représente sont complétement indépendantes l'une de
l'autre et ne peuvent se nuire réciproquement, si l'une d'elles
est entachée de mauvaise foi. S   pendant toutes les deux
sont utiles, l'acheteur pourra jo   sa possession celle de
son auteur.

SECTION IV.

ABSENCE DES VICES.

Nous avons vu, en commençant cette dissertation, que le
principe fondamental sur lequel repose l'action publicienne
est une fiction qui suppose l'usucapion accomplie, quoiqu'elle
ne l'ait pas été en réalité. De là il résulte que le préteur
n'accorde la Publicienne que pour les choses qui sont réellement susceptibles d'usucapion. Ce principe est formellement reconnu par la loi 9, § 5 de notre titre, qui refuse
cette action pour les choses entachées d'un vice, c'est-à-
dire d'un obstacle quelconque qui empêche l'usucapion.
Ainsi, elle ne s'appliquera pas aux choses mobilières *mancipi*
ou *nec mancipi* qui ont été volées, car le vol est un vice qui

met obstacle à l'usucapion et qui ne disparaît que lorsque la chose est rentrée entre les mains du propriétaire qui connaît la circonstance du vol. Elle ne s'appliquait pas non plus aux choses immobilières *mancipi*, telles que les fonds italiques dont on a pris possession par violence, car des considérations de tranquillité et d'ordre public ne pouvaient pas souffrir que l'occupation violente de la chose d'autrui pût conduire au droit de propriété.

L'esclave qui s'enfuit est considéré comme *res furtiva* (l. 1, Cod., *De serv. fugit.*); il est censé se voler lui-même à son maître et ne pourra être l'objet ni de l'usucapion ni de l'action publicienne.

Le part d'une esclave volée est également une *res furtiva* quand l'esclave était déjà enceinte lors du vol, ou l'est devenue chez le voleur, peu importe qu'elle accouche chez lui ou chez un possesseur de bonne foi ; mais si l'esclave volée avait conçu chez ce possesseur, l'enfant, n'étant pas *res furtiva*, est susceptible d'usucapion. Si la conception a eu lieu chez l'héritier du voleur, l'usucapion est impossible, quand même il ignorerait le vice qui affectait la chose; car il succède à tous les inconvénients de la position du voleur. Au contraire, l'acheteur de bonne foi qui traiterait avec cet héritier pourrait posséder utilement cet enfant pour l'usucapion et la Publicienne. Si, au lieu d'un acheteur de bonne foi, on suppose un donataire, on doit ne pas oublier que, dans cette hypothèse, la bonne foi est exigée jusqu'au moment même où le possesseur peut intenter l'action Publicienne (l. 11, § 3, l. 7, § 14 et 17 h. t.).

L'usucapion du part de l'esclave procède de la même cause qui aurait conduit à usucaper la mère, si elle n'avait pas été *res furtiva* (l. 11, §4, h. t.). On possède l'enfant au même titre que la mère.

Les règles sur le part de l'esclave volée s'appliquent aussi au part de ce part (l. 11, § 5, h. t.) : ainsi une esclave volée conçoit et enfante une fille chez le voleur ; cette fille ne pourra pas être usucapée par un acheteur de bonne foi, car elle est *res furtiva* ; mais si cette fille conçoit et accouche chez un possesseur de bonne foi, son enfant pourra être l'objet de l'usucapion et de l'action publicienne.

Quant au croît des animaux, il a cela de commun avec le part des esclaves, que, pour pouvoir être acquis au possesseur de bonne foi, il doit ne pas avoir été conçu chez le voleur, mais il en diffère sous le rapport de l'acquisition. Le croît des animaux volés appartient au possesseur de bonne foi dès le commencement de sa naissance, car c'est un fruit qu'il fait sien en le séparant de la chose qui l'a produit. Au contraire la part de l'esclave volée ne s'acquiert que par l'usucapion, car il n'est pas considéré comme un fruit. Ulpien cependant exige (D. l. 48, § 5, *De furtis*) que la conception ait lieu chez le possesseur de bonne foi pour le croît des animaux aussi bien que pour le part de l'esclave ; tandis que Paul (D. l. 48, § 2, *De acqui. rer. dom.*, et l. 4, § 19, *De usurp.*), considérant le croît comme un véritable fruit, n'attache aucune importance à l'époque de la conception, pour ne tenir compte que de celle de la séparation. Ainsi, d'après ce jurisconsulte, la conception chez le voleur n'empêchera ni la Publicienne ni l'usucapion du croît, pourvu que la séparation ait eu lieu chez le possesseur de bonne foi. Cette dernière opinion paraît avoir prévalu avec raison, car elle nous paraît en harmonie avec les principes sur l'acquisition des autres fruits, tels que la laine, le lait, etc.

Il y a encore d'autres cas où l'usucapion et par suite la Publicienne sont impossibles : telle est l'hypothèse où il s'agit des choses communes, publiques, saintes, sacrées, et des hommes libres.

Il faut en dire autant des choses incorporelles non susceptibles d'une véritable possession, d'après le droit rigoureux, telles que l'usufruit et les servitudes rustiques ou urbaines. Ces droits, pouvant toutefois devenir plus tard l'objet d'une quasi-possession prétorienne, présentaient toutes les conditions de l'usucapion, et donnaient lieu à la Publicienne.

Les choses déclarées inaliénables par une loi ou une constitution ne pouvaient également donner lieu à l'usucapion ni à l'action publicienne (l. 12, § 4, h. t.) : ainsi la loi Julia défend au mari d'aliéner le fonds dotal sans le consentement de sa femme. De même une constitution de Septime-Sévère et de Caracalla prohibait l'aliénation des biens des coupables des crimes de lèse-majesté, concussions et autres, afin d'empêcher le coupable ou ses héritiers de les soustraire à la confiscation en les aliénant. Le même résultat était produit par la défense prononcée par un sénatus-consulte rendu du temps de Septime-Sévère et qui s'opposait à l'aliénation du *prædia rustica* ou *suburbana* des pupilles, à moins qu'un décret du préteur n'en prononçât la nécessité (D., l. 1, *De reb. cor. qui.*, pp., § 1, 2). Gaius nous dit encore que les choses *mancipi* des femmes pubères, placées sous la tutelle de leurs agnats, étaient inaliénables, sauf le cas où elles avaient été livrées avec l'autorisation du tuteur (G., c. II, § 47).

Il y avait enfin un cas curieux où la Publicienne était accordée par le préteur pour protéger la possession d'une chose dont l'usucapion était déclarée impossible, c'est ce qui avait lieu pour les fonds vectigals et pour les autres fonds qui ne pouvaient être usucapés, de même que pour les maisons superficiaires (l. XII, § 2 et 3, h. t.).

Les fonds vectigals sont de vastes domaines appartenant au peuple romain ou à des cités; ils étaient livrés à des particuliers à perpétuité ou pour un certain temps plus ou moins long, moyennant un vectigal ou redevance annuelle consistant en argent ou en fruits. Le *jus superficiei* est la permission accordée par le maître d'un terrain à une autre personne d'y construire une maison.

Les autres fonds que notre texte déclare non susceptibles d'usucapion sont, d'après Cujas, les fonds stipendiaires et tributaires, qui sont souvent mis, par les jurisconsultes, sur la même ligne que le fonds vectigal et les maisons superficiaires.

Notre texte s'occupe d'un possesseur qu' a reçu, étant de bonne foi, tradition de quelqu'un qu'il croyait capable, comme maître de fonds, de lui faire la concession vectigale ou superficiaire. Les possesseurs de ces droits n'avaient rigoureusement, lorsqu'ils étaient troublés, qu'une seule ressource, c'était de s'adresser au propriétaire du sol par l'action *ex conducto* pour se faire maintenir dans leur possession. On aurait donc dû, suivant le droit strict, ne point leur accorder la Publicienne. Mais en définitive, ces possesseurs réunissaient toutes les conditions nécessaires pour l'usucapion ; et s'ils n'usucapaient pas, cela tenait à des règles subtiles plutôt qu'à un véritable vice attaché à la chose, comme pour les choses volées ou possédées par violence. Le préteur, prenant donc en considération la situation de ces possesseurs, leur accorda l'action publicienne par un motif d'équité. Il n'y a, comme on le voit, aucune antinomie entre notre texte et la loi 9, § 5 de notre titre.

CHAPITRE II.

QUI PEUT INTENTER LA PUBLICIENNE.

Nous avons vu, en exposant les *notions générales* sur la

Publicienne, que cette action était accordée : 1° à celui qui, ayant reçu *à non domino* une chose *ex justa causa*, en a perdu la possession avant l'accomplissement de l'usucapion ; 2° à celui qui a reçu du propriétaire, mais par une simple tradition, une chose *mancipi*. Nous avons également vu que ce second cas, qui ne trouvait d'application que dans le droit classique, est l'objet d'une très vive controverse entre les jurisconsultes modernes. Nous n'avons pas besoin d'y revenir.

La Publicienne compète-t-elle au véritable propriétaire qui a perdu la possession ? Cujas et Pothier soutiennent la négative, en se fondant sur ce que d'abord le préteur n'a nullement entendu, en créant la Publicienne, venir au secours du propriétaire qui est suffisamment protégé par la revendication du droit civil, et qu'ensuite le propriétaire ne peut pas même se trouver dans la nécessité d'avoir recours à cette action prétorienne. Ces auteurs invoquent à l'appui de ce système : 1° la loi 1, pp., et § 1, h. t., dont les mots *nundum usuceptum* semblent n'accorder la publicienne que lorsque l'usucapion n'est pas accomplie, c'est-à-dire quand il ne s'agit pas de la propriété ; 2° un texte de Paul (D. C. 18, *De pig. et hyp.*) : « si ab eo qui Publiciana uti potuit, quia *dominium non habuit*, pignori accepi ; sic tuetur me per servianam prætor quemadmodum debitorem per Publicianam. »

Ce système ne nous paraît pas admissible, parce qu'il repose sur des arguments bien faibles. Sans doute le préteur n'a pas inventé cette action pour le propriétaire, mais tout le monde sait que ce magistrat avait l'habitude d'admettre, par une extension favorable, à l'usage de ses institutions, ceux mêmes que garantissait déjà le droit civil. Le préteur a-t-il davantage imaginé la *bonorum possessio* pour l'héritier ? et cependant il ne lui en refusait pas le secours. Pré-

nons, d'ailleurs, une hypothèse et nous verrons le résultat bizarre où mène le système que nous combattons. Primus acquiert *a non domino*, mais en vertu d'une juste cause, un fonds dont il perd la possession avant d'achever l'usucapion. Il se fait délivrer la Publicienne contre Secundus, possesseur actuel du fonds qu'il dépossède, en prouvant seulement sa juste cause de possession. Supposons maintenant que Primus perd la possession du fond après en être devenu propriétaire par usucapion. Sa position ne semble-t-elle pas plus favorable ? Et cependant, d'après ce système, Primus serait obligé de prouver, outre sa juste cause d'acquisition, une possession non interrompue pendant le temps requis pour l'usucapion. N'est-ce point là une injustice qui ne pourrait pas se concevoir ?

Quant à l'argument qui consiste à contester l'avantage qu'aura le propriétaire d'intenter la Publicienne, il est encore plus facile d'y répondre. En effet, le propriétaire qui est dépouillé de sa chose, et qui veut la récouvrer au moyen de la revendication, est obligé de faire la preuve de sa propriété. Sans doute, l'usucapion le dispensera de rattacher son droit à celui de son auteur ; mais il faudra pour cela qu'il prouve qu'il a possédé la chose *ex justa causa* pendant un certain temps requis ; or cette preuve, dans la pratique, peut souvent offrir des difficultés ; tandis que le propriétaire, en invoquant dans le même cas la Publicienne, aura à démontrer, pour avoir gain de cause, non pas qu'il a accompli l'usucapion par une possession prolongée pendant le temps voulu, mais qu'il a seulement commencé cette usucapion, en possédant, ne fût-ce qu'un instant, la chose réclamée.

Concluons donc que la Publicienne compétait au propriétaire lui-même, alors qu'il craignait de ne pouvoir prouver que sa possession ou celle de son auteur a duré pendant le temps requis pour l'usucapion. Il pouvait alors, ou se faire délivrer cumulativement ou sans alternative les deux formules de la revendication et de la Publicienne, afin de se réserver la chance d'obtenir, en vertu de celle-ci, ce qu'il n'aurait pu obtenir de celle-là, ou bien la Publicienne seulement, qui lui rendait la preuve plus facile, puisqu'il n'avait qu'à établir qu'il réunissait les conditions requises pour l'usucapion, moins le temps. Un texte du Digeste (l. 30, § 1, *De evict.*) va encore plus loin, et déclare que le propriétaire conserve le droit d'intenter la Publicienne, même après avoir échoué dans la revendication.

L'action publicienne était encore accordée à celui qui possède une chose corporelle non susceptible d'usucapion, comme un fond vectigal, la superficie d'un terrain, et à celui qui a la quasi-possession des choses incorporelles non susceptibles d'usucapion, comme l'usufruit, les servitudes urbaines et rurales; mais, dans ce cas, la formule devait être modifiée et supposer accomplie, non plus l'usucapion, mais la prescription de long temps. Le possesseur était censé avoir quasi-possédé pendant dix ou vingt ans, *nec vi, nec clam, nec precario* (l. 12, § 2, p. l.).

Rappelons enfin que la Publicienne passe aux successeurs tant civils que prétoriens de celui qui avait le droit de l'intenter, quand même ils n'auraient jamais possédé, et sans qu'on s'inquiète de leur bonne ou mauvaise foi.

CHAPITRE III.

CONTRE QUI LA PUBLICIENNE EST-ELLE ACCORDÉE.

De même que la *rei vindicatio*, l'action publicienne peut être dirigée contre tout détenteur de la chose, fût-il même le véritable propriétaire. Et, en effet, qu'enjoint au juge la formule de la Publicienne ? de condamner le défendeur, si le demandeur fût devenu propriétaire en possédant pendant le temps requis pour l'usucapion. Le juge, dont la mission est limitée dans des termes précis, ne peut évidemment tenir compte au défendeur d'aucune circonstance qui, en militant en sa faveur, aurait pu être prise en considération. Le propriétaire lui-même, actionné par la Publicienne, ne manquerait donc pas d'être condamné, puisque la question posée au juge par la formule peut être résolue affirmativement, quel que soit le possesseur actuel.

Ainsi dirigée contre le propriétaire, la Publicienne sera rarement injuste, s'il s'agit d'une chose *mancipi* livrée *a domino* par simple tradition; mais on arriverait à un résultat inique, si la chose ayant été transmise *a non domino* à un possesseur de bonne foi, on donnait la Publicienne contre le véritable propriétaire. Cependant le préteur remédia à ces inconvénients du droit rigoureux, en laissant au propriétaire une ressource remarquable. Celui-ci pourrait, en effet, faire modifier la formule de l'action par l'exception *si ea res possessoris non sit ex jure Quiritium*, qu'on appelait exception *justi dominii*. Une fois cette exception délivrée par le préteur, le juge, pour prononcer la condamnation contre le propriétaire, ne devra plus se contenter de reconnaître que la chose appartiendrait au demandeur, si la possession eût duré un ou deux ans ; il faudra en outre qu'il reconnaisse qu'elle n'appartient pas actuellement au défendeur qui la possède.

On peut trouver étrange tout d'abord que le propriétaire ait besoin d'une exception pour se défendre dans la Publicienne, tandis qu'aucune exception ne lui est nécessaire pour repousser la revendication. Mais cette anomalie n'est qu'apparente et la différence peut facilement s'expliquer. Nous savons, en effet, qu'en droit romain le propriétaire attaqué pouvait se défendre devant le juge, sans être obligé d'avoir recours au préteur pour en obtenir une exception toutes les fois que sa défense consistait à nier ce qu'affirmait le demandeur, à contredire directement son *intentio;* or c'est ce qui avait lieu dans la revendication, puisque le défendeur faisait tomber *ipso facto* la prétention contenue dans l'*intentio* du demandeur. Mais dans la Publicienne les choses ne se passent pas ainsi. Le propriétaire, poursuivi par cette action, ne pouvait pas répondre directement que la chose n'appartiendrait pas au demandeur, s'il l'avait possédée durant le temps requis pour l'usucapion, il aurait par conséquent subi toujours la condamnation. Mais le préteur, pour éluder la rigueur du droit strict, fit modifier la formule en y introduisant un correctif qui consistait précisément dans l'*exceptio justi domini.*

L'intérêt de l'équité exige toutefois que cette exception soit, à son tour, combattue et repoussée. Si, en effet, quand il s'agit d'une tradition *a non domino*, elle empêche de dépouiller injustement le véritable propriétaire, elle consacrerait une iniquité, en cas de tradition *a domino*, si elle obligeait le juge à faire restituer la chose à celui-là même qui l'a vendue et livrée. Dans cette hypothèse, à l'exception *justi dominii* du propriétaire, le demandeur opposera la réplique **rei venditæ et traditæ**, quand il s'agit d'une vente, et l'exception **rei donatæ et traditæ**, en cas de donation. Ces répliques assureront le triomphe du demandeur, à moins que, en cas de donation, les circonstances ne fournissent une duplique victorieuse au défenseur, comme, par exemple, lorsque la donation a été faite en violation de la loi Cincia.

On trouve, d'après Cujas, dans les différents textes du Digeste, sept cas dans lesquels la Publicienne peut être donnée contre le propriétaire. Examinons successivement ces diverses hypothèses.

1° Vous avez acheté de Titius le fonds de Sempronius. Ce fonds vous a été livré et vous en avez payé le prix, ce qui vous met dans la position d'un acheteur de bonne foi. Titius devient plus tard héritier de Sempronius. Il vend et livre ce fonds à Mævius qui en devient ainsi propriétaire. Si vous intentez la Publicienne contre Mævius, celui-ci, quoiqu'il ait acquis la chose du véritable propriétaire, ne pourra pas cependant vous opposer l'exception *justi dominii*; car si vous vous attaquiez à Titius lui-même, vous opposeriez à son exception *justi dominii* la réplique *rei venditæ et traditæ*, et Mævius ne peut pas avoir plus de droit que son auteur. Vous opposerez donc victorieusement à l'exception de Mævius la réplique *si non mihi rendiderit et tradiderit actor* (l. 72, *De rei vend.*; l. 4, § 32 *De doli mali except.*; et l. 2, *De except. rei vend. et trad.*).

2° Le possesseur de bonne foi, actionné par la revendication, est obligé, à partir de la *litis contestatio*, de veiller à la garde de la chose. Il est responsable de la perte de cette chose survenue soit par sa faute, soit par son dol. S'il vient cependant à en être dépouillé par sa faute, il sera condamné à en payer l'estimation au demandeur; mais, sur sa demande, le préteur lui fera obtenir de ce dernier la cession de la revendication afin de poursuivre la chose, et s'il a omis d'exiger cette action, le préteur viendra à son secours en lui accordant la Publicienne, car ce magistrat considérait le paiement de l'estimation par le demandeur comme une juste cause de possession. *Quid si*, dans l'intervalle, le véritable propriétaire recouvre la possession de cette chose? Son exception *justi dominii* ne sera pas moins paralysée par la réplique de dol, car il y aurait fraude de la part du propriétaire à vouloir conserver une chose dont il a reçu l'estimation et qu'il est censé avoir vendue au demandeur (D. l. 63, *De rei vin.*).

3° J'ai donné mandat à mon procureur de vendre une chose. La vente est conclue et le prix payé. Puis, revenant sur ma première décision, je défends la livraison de la chose; mais mon mandataire ne tient aucun compte de ce contre-ordre. Je revendique alors contre l'acheteur qui, mis en possession contre ma volonté, n'a pas acquis la propriété de la chose. Cependant, comme il est de bonne foi, il possède *ad usucapionem*, et il pourra m'opposer l'exception *si non actor meus ex voluntate tua vendidit*, qui est fondée sur une incontestable équité. De même si ce possesseur de bonne foi vient à perdre la possession, il aura contre moi la Publicienne, et je ne pourrai pas lui opposer valablement l'*exceptio justi dominii*, car l'acquéreur y répondra victorieusement par la réplique : *si non actor petitoris ex voluntate possessoris vendidit* (l. 14, h. t.).

4° Je vous invite à donner la caution *damni infecti*, en vous obligeant de réparer le dommage que peut me causer éventuellement votre maison qui est située près de la mienne et qui menace ruine. Si vous vous y refusez, le préteur m'envoie, par un premier décret, en possession de votre maison, *custodiæ causa ;* et si vous persistez dans votre refus, un second décret m'autorisera à posséder *ad usucapionem*. Si je viens à perdre ensuite la possession, j'aurai contre vous la Publicienne, et votre *exceptio justi dominii*, je la repousserai par la réplique de dol (D. l. 18, § 15, *De damno infecto*).

5° J'ai acheté une chose *a non domino ;* le propriétaire intente contre moi la revendication et je suis absous. Si plus tard, ayant perdu la possession, la chose tombe entre les mains du propriétaire, j'intenterai contre lui la Publicienne, et je repousserai son exception *justi dominii* par la réplique *rei judicatæ* (D., l. 24, *De except. rei jud.*).

6° Un possesseur de bonne foi m'abandonne *noxali causa* un esclave qu'il avait *in sua potestate*. Si le propriétaire le revendique, je lui opposerai l'exception de dol, à moins qu'il ne m'offre la *litis estimatio*. De même, si j'en perds la possession, j'intenterai avec succès la Publicienne contre le propriétaire, et je combattrai son exception *justi dominii* par la réplique de dol (l. 18, *De nox. causa*).

7° Obligé de s'absenter, un marchand d'esclaves constitue un mandataire qu'il charge de vendre les esclaves qu'il avait à Rome. Le mandataire venant à mourir, ses héritiers, dans l'ignorance que la mort du procureur éteint le mandat, et dans l'intention non de voler, mais d'exécuter la mission dont le défunt s'était chargé, ont vendu les esclaves. L'acheteur, étant de bonne foi, est devenu propriétaire. Comme la vente est faite dans des conditions préjudiciables pour le mandat, celui-ci veut intenter la Publicienne, le pourra-t-il ? Oui, il intentera cette action soit comme propriétaire, soit comme possesseur en voie d'usucapion. Si l'acheteur lui oppose l'*exceptio justi dominii*, il la repoussera par une réplique conçue *in factum*. On ne peut pas, en effet, reprocher aucune négligence au marchand d'esclaves, car il a choisi un bon mandataire, et il n'a pas pu prévoir le décès de ce mandataire et l'erreur de ses héritiers (l. 57, *Mandati*).

Après avoir étudié les différentes hypothèses où l'action Publicienne est valablement dirigée contre le propriétaire, nous pouvons examiner les cas dans lesquels cette action sera intentée contre le possesseur de bonne foi lui-même, c'est-à-dire quand le conflit s'élève entre deux possesseurs qui se prétendent propriétaires (l. 9, h. t.). Le débat s'engage entre deux acheteurs successifs qui ont acquis une chose *a non domino*, et qui ont par conséquent droit à la Publicienne, et la question porte sur le point de savoir qui des deux devra l'emporter. Ulpien distingue à cet égard, d'après Julien, si les deux acheteurs ont ou non un même vendeur.

Prenons d'abord l'hypothèse où il n'y a qu'un seul vendeur. Primus et Secundus ont acheté la chose d'un même vendeur non propriétaire. Si Primus, ayant acheté le second, a cependant été mis le premier en possession de la chose, il devra avoir la préférence, s'il vient à perdre plus tard cette possession. Il intentera efficacement la Publicienne contre le premier acheteur qui, ayant postérieurement reçu livraison de la chose, se trouve actuellement en possession. En effet, le vendeur, en livrant la chose à Primus, lui a transféré tout le droit qu'il pouvait transporter par tradition. Son droit étant complétement épuisé, il ne peut plus rien transférer à un second acheteur. C'est là une conséquence qui résulte tout naturellement de sa nouvelle position.

Supposons, au contraire, que Primus et Secundus ont acheté la chose des deux vendeurs différents non propriétaires. Dans ce cas, c'est celui des deux acheteurs qui est actuellement mis en possession, qui obtiendra gain de cause. En effet, la position des deux acheteurs étant pareille et tout à fait indépendante, on ne doit tenir aucun compte de l'antériorité de tradition, et on appliquera avec raison la maxime *in pari causa melior est causa possidentis* (l. 9, § 4, h. t.). Cette opinion équitable et fondée sur les véritables principes du droit était professée par les Sabiniens. Nous n'hésiterons pas à l'adopter. L'école Proculienne, au contraire, paraissait avoir incliné pour un autre système, et Nératius, l'un des adeptes de cette école, ne fait aucune distinction entre le cas où il n'y a qu'un seul et même vendeur et celui où il s'agit de deux vendeurs différents (D., l. 31, § 2, *De act. empti*). En s'attachant exclusivement à l'antériorité de tradition, ce jurisconsulte fait toujours triompher celui qui le premier a été mis en possession de la chose. Mais cette doctrine, peu équitable dans la seconde hypothèse, n'a pu être acceptée en définitive comme règle de droit dans la jurisprudence romaine. Elle ne nous reste que comme un monument isolé attestant la divergence qui existait entre les deux grandes écoles.

LES IMPOTS

ÉTUDIÉS

AU POINT DE VUE ÉCONOMIQUE ET JURIDIQUE.

———

I. Quand on veut juger avec rectitude les institutions, les événements, les découvertes dans les sciences, les inventions dans les arts, on doit embrasser, par la pensée, tous les rapports sous lesquels ces faits peuvent être aperçus ; remonter jusqu'aux causes qui les ont produits ; observer les effets qui en dérivent, constater leur connexité, leur action, leur réaction ; en suivre les conséquences jusqu'à leur dernière extrémité.

Si on étudiait le système financier d'un peuple sous ces grands rapports, on pourrait reconnaître que son influence s'étend fort au-delà du cercle dans lequel elle paraît circonscrite. Ce n'est pas seulement l'art de former la fortune nationale par la détraction des fortunes individuelles, c'est une des institutions sociales qui entraînent des conséquences plus étendues et plus importantes, qui a le plus d'empire sur les qualités et sur le sort de l'homme, qui l'atteint plus fortement dans tous ses intérêts.

Non-seulement l'établissement d'un bon système financier, la sage organisation des impôts donnent à une nation cette force extérieure, mais ils décident dans l'intérieur de sa consistance, de sa richesse, de son bonheur. Depuis que la dissidence dans la croyance religieuse n'excite plus de troubles civiques, presque toutes les discussions qui se sont élevées dans l'intérieur des États n'ont été que des querelles d'argent, des contestations sur l'étendue et la nature des sacrifices dus à la chose publique ; et l'une des causes de la révolution de France, la plus grande commotion qu'ait éprouvée l'Europe depuis nombre de siècles, fut le poids excessif des contributions qui accablait le peuple. D'autre part l'impôt atteint chaque citoyen dans ses intérêts individuels les plus importants, dans ses moyens de subsistance et dans ses jouissances ; et, en même temps, il modifie ses qualités morales, il électrise ou paralyse ses facultés, il crée, en quelque sorte, un homme nouveau, il reconstitue l'espèce humaine.

Le système des impôts est le signe le plus caractéristique de l'état civil et politique d'un peuple. Son établissement par le vote des citoyens est le premier fondement de l'émancipation politique. Leur répartition marque la mesure des idées de justice et d'égalité accréditées dans un pays. Leur étendue est souvent le *criterium* exact de la puissance matérielle des nations qui les acquittent et de l'influence des gouvernements qui en disposent.

II. L'État, comme toute autre création juridique de pure abstraction, joue différents rôles importants dans la société. Au point de vue de l'impôt, l'État peut être considéré soit comme propriétaire, soit comme créancier, soit comme débiteur. De là résulte la division de notre matière en trois parties correspondantes.

Une autre division, plus généralement répandue et qui nous paraît préférable, consiste à séparer la fortune publique en deux grandes branches, savoir : 1° les ressources de l'État ; 2° les dépenses imposées à l'État.

Les ressources de l'État se divisent en plusieurs classes :
1° les impôts qui forment le revenu principal de la nation ;
2° les revenus du Domaine dont le chiffre est peu considérable.

Nous nous occuperons particulièrement des impôts dans quatre chapitres dont le premier exposera un aperçu historique de la matière et la base philosophique et économique de l'impôt, le second traitera des impôts directs, le troisième des impôts indirects, et enfin le quatrième de l'enregistrement.

CHAPITRE PREMIER.

APERÇU HISTORIQUE. — BASE ET MESURE DES IMPÔTS.

SECTION PREMIÈRE.

APERÇU HISTORIQUE SUR LES IMPÔTS.

En remontant à l'époque la plus reculée de l'histoire, on voit que l'homme trouva dans la sociabilité, principe constitutif de sa nature, la force nécessaire qui put garantir son existence précaire, un élément indispensable qui lui permit de se mettre à l'abri des intempéries des saisons et des attaques des bêtes féroces. Réuni à ses semblables, l'homme put vaincre les difficultés et les obstacles innombrables que la nature semblait lui susciter à chaque pas.

Les premiers groupes de familles furent réunis ensemble sous la domination puissante de chefs guerriers qui s'étaient attribué par la force ou la bravoure cette position supérieure et exceptionnelle dans la communauté. Ces chefs eurent à défendre la petite société ainsi constituée contre les peuples voisins et à maintenir l'ordre à l'intérieur. C'est là l'origine des lois politiques. Ces lois instituèrent la force publique ou le gouvernement qui fut une espèce de profession par excellence conservatrice de toutes les autres professions.

Son travail n'était pas directement productif, mais il protégeait la sûreté, l'activité et la fécondité de tous les travaux. En garantissant la propriété, en la préservant de l'invasion, elle se donnait des droits au partage de ses produits.

Cette part était ainsi due à la force conservatrice, mais la proportion n'en était pas facile à déterminer. Il eût fallu combiner les lois de cette proportion sur l'intérêt que chaque profession, chaque agent du travail avait à la conservation de la société organisée. On se contenta d'une ébauche, et de là la première origine des lois sociales. L'impôt naquit de ces combinaisons, et le gouvernement eut dès lors des devoirs, des droits et une organisation.

L'impôt a existé de tout temps chez toutes les sociétés humaines, seulement il s'est manifesté sous des formes appropriées à l'état plus ou moins avancé de la civilisation de chaque nation. Ainsi, tant que les peuplades sauvages vivent en paix avec les voisins qui les entourent, elles n'imposent à leurs membres aucune sorte de contribution. Mais sitôt qu'elles sont en guerre, ceux-ci sont obligés d'aller en armes à la rencontre de l'ennemi. On fait des levées en masses, et c'est par des sacrifices de temps, de fatigue et de sang que la dette de l'impôt est acquittée envers l'État. À cet âge de la civilisation, l'impôt, c'est l'obligation de combattre et même de mourir pour le salut de la communauté.

Tant que les sociétés furent dans l'ignorance et la pauvreté, l'impôt ne consista qu'en services personnels. En temps de guerre, les populations servaient à leurs propres frais sous les drapeaux de leurs chefs ; en temps de paix, elles s'unissaient pour bâtir les temples et les citadelles, pour ouvrir des routes et construire des édifices publics. Elles cultivaient de leurs mains les champs réservés aux prêtres, aux magistrats, aux dépositaires de la puissance publique : des corvées suffisaient à tous les besoins de l'État. Ce système se modifia sous l'influence des progrès successifs de l'industrie et de la richesse. L'impôt s'étendit graduellement des personnes aux choses : des dîmes furent prélevées sur les troupeaux, sur les récoltes, sur la plupart des fruits du travail, et ce fut au moyen de ressources réalisées en nature que s'effectua le paiement d'une partie notable des dépenses collectives. Plus tard, l'usage croissant des métaux monnayés amena de nouveaux changements dans les modes de perception usités en pratique. Beaucoup de contributions durent être payées en numéraire, et le temps vint où, grâce à la facilité d'en réaliser le montant sous une forme à la fois plus commode et plus simple, les États, en voie de prospérité, parvinrent à obtenir des revenus non-seulement assez considérables pour couvrir les charges annuelles, mais pour laisser des excédants conservés en vue des éventualités que l'avenir pourrait amener.

Ainsi se transformèrent, à mesure que la civilisation étendit son essor, les systèmes de contributions en usage aux époques antérieures ; et du jour où les taxes purent êt.e obtenues en numéraire, elles se multiplièrent avec une remarquable rapidité. Aux impôts anciens en furent sans cesse ajoutés de nouveaux, et l'histoire atteste que des peuples, récemment sortis de l'enfance, ne tardèrent pas à découvrir toutes les sources auxquelles il était possible de puiser dans l'intérêt du fisc, et que, parmi les taxes qui, de nos jours, ont été proposées à titre de nouveauté, à peine il en est une seule qu'ils n'aient imaginée ou essayée.

On est surpris de rencontrer chez les anciennes républiques de la Grèce, et particulièrement à Athènes, plus ou moins développés, presque tous les modes de perceptions usités aujourd'hui chez les modernes. Impôt foncier, basé sur les contenances en culture ; taxe personnelle, à la charge des étrangers qui avaient obtenu la permission de résider dans le pays; droits de licence et de patente imposés à l'exercice de certaines professions ; droits de douane à l'importation, droits sur les marchandises au moment de la vente, tous ces impôts étaient perçus au profit de l'État. Il y a plus : les Athéniens avaient inventé l'impôt sur le revenu et même l'impôt sur le capital, l'un et l'autre réservés pour les époques de luttes et de périls. Le premier n'était prélevé que sur les douze cents citoyens les plus riches, et le produit en était entièrement affecté à l'armement et à l'entretien de la flotte ; le second s'acquittait d'après des tables où figurait, au compte de chaque redevable, l'évaluation de tout ce qu'il possédait en terres, en maisons, en objets de prix, en valeurs mobilières.

Sous le gouvernement des empereurs romains, le fisc devint une arme terrible qui servait à exploiter les populations ; aucune matière imposable ne put lui échapper ; et, à l'exception de l'impôt sur le timbre, en vain chercherait-on une seule taxe qui n'ait pesé sur les populations des provinces. Les sujets de Rome ne pouvaient naître, se marier et mourir, travailler ou mendier, hériter ou léguer, acquérir, vendre, posséder sous quelque forme que ce fût, entretenir des chevaux ou des chiens, sans avoir à compter avec les agents du trésor. C'était aussi de l'État seul qu'ils pouvaient acheter un grand nombre de denrées, d'étoffes même, dont le débit constituait des monopoles. Jamais société ne fut pressurée autant, ni sous des formes aussi diverses, aussi compliquées que la société romaine, et ce ne fut pas l'une des moindres causes qui amenèrent sa décadence et sa ruine.

Durant les longs siècles qui suivirent la chute de la domination romaine, les systèmes d'impôts subirent les conséquences du déclin des arts et de l'industrie. A peine subsista-t-il quelques restes de l'ancienne circulation métallique ; le commerce même disparut presque tout entier, et force fut aux gouvernements de retourner au régime des corvées et des prestations en nature. Mais aussitôt que la civilisation eut repris un peu d'essor et rendu quelque activité au travail, avec le numéraire, revinrent les impôts à la fois plus nombreux et plus productifs, et peu à peu s'organisèrent les systèmes de perception en vigueur de nos jours. Quelque compliqués que soient ces systèmes, il est bon de remarquer toutefois qu'ils ne contiennent rien de vraiment neuf, tant les financiers du monde romain avaient porté loin l'art d'exploiter tout ce qui était accessible à leurs entreprises.

SECTION II.

BASE ET MESURE DE L'IMPÔT.

§ 1. *Base de l'impôt.* — L'impôt, comme tous les rapports, a deux termes : d'un côté il établit un droit, et de l'autre il impose un devoir ; la mesure de l'un et de l'autre se trouve dans la connaissance exacte de sa nature : il faut donc savoir quelle est la nature de l'impôt.

L'impôt est le produit d'une rente, le fruit d'un travail spécial. C'est ce que les esprits superficiels s'obstineront probablement à comprendre, et c'est ce qu'il importe de démontrer.

Les lois ont deux grands objets : la sûreté des personnes et la sauvegarde des propriétés ; quant aux propriétés, elles ne sont rien, elles n'ont de valeur que par l'industrie ; de là un troisième objet des lois aussi important que les premiers, la protection de l'industrie.

La conservation assurée de la propriété dans les mains de celui à qui elle appartient, la mise en valeur et le libre exercice de l'industrie créent des intérêts et fondent des droits qui seraient sans garantie, s'il n'existait une autorité partout présente, partout puissante, partout vigilante et partout habile à reconnaître les justes limites de chaque droit et la juste mesure de chaque intérêt, et partout armée d'une force suffisante pour se faire respecter. Concilier les droits opposés, protéger les intérêts menacés, déterminer la règle des convenances, maintenir l'ordre partout où il est exposé à recevoir quelque atteinte, entretenir la concorde, faire naître la confiance, faciliter le développement des facultés de l'industrie, ouvrir au-dedans et au-dehors des voies faciles et sûres au mouvement et à la circulation de ses produits, encourager les entreprises, favoriser les associations, assurer les liens qui les unissent et l'exécution de leurs engagements, enfin défendre l'État contre les attaques extérieures qui menacent à la fois et les intérêts publics et les intérêts privés, telles sont les obligations, les fonctions et le travail de l'autorité qui a la charge d'exécuter les lois et d'accomplir les trois objets pour lesquels elles sont faites.

Pour effectuer ce travail public qui est en même temps coopérateur, protecteur et défenseur de tous les travaux privés, l'autorité publique a une foule d'agences, partout actives comme l'industrie, diverses comme ses travaux, comme leurs objets, comme leurs produits, et ces agences, éparses comme elle, sur tous les points du territoire, forment des hiérarchies qui vont, pour ainsi dire, se superposer sur toutes les hiérarchies de la propriété et de l'industrie, pour leur assurer à toutes le bienfait commun de la protection des lois. En effet, dans l'exercice des facultés régulières d'une bonne administration, quand il s'accorde avec l'exercice paisible d'une industrie active et libre, il s'opère à notre insu, tous les jours et à tous les moments, une merveilleuse combinaison de moyens productifs du travail et de l'action protectrice de la force publique. C'est dans cette

combinaison que naissent et se reproduisent tous les éléments
de la force de l'État et de la propriété nationale. Sans elle,
des concurrences, des contradictions sans mesure et sans
terme entraveraient et paralyseraient partout la féconde activité des travaux humains. De cette manière, l'État, en tant
qu'il se montre partout et en tout temps un principe d'ordre,
de liberté et de sécurité, en tant que partout il est présent
et actif pour protéger le droit et l'intérêt de chacun et l'indépendance de tous, il est réellement une cause nécessaire
et positivement coefficiente de tous les produits de la propriété et de tous les travaux de l'industrie.

Il y a des lois qui déterminent les droits respectifs de
toutes les industries : il y en a qui déterminent les droits
respectifs de tous les individus qui exercent une industrie.
L'État est chargé de la protection de tous les intérêts qui
dérivent de ces droits, ainsi que de l'exécution des lois qui
en assurent le maintien. On voit ainsi que les ressorts des
deux organisations, de celle qui protége et de celle qui est
protégée, sont toujours et partout en point de contact, et
que cette correspondance, qui est et doit être inaperçue,
n'en est pas moins un des phénomènes les plus réels, les
plus constants du mécanisme social. Simple en apparence,
ce système des rapports présente à un observateur attentif
et curieux une telle complication des mouvements, des directions si multipliées et une si grande diversité d'impulsions
et des réactions, que l'esprit effrayé se refuse de comprendre l'enchaînement de cette multiplication infinie de mobiles
et de moteurs. Mis incessamment en jeu les uns sur les autres, ils constituent par cette perpétuité de mouvements
harmonieux non-seulement la prospérité, mais la vie même
du corps social, comme la sympathie respective de nos or-
ganes et la parfaite concordance qui s'établit entre leurs
mouvements constituent la vie et la santé du corps humain.

C'est ainsi que l'État, quand il est bien constitué et qu'il se dirige dans un esprit de sagesse et de justice, coopère à tous les actes et à tous les produits de l'industrie ; c'est sous ce point de vue que l'histoire de tous les temps nous présente les nations qui ont un pareil gouvernement se relever de l'état d'abaissement et de misère où elles sont trop souvent entraînées par leurs longues dissensions et par les guerres malheureuses. C'est ainsi encore qu'elle nous présente également ces nations retomber dans le même abîme lorsque leur administration se corrompt et se désorganise.

Cette manière d'envisager l'État, la seule qui nous donne une notion juste, complète et vraie de l'objet et du résultat de son institution, fait en même temps ressortir le véritable caractère de la nature de l'impôt. Celui-ci n'est plus une rétribution, une imposition, une charge ; il est le légitime revenu d'une rente, quand il est assis sur un capital immobilier, et le salaire d'un travail, quand son droit résulte de la formation d'un produit de l'industrie.

Tout homme qui met en valeur une terre inculte la fait entrer dans le système général de la propriété, mais il ne peut éviter de la faire introduire en même temps et de la faire aussitôt comprendre dans le système général de l'impôt. En effet, la protection immédiate de la loi et le maintien de l'ordre public n'ont pas été moins nécessaires que le travail de défrichement à sa première exploitation. Dès le premier effort qui a été fait pour la mise en valeur, l'appel immédiat à l'autorité par les gens de l'exploitation pour obtenir la protection qu'ils pouvaient avoir besoin de réclamer, était un droit qui leur était acquis et son assistance ne pouvait jamais leur être refusée.

Les principes établissent la nature de l'impôt tel que nous venons de l'exposer et les faits la manifestent et la confirment. Quand une terre, en effet, nouvellement cultivée, est comprise dans le système général de la propriété et qu'elle a été une fois marquée du sceau de la loi par l'impôt, de ce moment elle est grevée d'une rente au profit de l'Etat, considérée comme prix de la protection qu'elle en reçoit. Elle n'est plus transmissible dans son intégrité; sa valeur vénale, concessible par donation ou divisible par hérédité, se compose bien de toutes les parties qui en forment l'ensemble, mais ces portions sont toujours gravées d'une rente dont le revenu a une mesure commune, celle de l'impôt.

2° *Mesure de l'impôt.* — Dans plusieurs sociétés modernes, les impôts se sont beaucoup multipliés, mais ce phénomène économique ne doit pas nous étonner quand il se produit chez des peuples où la civilisation prospère. C'est là un résultat naturel des besoins émanés des progrès mêmes de l'ordre social. Jamais l'industrie et la richesse ne se développent sans que les populations réclament en faveur des biens et des personnes de plus amples garanties de sécurité. Justice, administration, police, voies de communication, créations d'utilité générale, toutes ces choses deviennent l'objet d'extensions et de perfectionnements coûteux, et plus les sociétés avancent et fleurissent, plus s'élèvent graduellement les dépenses à leur charge.

Ce fait, toutefois, est loin d'agir comme obstacle à leur prospérité continue; car d'ordinaire les causes qui l'enfantent ont pour effet d'augmenter le bien-être public dans une proportion bien supérieure à celle des sacrifices réclamés dans l'intérêt de l'Etat. L'empire romain succomba sous le poids de charges que les provinces dont il se composait tiendraient aujourd'hui pour fort légères: de même la France et l'Angleterre, toute compensation faite quant à la valeur et au pouvoir de l'argent aux deux époques, paient à présent au moins quatre fois autant de contributions que dans la première moitié du dix-septième siècle, et cependant, grâce aux progrès accomplis dans leur sein, le fardeau leur est devenu moins lourd.

Mais si c'est pour les sociétés une nécessité absolue de pourvoir aux frais de divers services publics dont elles sentent le besoin, cette nécessité n'en pèse pas moins sur le cours de leurs destinées. En enlevant aux populations des richesses qui, laissées à leur disposition, accroîtraient soit le bien-être qu'elles obtiennent, soit les épargnes dont l'emploi reproductif imprime au travail un surcroît d'activité, l'impôt agit comme obstacle à l'amélioration de leur sort. Aussi, abstraction faite du but auquel il répond, est-il naturellement un mal, et l'art, en ce qui le concerne, consiste-t-il, d'une part, à le réduire au *minimum* compatible avec les véritables besoins de l'Etat ; de l'autre, à l'établir de manière à ne pas ajouter à la somme des dommages qui s'attachent inévitablement à son existence (1).

Que l'économie soit un devoir pour les gouvernements, qu'ils soient tenus de laisser aux peuples la totalité des ressources dont il leur est possible de se passer, ce sont là des assertions sur lesquelles n'existe aucun dissentiment ; mais à quels impôts faut-il donner la préférence ? à quels signes reconnaître ceux qui, à produit égal, nuisent le moins à l'intérêt général ? Ces questions ont justement préoccupé les économistes. A l'illustre Adam Smith appartient toutefois le mérite bien réel de les avoir suffisamment éclaircies, et, comme les règles dont il a réclamé l'observation en matière de taxation sont en quelque sorte devenues classiques, il suffira de les rappeler en les accompagnant de quelques observations destinées à en fixer la partie véritable.

Voici ces règles :

(1) Voy. Traité d'économie politique, par J.-B. Say.

1° L'impôt doit être proportionnel, c'est-à-dire réparti de façon à n'exiger de chaque contribuable qu'une quote part proportionnée au chiffre total de son revenu particulier.

Cette règle est de beaucoup la plus importante. Ce qu'elle prescrit, c'est l'obéissance aux principes les plus élémentaires de l'équité. L'impôt réclame au profit de l'Etat une portion donnée des richesses réparties entre tous; il ne doit prendre à chacun que dans la mesure du lot qu'il a eu partage, et, toutes les fois qu'il n'opère pas ainsi, il ménage les uns aux dépens des autres, et compense des immunités par des spoliations.

Et ce n'est pas seulement au point de vue de la justice purement distributive que la proportionnalité est nécessaire, c'est dans un intérêt économique de l'ordre le plus élevé. C'est une des conditions du progrès social que l'absence de tout obstacle au cours naturel de richesses. L'impôt chaque fois qu'il pèse inégalement sur les diverses parties de la population, qu'il prend aux unes plus et aux autres moins qu'elles ne doivent à raison de la part qui leur revient dans le revenu général, dérange l'équilibre qui devrait exister entre leurs forces et leurs situations relatives, et par là met obstacle à des développements qui ne peuvent pas s'accomplir avec l'ensemble et la régularité désirables. Le mal est grand surtout quand c'est sur les classes nécessiteuses que tombe le poids de l'impôt. Ces classes ne s'élèvent, même dans l'ordre intellectuel et moral, qu'à mesure que leur condition matérielle s'améliore, et on ne saurait les priver d'aucune des portions du fruit de leurs labeurs, qu'elles ont droit de conserver, sans appesantir sur elles le joug de l'indigence, dont elles ont peine à se défendre.

2° La quote part d'impôt demandée à chacun, ainsi que l'époque et la forme du paiement, doit être suffisamment

connue de tous pour exclure toute contestation et toute décision arbitraire.

Ce serait un grand mal, en effet, si les contribuables
avaient à débattre, avec les agents du fisc, soit le montant
des droits à acquitter, soit la date et la forme des paiements.
A l'époque où Adam Smith écrivait, bon nombre de taxes,
mal assises et mal réparties, entraînaient des discussions fréquentes et souvent aussi des décisions dans lesquelles l'é-
quité n'était pas toujours respectée. Il ne reste aujourd'hui,
dans les contrées où l'administration s'est éclairée, que bien
peu d'impôts qui laissent quelque place à cette sorte d'abus
qui de jour en jour deviennent plus rares.

3° L'impôt doit être perçu aux époques et sous les formes
les moins incommodes pour les redevables.

Rien de plus simple que cette maxime. N'en pas tenir
compte, ce serait aggraver, sans bénéfice pour l'Etat, le
poids des charges publiques. Aussi est-il peu nécessaire
d'en recommander l'observation, tant il y va de l'intérêt
même des gouvernements.

4° L'impôt doit être organisé de manière à n'entraîner
que les moindres frais de perception possibles.

Cette règle mérite beaucoup d'attention. Il y a des impôts qui coûtent plus à recueillir que les autres et ceux-là
sont les plus onéreux de tous. Aux sommes qu'ils prélèvent
pour les verser dans les caisses de l'Etat, ils en ajoutent
de considérables et ne servent qu'à couvrir les frais de la
perception, et par là ils assujettissent les contribuables à
de véritables taxes additionnelles. C'est donc, chaque fois
qu'il y a à opter entre divers modes de taxation, un point à
considérer sérieusement que la différence des prix auxquels
pourront s'effectuer les rentrées à réaliser. De même, un
mode de taxation étant donné, il importe encore d'éviter
dans l'application toute dépense excessive ou inutile. Ce

qui rend ces observations importantes, c'est que beaucoup
de gouvernements inclinent à se regarder comme d'autant
plus fermement établis, qu'ils tiennent à leur solde un plus
grand nombre de fonctionnaires. Ce n'est qu'à regret
qu'ils se déterminent à ramener au chiffre strictement nécessaire le personnel qu'ils emploient, et de là pour les
populations des surcroîts de charges qu'il serait juste et facile de leur épargner.

A ces règles il convient d'en ajouter une cinquième men-
tionnée aussi par Adam Smith, mais à laquelle il n'a pas
attribué toute l'importance qu'elle mérite : c'est que l'impôt ne doit pas offrir à ceux qu'il atteint la possibilité d'é-
chapper à l'accomplissement des obligations qu'il prescrit.

Et, en effet, tout impôt qui laisse aux efforts tentés pour
en éluder le paiement de nombreuses chances de succès,
entraîne des inconvénients de la pire espèce. Aux yeux
des populations les prescriptions du fisc n'ont jamais assez
d'autorité morale pour qu'elles les regardent comme complétement obligatoires, et, du moment où il ne leur est pas
impossible de s'y soustraire, il est rare qu'elles ne s'ef-
forcent d'en venir à bout. De là, entre elles et les agents
de l'État, des luttes de ruse, de mensonge, de violence
éminemment corruptrices. On ne s'accoutume pas à trans-
gresser les lois, à dérober à l'État ce qui lui est dû, sans
contracter des penchants dont quelque chose se reporte
dans les actes de la vie privée. C'est un fait constant que,
dans tous les pays où la contrebande est largement exercée,
l'état moral des populations s'en ressent considérablement.

Telles sont les règles à consulter en matière de taxation.
Les plus importantes sont assurément celles qui réclament
la proportionnalité et l'absence de possibilité pour les redevables de se soustraire aux charges dont la loi les déclare

passibles. L'une se rapporte à des devoirs de justice que les gouvernements sont tenus d'accomplir ; l'autre, à la nécessité d'écarter de la société toute cause factice de perversion morale. Quelque attention que réclament les autres règles qui viennent d'être énoncées, elles ne sont auprès de celles-là que d'ordre secondaire, et au besoin elles doivent leur être sacrifiées.

Maintenant quels sont les impôts qui, dans l'intérêt économique et moral des peuples, méritent la préférence ? Quels sont ceux qui se concilient mieux avec les prescriptions de la justice et mettent le moins d'obstacle aux progrès continus de la prospérité publique ? Les détails dans lesquels nous allons entrer sur les principaux d'entre les impôts le montreront suffisamment.

C'est un usage reçu de diviser les impôts en deux catégories distinctes. On appelle impôts directs ceux que les contribuables acquittent eux-mêmes pour leur propre compte; on appelle indirects ceux dont quelques redevables ne font que l'avance et dont ils obtiennent le remboursement des mains d'autres personnes. En France on range parmi les impôts directs tous ceux qui sont perçus en vertu des rôles nominatifs arrêtés annuellement sur des personnes qui en sont passibles, tandis qu'on entend par impôts indirects ceux qui, destinés à frapper les choses dont l'usage est nécessaire à l'homme, n'atteignent point les personnes nominativement et ne produisent que suivant le cours accidentel des circonstances.

Quelquefois on divise les impôts, considérés au point de vue de leur application, en impôts de *répartition* et de *quotité*. Un impôt est de *répartition* quand le pouvoir législatif fixe d'avance, par son vote, une somme totale, exigible pour toute la France, en laissant aux pouvoirs intermédiaires et locaux le soin de la répartir entre les diffé-

rentes circonscriptions et en définitive entre les redevables.
L'impôt est de *quotité* quand le contingent à payer par tous
les contribuables n'est pas déterminé à l'avance : les agents
du fisc s'adressent directement à ceux-ci toutes les fois
qu'ils font un acte quelconque soumis à l'impôt, et réclament
la somme fixée par une loi ou par un tarif. Dans l'impôt
de répartition, il y a une espèce d'abonnement entre l'État et
les localités du pays ; l'État se soumet à faire le sacrifice de
certains produits pour avoir la certitude de la rentrée de l'impôt. Au contraire, dans l'impôt de quotité, comme tout dépend du nombre des actes qui entraînent le paiement de
la taxe, l'État court les mauvaises chances de moins-va-
lue comme les bonnes chances de plus-value. Tous les
impôts indirects sont de quotité ; parmi les impôts directs,
le seul impôt des patentes est de quotité, tous les autres
impôts sont de répartition. Quelques personnes se sont
soulevées contre l'impôt de répartition et ont vivement réclamé son abolition. Elles lui reprochaient l'inconvénient
de reverser sur les autorités intermédiaires l'odieux de
l'impôt. Mais cette prétention nous paraît exagérée ; on
n'a pas voulu en outre tenir assez compte de l'utilité générale qui justifie l'existence de cet impôt par la certitude
des rentrées qu'il offre au trésor.

Quoi qu'il en soit, toutes ces classifications, au fond, laissent infiniment à désirer, et il est douteux, au reste, qu'on
en puisse établir une qui réponde complétement au but.
C'est l'incidence définitive de l'impôt qui devrait lui assurer
sa place, et, s'il est des taxes d'un effet constamment certain
et semblable, il y en a d'autres dont l'incidence, non-seulement n'est pas celle qu'on leur attribue, mais varie en raison de l'élévation des degrés des tarifs. C'est ce qui ressor-
tira des explications que nous allons donner.

CHAPITRE II.

IMPÔTS DIRECTS.

Nous avons vu plus haut la définition des impôts directs proprement dits. Ces impôts sont de quatre espèces :

L'impôt foncier;

La contribution personnelle et mobilière;

La contribution des portes et fenêtres;

L'impôt des patentes.

Nous ne nous occuperons pas des contributions spéciales assimilées aux impôts directs, à cause de leur peu d'importance.

Après les observations économiques que nous présenterons sur chacun de ces impôts en particulier, nous commencerons l'étude de la législation en cette matière, et, à cet effet, nous envisagerons les impôts au point de vue :

1° *De l'assiette*, qui est la base de l'impôt, la constatation de la matière imposable;

2° *De la répartition*, qui est la procédure en vertu de laquelle les pouvoirs intermédiaires répartissent entre les contribuables la somme totale votée par la loi;

3° *Du recouvrement*, qui comprend la série d'opérations qui ont pour but de faire entrer dans les caisses publiques le produit de ces diverses impositions.

Les règles relatives à l'assiette et à la répartition varient suivant la nature de chaque impôt, tandis que celles qui sont relatives au recouvrement sont communes à tous les impôts directs.

SECTION PREMIÈRE.

IMPÔT FONCIER.

§ 1er. *Notions économiques.* — Les impôts sur la terre,

à moins que l'assiette n'en soit tout à fait vicieuse, ne donnent lieu à aucune objection sérieuse. Soit qu'ils portent directement sur le revenu net des exploitations rurales, soit qu'ils aient pour base, comme en France, les qualités naturelles et les contenances, ces impôts, payés dans la mesure même des avantages attachés à la propriété du sol, répondent à toutes les exigences de la proportionnalité.

Ces impôts ont, en outre, des caractères et des effets qui leur sont propres : c'est le revenu net des propriétés qu'ils attaquent, ils en saisissent une partie et la convertissent en rente foncière au profit de l'État ; mais là s'arrête leur incidence : ni les frais de la culture, ni le prix des produits n'en sont affectés. Il en serait autrement si l'impôt, après avoir absorbé la rente du fonds tout entière, demandait davantage encore ; dans ce cas extrême, l'industrie agricole même aurait sa part des taxes à fournir, et la valeur vénale des récoltes ne tarderait pas à monter assez haut pour dédommager ceux qui l'exercent des charges dont leurs capitaux et leurs labeurs deviendraient passibles. Un pareil état de choses serait funeste : le passé pourtant en a offert quelques exemples.

Mais s'il est constant que, sauf le cas extrême qui vient d'être signalé, l'impôt foncier tombe tout entier à la charge du propriétaire ; s'il est constant encore que son poids originaire tende toujours à s'affaiblir par suite de l'accroissement naturel des fermages, à mesure que les populations étendent leurs demandes et que l'art rural se perfectionne, il y a néanmoins des ménagements à garder envers la propriété foncière. L'état plus ou moins florissant de l'agriculture influe sensiblement sur le progrès de la richesse publique ; or l'agriculture a besoin, pour multiplier les subsistances, d'améliorations dispendieuses. Les changements qui lui profitent le plus ne s'opèrent qu'à l'aide de capitaux fournis par les propriétaires, et, quand ceux-ci sont trop chargés, non-seulement l'épargne leur est difficile, mais le peu de revenu qu'ils tirent de leurs biens affaiblit chez eux le désir de sacrifier à des entreprises dont le succès d'ailleurs n'est jamais complétement assuré. Ainsi l'exagération de l'impôt tourne au détriment de la production même, et le tort fait aux propriétaires devient préjudiciable à l'intérêt social.

Une remarque essentielle en ce qui concerne l'impôt territorial, c'est qu'il finit par ne plus être constitué à titre véritablement onéreux pour ceux qui l'acquittent. Cet effet résulte des transmissions dont le titre est l'objet. Sur chaque fraction du sol pèse, par l'effet de l'impôt, une rente réservée à l'État : acheteurs et vendeurs le savent, ils tiennent compte du fait dans leurs transactions, et les prix auxquels ils traitent entre eux se règlent uniquement en vue de la portion de revenu qui, l'impôt payé, demeure nette, c'est-à-dire affranchie de toute charge ; aussi le temps arrive-t-il où nul n'a plus droit de se plaindre d'une redevance antérieure à son entrée en possession, et dont l'existence, connue de lui, a atténué proportionnellement le montant des sacrifices qu'il a eu à faire pour acquérir.

Cet effet de la durée commande de ne toucher à l'impôt territorial qu'avec infiniment de réserve. On ne peut en élever le taux sans ravir aux propriétaires, non-seulement une portion des revenus dont ils jouissent, mais encore du capital même du nouveau tribut annuel mis à leur charge ; on ne peut, au contraire, abaisser le taux sans leur faire don d'une rente appartenant à l'État et en même temps du capital de cette rente. De tels changements ne s'opèrent pas sans entraîner de graves conséquences. Dans ce cas, ils occasionnent à la classe en possession du sol des pertes qui l'appauvrissent ; dans l'autre, ils l'enrichissent en quelque sorte gratuitement ; dans tous les deux, ils déplacent les situations existantes et altèrent ces rapports de puissance et de fortune établis entre les diverses classes de la population.

C'est la fixité qu'il faut à l'impôt foncier plus qu'à tout autre ; jamais il n'est bon d'en modifier ni le chiffre général ni surtout la répartition. Ce n'est pas que, dans sa marche, le temps ne finisse toujours par déranger les rapports primitivement établis entre les revenus tirés de chaque fraction du sol et la portion qui en revient à l'État. Rien n'est mobile comme le produit des domaines et des terres : des routes qui s'ouvrent, des foyers de population qui se forment ou grandissent, des découvertes scientifiques dont l'application améliore des terrains de qualité particulière, mille causes diverses déterminent, sur certains points du territoire, des progrès qui ne sauraient s'accomplir également sur d'autres ; et, à côté ou dans le voisinage de propriétés qui croissent en fécondité, il en est qui demeurent stationnaires. Eh bien ! rien, dans ces faits inévitables, n'autorise à changer la répartition des taxes, et à reporter sur les fractions du sol devenues plus productives une partie des charges qui pèsent sur celles dont la fertilité n'a pas augmenté.

Il est essentiel de s'en souvenir : l'impôt territorial a pour effet d'asseoir sur le sol des rentes dont l'État devient titulaire, et il importe que ces rentes, devenant invariables, passent des personnes qui dans l'origine en ont subi la charge aux terres elles-mêmes. Or, en changer la répartition afin de dégrever les parcelles qui rapportent le moins, et de recharger celles dont le produit s'est accru, c'est arrêter le mouvement, c'est en réalité prendre aux uns pour donner aux autres, et, sous une apparence de justice faite aux choses, commettre une véritable injustice envers les hommes.

Tout dans les peréquations est mauvais et vicieux, et des

intérêts autres que ceux de l'équité concourent à les interdire formellement. Dans un pays où l'État se croirait autorisé à remanier l'impôt territorial, la sûreté manquerait aux
transactions ; nul ne saurait, au moment d'acheter, si le revenu net dont le chiffre détermine le prix de la propriété ne
sera pas amoindri prochainement, et de là des inquiétudes
dont se ressentirait la circulation des terres; d'un autre côté,
la crainte des surcroîts de taxes pèserait lourdement sur les
entreprises agricoles. Chacun appréhenderait de perdre une
partie des bénéfices dont l'espoir excite à dépenser en améliorations de fonds, et l'agriculture ne marcherait pas avec la
liberté et la promptitude dont elle a besoin pour devenir plus
féconde.

Impôts sur les maisons et les constructions. — Il y
a deux impôts distincts sur les maisons et les constructions :
l'un qui porte sur le terrain bâti, l'autre sur les bâtiments ;
le premier est foncier et n'a rien qui le distingue des impôts
payés par le sol ; l'autre, au contraire, a son caractère propre et mérite beaucoup d'attention.

L'impôt sur les maisons, bien que qualifié de direct, retombe en réalité sur la valeur locative, et c'est l'occupant
de lieux imposés, propriétaire ou locataire, qui l'acquitte définitivement. Voici ce qui détermine cette sorte d'incidence:
les maisons ne sont pas limitées en nombre comme la terre
l'est en étendue, on en bâtit à son gré : seulement l'œuvre
a son prix, et n'est exécutée qu'en vue des avantages qu'elle
promet.

Avant de construire, l'entrepreneur examine s'il pourra
tirer du capital à immobiliser un revenu suffisant, et d'ordinaire il n'agit qu'avec la certitude de recouvrer, indépendamment de l'intérêt de ses avances, la part que l'impôt en pré-
lèvera, c'est-à-dire qu'avec la certitude de mettre cette part,
s'il n'habite pas lui-même, à la charge des locataires. Ce qui

assure ce résultat, c'est que le mouvement naturellement croissant de la population augmente de plus en plus le besoin de maisons et de bâtisses, et qu'à moins que le pays ne souffre et ne se dépeuple, le prix des locations tend à hausser progressivement.

L'impôt sur les maisons n'a pas d'inconvénients particuliers. Il est proportionnel et facile à percevoir. Sans doute il ajoute aux dépenses que réclame la satisfaction d'une des nécessités de la vie, celle d'être logé, mais dans une mesure assez conforme à l'état différent des fortunes et des revenus.

§ 2. *Étude de la législation.* — Deux principes fondamentaux en cette matière furent proclamés par le législateur français de 1789 : 1° l'impôt ne pourra être établi que par une loi ; 2° il devra être égal pour tous les Français, c'est-à-dire proportionnel aux facultés des imposables. En conséquence, le pouvoir législatif est appelé à voter régulièrement l'impôt ; seulement il vote chaque année l'impôt direct pour l'année suivante, tandis que, si les circonstances l'exigent, il peut voter l'impôt indirect pour plusieurs années de suite.

L'impôt foncier fut créé par un décret de l'Assemblée nationale, le 23 novembre 1790. Plus tard, la loi du 3 frimaire an VII abrogea ce décret, dont elle conserva cependant les dispositions principales ; elle organisa définitivement la contribution foncière et continue aujourd'hui même à être la législation en vigueur sur cette matière.

Assiette de l'impôt foncier. — L'impôt est établi sur le revenu net des propriétés *bâties* ou *non bâties*.

1° *Propriétés non bâties.* — Le revenu net des propriétés non bâties, c'est-à-dire des terres labourables, est celui qui reste au propriétaire, déduction faite des frais de culture, de semence, d'entretien, qui ordinairement emportent le tiers du revenu brut. Il se détermine en prenant la moyenne des quinze dernières années, les deux plus fortes et les deux plus faibles non comprises (art. 56 de la loi du 3 frimaire). C'est sur cette évaluation du revenu net qu'est assis l'impôt territorial.

Les jardins potagers sont évalués d'après le prix de leur location possible, en suivant le même calcul que pour les terres labourables. Mais la loi indique ici un minimum, en défendant de les évaluer au-dessous du taux des meilleures terres labourables de la commune.

Les terres d'agrément telles que les parcs, les parterres, etc., sont évaluées au taux des meilleures terres labourables.

Quant à l'évaluation du revenu net ou imposable des vignes, on suit la même opération que plus haut. Cependant, en considération des frais de dépérissement annuel, de chances de production, de replantation partielle, etc., les répartiteurs déduisent du produit brut, outre les frais de culture, de récolte, etc., un quinzième de ce produit (art. 60).

Les prairies naturelles, soit qu'on les exploite en coupes régulières, soit qu'on en fasse consommer les herbes sur pied, sont évaluées, de même que les prairies artificielles, au taux des terres labourables.

Les terres vaines et vagues, les landes, les bruyères, etc., sont soumises à l'impôt d'après leur produit net, quelque modique qu'il puisse être, mais dans aucun cas leur cotisation ne pourra être moindre d'un décime par hectare. Cependant les possesseurs de ces terres, n'étant soumis à l'impôt qu'en qualité de propriétaires, peuvent, s'ils se croient obérés par la contribution, abandonner ces terrains au profit de la commune.

Les bois en coupes réglées sont évalués d'après le prix moyen de leurs coupes annuelles, déduction faite des frais d'entretien, de garde et de repeuplement (art. 67)..

L'évaluation des bois taillis qui ne sont pas mis en coupe réglée se fait d'après leur comparaison avec les autres bois de la commune (art. 68).

Les bois au-dessous de 30 ans sont réputés taillis et sont évalués conformément aux dispositions des articles précédents (art. 60).

Voyez aussi les articles 70, 74, 81.

Quant aux canaux de navigation, la loi du 5 floréal·an xi décide qu'ils seront imposés suivant l'étendue qu'ils occupent comme les terres de première qualité.

L'art. 100 de la loi de frimaire statue que les canaux d'irrigation seront soumis à l'impôt qui frappe les terres environnantes. Une instruction ministérielle de 1811, appelée *Recueil du cadastre*, décide, au contraire, que ces canaux doivent être évalués sur le pied des meilleures terres labourables. Le ministre des finances prétendit qu'on devait suivre la décision du *Recueil du cadastre*, parce qu'il avait été toujours suivi, et parce que son mode d'évaluation présente plus de facilité en pratique que le système de la loi de frimaire. Mais un avis du conseil d'État de 1835 déclara avec raison qu'une simple instruction ministérielle ne pouvait ni ne devait déroger à la loi.

2° *Propriétés bâties.* — Elles sont évaluées : 1° En raison de la superficie qu'elles occupent, et sur le pied des meilleures terres labourables ; 2° proportionnellement à leur élévation, d'après la valeur locative, déduction faite de l'estimation de la superficie (car la superficie est frappée de l'impôt comme propriété non bâtie). Le revenu imposable des maisons d'habitation, occupées par le propriétaire ou par un locataire, se détermine d'après leur valeur locative calculée sur les dix dernières années, déduction faite d'un quart de cette valeur, en considération des réparations et frais d'entretien (art. 82).

La loi, en fixant ici un minimum, déclare qu'aucune maison ne pourra être cotisée, quelle que soit l'évaluation de son revenu, au-dessous de ce qu'elle le serait à raison du terrain qu'elle occupe, évalué sur le pied du double des meilleures terres labourables, si la maison n'a qu'un rez-de-chaussée, et du quadruple si elle a un ou plusieurs étages (art. 83).

Pour les bâtiments d'exploitation rurale, tels que granges, pressoirs, caves, écuries, etc., ainsi que pour les cours des fermes et métairies, on fait l'évaluation des terrains qu'elle enlève à la culture sur le pied de la valeur des meilleures terres labourables de la commune (art. 85).

Quant aux fabriques, manufactures, moulins et autres usines, leur revenu net se détermine suivant le système de l'art. 82. Seulement, comme les frais de dépérissement et d'entretien sont plus considérables, la déduction est du tiers (art. 87).

Comme l'impôt foncier frappe tous les immeubles, on s'est demandé si les bains, moulins ou usines construits sur bateaux, sont des meubles et doivent, par conséquent, être exempts d'impôt. Le conseil d'Etat fut d'avis que ces constructions ne doivent pas être soumises à l'impôt, car l'art. 581 du Code Napoléon les classe parmi les meubles. Mais une loi du 18 juillet 1836, rendue sur la proposition du ministre des finances, assujettit toutes ces constructions à l'impôt foncier.

Voyez aussi les art. 88, 90 et 95, 96, 102, de la loi de frimaire.

Exceptions à la règle de la proportionnalité de l'impôt.

Quoique, en principe, toute propriété foncière soit soumise à l'impôt, la loi admet cependant quelques exceptions.

L'Assemblée constituante a voulu autant que possible restreindre le nombre des exceptions. Elle soumit à la taxe
territoriale même les domaines possédés par l'Etat ; mais
dans ce cas l'impôt n'était que fictif et ne servait qu'à déterminer, quand ces terrains viendraient à être aliénés, la
charge qui pèserait sur l'acquéreur de ces propriétés.

Ces exceptions sont de deux espèces :

Les premières sont temporaires et ont pour but de soumettre certaines propriétés à un impôt moins élevé que
celui qu'elles devraient supporter. Ces exemptions sont fondées, soit sur l'intérêt des entreprises ou des améliorations
de constructions : ainsi, les propriétés nouvellement bâties
ou reconstruites ne seront imposées que la troisième année
après la reconstruction (art. 88) ; soit sur l'intérêt de l'a-
griculture, c'est-à-dire de tout ce qui tend à améliorer ou
accroître le produit, et, par suite, à augmenter la richesse
nationale : ainsi les marais desséchés ne subissent aucune
augmentation d'impôts pendant 25 ans ; les terres vaines et
vagues, pendant 30 ans, si elles sont plantées ou semées en
bois ; pendant 20 ans si elles sont plantées en vignes, mû-
riers, arbres fruitiers; pendant 10 ans, selon les autres genres
de culture qui suivront le défrichement (art. 112). Le propriétaire qui veut opérer ces améliorations et jouir de cette
faveur, doit en faire la déclaration, dit la loi, à l'administration municipale , c'est-à-dire à la sous-préfecture, car,
sous le gouvernement du Directoire , les administrations
municipales de canton ont été remplacées par les sous-pré-
fectures.

D'autres lois postérieures à celles de frimaire ont également consacré quelques exceptions. Ainsi, pour encourager
les travaux qui empêchent les inondations, l'art. 225 du
Code forestier affranchit de l'impôt pendant 20 ans les plan-
tations de bois faites sur le sommet et le penchant des mon-

tagnes. Le décret du 11 juin 1811 décide que les maisons des rues de Rivoli et de Castiglione seront, pendant 30 ans, exemptes de l'impôt foncier. Une loi de 1851 exempte d'impôt pendant 20 ans les maisons qui seront construites depuis le Louvre jusqu'à l'Hôtel-de-Ville, parce que les propriétaires seront obligés de construire d'après un certain plan donné par l'administration.

Une difficulté se présente en cette matière. On se demande si ces dispositions n'ont pas été abrogées par la loi sur le cadastre, c'est-à-dire si le cadastre, ayant établi la fixité de la contribution, il n'est pas inutile d'examiner si telles constructions améliorées ou tels marais desséchés seront ou non soumis à une augmentation de l'impôt. Nous croyons devoir répondre que la loi de frimaire continue d'être en vigueur, et que s'il y a peu d'utilité, tant que le cadastre actuel existe, à se soumettre aux formalités exigées par la loi quand on veut entreprendre des travaux d'amélioration, il se peut que ce cadastre soit renouvelé, et alors pourront être appliquées, durant le laps de temps prescrit, les exceptions de faveur prévues par la loi de frimaire.

Les secondes exceptions, qui sont permanentes, trouvent leur motif dans la destination des immeubles à des services d'intérêt public : ainsi les domaines de la couronne, les bois et forêts de l'État et autres biens de l'État affectés à des services administratifs (tels que le palais du Corps législatif, les bâtiments destinés aux logements des ministres et de leurs bureaux, les arsenaux, magasins, casernes, etc.), les places publiques servant aux foires et aux marchés, les chemins publics et vicinaux, et les rivières, quoique non navigables, sont exempts d'impôt foncier (art. 103).

Répartition de l'impôt. — La répartition de l'impôt foncier entre les départements se fait par le Corps législatif, qui fixe le contingent de chacun d'eux dans les tableaux annexés à la loi de finance et appelés *États de répartement*. Elle est basée sur les résultats du cadastre, les baux, les actes de vente et tous les autres renseignements obtenus par l'administration pour faire connaître l'importance de la matière imposable. Les bases générales doivent être renouvelées tous les cinq ans, afin que les charges soient en rapport avec la population et les revenus du département.

Entre les arrondissements, la répartition est confiée au conseil général du département, qui se sert à cet effet des mêmes éléments que le Corps législatif pour la répartition entre les départements. Si le conseil général refusait de faire la répartition, elle sera faite par le préfet, d'après les bases de la répartition précédente, car l'intérêt général ne doit pas souffrir d'une résistance peut-être injuste.

L'impôt est réparti entre les communes par les conseils d'arrondissement dans la deuxième partie de leur session. Si ce conseil refuse de faire la répartition, le préfet procédera comme dans le cas précédent.

Enfin, la répartition est faite dans chaque commune par une commission dite de *répartition*, composée du maire et l'un de ses adjoints, et de cinq contribuables choisis annuellement par le sous-préfet. Les fonctions de répartiteur ne peuvent être refusées que pour infirmités graves, légalement constatées, l'âge de 60 ans commencés, etc. Les répartiteurs, qui peuvent délibérer au nombre de cinq, ne peuvent se dispenser de faire les opérations qui leur sont attribuées, à peine de responsabilité solidaire et même de contrainte pour le paiement de tous les termes de contributions assignées à la commune dont le recouvrement se trouverait en retard par suite de la non-exécution des opérations dans les délais prescrits (1).

(1) Voyez les lois du 3 frimaire an VII, art. 9; du 2 messidor an VII, art. 15; arrêté du 19 flor an VIII; loi du 21 avril 1832, art. 17.

Cette répartition se fait proportionnellement au revenu foncier de chaque contribuable. C'est le cadastre, dont nous parlerons plus loin, qui sert de base à ce travail. Les répartiteurs ont à vérifier si les contribuables désignés dans la matrice cadastrale ont conservé les propriétés portées à leur compte. Mais ils n'ont pas le droit d'augmenter ou de diminuer les évaluations des revenus des propriétaires qui leur semblent ménagés ou surchargés. Les changements qu'ils peuvent faire consistent seulement dans l'état des mutations de propriété survenues parmi les contribuables.

Le revenu territorial de la France est évalué, d'après les données de la statistique officielle, à 2 milliards 281 millions. — Le département le plus imposé l'est au dixième de son revenu, et le moins imposé l'est au vingt-deuxième. La moyenne de l'impôt serait de 1/14e.

Dans le projet de budget voté pour l'exercice de 1856, la contribution foncière dépasse 267 millions.

Le cadastre. — Le cadastre est un registre public dans lequel la quantité, la qualité et la valeur des biens-fonds compris dans une certaine étendue de territoire sont marquées en détail. Ce nom se donne encore à la série d'opérations qui ont pour objet l'établissement de ce registre. Dans ce dernier sens, on dit qu'une commune, un arrondissement, un département, sont *cadastrés.* Le but du cadastre est de fixer d'une manière nette et précise le revenu imposable de toutes les propriétés foncières, afin que chaque contribuable ait la possibilité de faire lui-même son décompte, et ne puisse être imposé à une cote supérieure à celle que comportent réellement ses revenus ; le revenu ainsi déterminé se nomme *Allivrement cadastral.*

L'idée de ce cadastre se lie naturellement à celle d'impôt foncier, dont il est le complément indispensable. On le trouve établi dans les derniers temps de l'empire romain. Il existait à cette époque des registres publics où se trouvaient consignés, dans le plus grand détail, l'étendue, la nature et la qualité des biens-fonds de chaque province. Ces registres étaient dressés d'après les déclarations des propriétaires. En outre, des agents spéciaux étaient chargés de parcourir les provinces pour prendre des renseignements sur les espèces de sol, l'étendue et la nature des propriétés, la quantité et la valeur des produits, le nombre des esclaves et le revenu de chaque contribuable. Ces registres servaien chaque année à la répartition de la contribution foncière. Ils devaient être renouvelés tous les quinze ans. Après l'invasion des Barbares, les livres qui avaient été ainsi dressés pour la Gaule servirent aux premiers rois Francs, Bourguignons et Wisigoths, à percevoir sur les propriétaires les tributs que ces derniers payaient auparavant au fisc impérial.

Plusieurs vérifications partielles eurent lieu sous la première race; mais, sous la deuxième, à partir surtout du second quart du ix° siècle, on négligea tellement de tenir compte des changements opérés dans la nature et la possession du sol que la répartition des charges publiques devint tout à fait arbitraire. La multiplicité de terres appartenant aux églises, avec exemption de toute taxe, et les usurpations des grands officiers complétèrent le désordre : les registres cadastraux devinrent alors complétement inutiles. Mais aussitôt que la féodalité se fut constituée, chaque seigneur se hâta, pour faciliter le recouvrement des redevances dues par ses vassaux, de faire établir la description particulière de ses domaines. Ces cadastres partiels reçurent le nom de *terriers*, en basse latinité *terrearia*. Le] plus grand et le plus curieux travail de ce genre est le *Domestay-book* de Guillaume le Conquérant, qui fut exécuté, pour une grande partie de l'Angleterre, entre les années 1031 et 1036.

En France, le besoin d'un cadastre se fit vivement sentir lorsque, au xv· siècle, l'impôt de la *taille* devint permanent et surtout dans les provinces où la taille était *réelle*. Plusieurs rois, entre autres Charles VII, avaient songé à faire dresser un cadastre général du royaume pour servir de base à l'impôt territorial ; mais une pareille entreprise était à peu près impossible sous l'ancien régime, non-seulement à cause des difficultés matérielles d'exécution, mais encore à cause des obstacles que devait nécessairement créer le système de priviléges sur lequel reposait l'organisation même de la société. Une tentative plus sérieuse eut lieu sous Louis XIV. D'après le projet conçu par Colbert, on devait faire le dénombrement des habitants de chaque élection, celui des citadins, des laboureurs, des artisans et des manouvriers; établir la quantité des bonnes, des médiocres et des mauvaises terres ; enfin constater la nature des différents biens, les revenus du clergé régulier et séculier, ceux des villes et des communautés. Colbert ne put réaliser son idée que dans la généralité de Montauban.

Pendant tout le xviii· siècle, l'établissement d'un cadastre pour toute la Fance fut une des préoccupations des hommes éclairés. La déclaration du 23 novembre 1763 annonça même le projet d'un cadastre général, mais il ne lui fut pas donné suite.

En 1789, l'opinion publique était si bien fixée à cet égard, qu'à la réunion des États-Généraux, le vœu de la confection immédiate d'un cadastre de la France se trouva consigné dans plusieurs cahiers d'assemblées électorales. En conséquence, le 1·· décembre 1790 l'Assemblée nationale décréta le principe d'un cadastre complet du royaume: elle en prépara même l'exécution par les lois des 21 août et 16 septembre 1791. La Législative respecta le travail de sa devancière, mais n'y ajouta rien. Ce fut la Convention qui, par la loi du 21 mars 1793 et les décrets qui la commentèrent, organisa le service et fit commencer les travaux. Par suite des événements, les opérations ne purent marcher très vite; cependant le 22 novembre 1798 le Directoire autorisa les contrôleurs à faire usage des résultats déjà obtenus. Le 2 novembre 1802, un arrêté des consuls, afin d'accélérer les travaux, décréta qu'ils seraient recommencés sur tous les points et d'après un nouveau plan. On ne devait mesurer que 1,800 communes, 2 au moins et 8 au plus par arrondissement, et appliquer à toutes les autres les données que l'on obtiendrait. D'après ce projet, on ne devait pas non plus arpenter en détail les communes prises comme type, de façon à indiquer les parcelles de terrain appartenant à chaque propriétaire : on se contentait de relever les masses des diverses cultures. Ainsi, par exemple, une prairie de 100 hectares, appartenant à vingt propriétaires différents, était représentée par un seul polygone sur le plan communal. L'estimation de la valeur des produits devait également se faire par masses de cultures.

On ne tarda pas à reconnaître les vices du nouveau système et l'impossibilité absolue d'établir une répartition équitable entre les communes sur des bases aussi défectueuses. En conséquence le gouvernement déclara, le 28 décembre 1803, que les opérations s'étendraient à toutes les communes de la République. Toutefois cette extension était insuffisante pour corriger le vice radical du système. Avec elle on pouvait bien arriver à une juste répartition de l'impôt entre les communes, mais la répartition du contingent de la commune entre les propriétaires était impossible, car elle était abandonnée à l'arbitraire des autorités locales. Enfin les plaintes et les difficultés devinrent telles, que, en 1807, le gouvernement se vit obligé de considérer tout ce qui avait été fait comme non avenu. On sacrifia 15,000 plans de masses, cinq ans de travaux et plusieurs millions de dépenses, pour revenir au système du *cadastre parcellaire*, adopté par l'Assemblée nationale, qui consiste à lever le plan de chaque parcelle de terre et à lui donner une estimation d'après le prix moyen des autres propriétés de même nature situées dans le même pays. La confection du cadastre marcha d'abord avec lenteur, et c'est seulement à partir de la loi du 31 juillet 1821 qu'elle fut poussée avec une activité égale à son importance. Cet immense travail, à l'exception du cadastre de la Corse, est aujourd'hui terminé. Il a duré plus de 30 ans et a coûté près de 130 millions. Néanmoins, au dire des hommes les plus compétents, les plans antérieurs à 1827 sont très inférieurs à ceux dressés à partir de cette année.

Exposons maintenant en quelques mots la manière dont il est procédé à la confection du cadastre, afin de mieux comprendre son utilité pour la répartition de la contribution foncière. Ce grand travail se partage naturellement en trois séries d'opérations :

1° La première consiste uniquement en travaux d'art, qui sont exécutés par des géomètres. On commence par *délimiter* le territoire communal, puis on le divise par *sections*, et l'on procède à la triangulation des terrains compris dans les limites de la commune. Enfin l'on termine par *l'arpentage* et le *levé du plan* de chaque *parcelle*, c'est-à-dire de toute portion de terre distincte des terres voisines, soit par la différence des propriétés, soit par la différence des cultures. Aussitôt que le plan d'une commune a été vérifié et arrêté, le géomètre en chef en fait faire une copie qui est déposée au secrétariat de la mairie, la minute restant à la direction.

2° Lorsqu'on a ainsi établi la configuration et la contenance de toutes les parcelles comprises dans une commune, il s'agit d'arriver à *l'évaluation du revenu* net de chacune d'elles. On désigne sous le nom *d'expertise* l'ensemble des opérations exécutées à cet effet, et qui sont la *classification* des terres, leur *évaluation* et la *répartition individuelle*. Les deux premières sont confiées aux membres du conseil municipal, auxquels la loi adjoint un certain nombre de propriétaires pris parmi les imposés de la commune.

La *classification* consiste à déterminer en combien de *classes* chaque nature de propriété doit être divisée, en raison des divers degrés de fertilité du sol. Le nombre de classes ne doit jamais excéder celui de cinq pour les cultures. (Les maisons dans les communes rurales peuvent être divisées en dix classes; dans les villes, bourgs et communes très peuplés, chaque maison est évaluée individuellement : la division par classes n'est pas non plus applicable aux usines, fabriques et manufactures.) Quand il a établi ces classes ou types, le conseil municipal s'occupe du tarif des *évaluations* des différentes classes. Ce tarif arrêté, on fait le *classement*, c'est-à-dire on distribue chaque parcelle de propriété dans l'une des classes établies par le conseil. Cette opération est exécutée par des propriétaires classificateurs, assistés du contrôleur des contributions directes. La dernière opération, celle de la répartition individuelle, est faite par le directeur des contributions directes. Il dresse des états ou tableaux qui servent à former la *Matrice des rôles* et le *Rôle cadastral*. Le rôle cadastral contient le montant de la contribution foncière, en principal et en centimes additionnels, auquel la commune est imposée, la somme de son revenu cadastral et la proportion dans laquelle chaque propriétaire doit acquitter la contribution. La *Matrice des rôles*, ainsi appelée parce que les rôles n'en sont qu'une copie, réunit sous le nom de chaque propriétaire toutes les parcelles qu'il possède dans la commune, et par conséquent fournit les éléments de la répartition individuelle.

On n'a plus en effet qu'à distribuer le contingent assigné à la commune au marc le franc des évaluations faites et portées sur la matrice. Cette opération, qui n'est qu'une simple affaire de calcul, est réservée à l'administration. Le directeur transmet ensuite le nom des contribuables portés sur la matrice, la somme du revenu cadastral, et la somme que chaque propriétaire doit payer pour sa quote part de contribution : c'est ce qu'on nomme *l'expédition des rôles.* Quand le rôle d'une commune est terminé, il est transmis au préfet, qui le rend exécutoire par un arrêté pris en conseil de préfecture. Les propriétaires ont le droit d'assister au travail de répartition pour faire valoir leurs intérêts et leurs droits. Ils ont, en outre, six mois pour réclamer contre le premier rôle à partir de la mise en recouvrement.

3° Mais tous les travaux accomplis pour la confection du cadastre deviendraient inutiles au bout d'un petit nombre d'années, si l'on n'avait soin de le maintenir sans cesse au courant des mutations, dans la propriété des parcelles, des changements de culture et des diverses modifications qu'éprouvent les objets imposables, lorsqu'elles sont de nature à motiver une réduction permanente ou temporaire dans le chiffre assigné pour base à la répartition. En conséquence, les contrôleurs se rendent chaque année dans les communes; les commissaires répartiteurs sont convoqués, et tous les contribuables sont avertis et invités à se présenter pour indiquer les changements à opérer dans les articles de la matrice qui les concernent. Le contrôleur rédige, pour chaque mutation, une déclaration qu'il fait signer par le déclarant, ou, à son défaut, par le maire; l'indication de la mutation sur la copie de la matrice appartenant à la commune se fait ensuite dans les bureaux de la direction. Lorsqu'il s'agit de changements à opérer par suite d'une augmentation ou d'une diminution de revenu produite par un événement postérieur à la confection du cadastre et indépendant de la volonté du propriétaire, le maire et cinq, au moins, des commissaires répartiteurs doivent donner leur avis. La direction dresse chaque année le rôle des contributions d'après la matrice rectifiée : le préfet le rend exécutoire par un arrêté, et il est alors procédé à l'*émission des rôles*. Les contribuables ont, pour former leurs réclamations, un délai de trois mois, à partir de l'émission des rôles annuels, c'est-à-dire à dater de l'arrêté préfectoral qui les rend exécutoires.

La contribution foncière étant un droit réel qui frappe sur l'immeuble, est indépendante de la personne du propriétaire, qui n'est tenu de payer l'impôt qu'indirectement, *propter rem*. De là il résulte que le propriétaire des terres vaines et vagues, de landes, etc., soumises à l'impôt, peut s'affranchir de toute contribution en délaissant sa propriété au profit de la commune. Une autre conséquence, qui naît du même principe, c'est que l'administration des finances a le droit de poursuivre l'expropriation d'un immeuble privé de tout produit par l'incurie ou la négligence du propriétaire (1).

L'impôt qui est spécialement assis sur les fruits et revenus des immeubles doit être payé par celui qui a la propriété utile, comme l'usufruitier, l'emphytéote, et non par celui qui a la propriété directe, c'est-à-dire le nu-propriétaire. Les détenteurs qui possèdent au nom du propriétaire à titre précaire, tels que les locataires, les fermiers et ceux qui ont seulement un droit d'usage ou d'antichrèse, ne sont pas personnellement obligés au paiement de l'impôt ; ils n'en sont tenus qu'à l'acquit et décharge du propriétaire, et comme possesseurs des récoltes affectées à l'impôt ; le Trésor peut

(1) Voy. l'avis du conseil d'État, 21 février 1821. — Loi du 12 novembre 1808.

donc agir contre eux en cette qualité de détenteurs, mais ils imputent la somme payée sur le prix de ferme dû au propriétaire.

SECTION II.

CONTRIBUTION PERSONNELLE ET MOBILIÈRE.

§ 1er. *Notions économiques.* — Cette contribution est complexe. Elle comprend deux impôts ayant des bases différentes : la contribution personnelle et la contribution mobilière. Nous allons les examiner séparément, et nous verrons ensuite les règles communes à chacune d'elles.

I. *Impôt personnel.* — Cet impôt est une capitation qui atteint toutes les personnes, françaises ou étrangères, qui habitent le territoire du pays. Il a un vice radical : au lieu de s'adresser aux choses, ce sont les personnes mêmes qu'il frappe, et cela sans égard à la diversité des forces contributives. Pauvres et riches, tous le paient également et en une quotité exactement pareille, soit à titre de sujets du même État, soit à titre d'étrangers jouissant de la protection des lois françaises ; de tels impôts, contraires à toutes les règles de la proportionnalité, ne subsistent que grâce à leur modicité habituelle ; il suffirait de les élever pour faire immédiatement ressortir tout ce qu'ils ont d'inique en principe, et combien leur existence est défavorable aux intérêts de la société tout entière.

On a dit pour justifier la taxe personnelle que, tous ayant un égal besoin de la protection de l'État, il est juste que tous aient à la payer du même prix. L'excuse n'est valable à aucun point de vue. Elle suppose que des familles, dépourvues des avantages de la propriété, ne contribuent en rien aux dépenses publiques ; or le fait est inexact. Ces familles, outre que leurs enfants répondent aux appels pour le service

,militaire, paient et les taxes qui pèsent sur le loyer d'habitation, et celles qui atteignent les objets de consommation à leur usage, et conséquemment tout autant qu'elles doivent à proportion de leur part de revenu ; en second lieu, il n'est pas même vrai que les frais de protection montent au même chiffre pour tous. Ce ne sont pas les personnes qui coûtent beaucoup à protéger, ce sont les fortunes dont elles jouissent. Parmi les délits que les lois ont à prévenir ou à châtier, on trouve en bien petit nombre ceux qui n'ont pas pour motif la convoitise du bien d'autrui, et plus les individus possèdent, plus l'État a à faire pour les défendre des offenses et des spoliations.

II. *Impôt mobilier ou sur les revenus.* — Ce n'est pas de nos jours seulement qu'on a songé à taxer les revenus. De tout temps on a fait des efforts pour les atteindre, et, s'il n'y a pas eu beaucoup de suite dans l'application des systèmes essayés, il faut l'attribuer non à la nature inhérente même de l'impôt, mais aux mauvais choix des moyens employés pour l'asseoir.

L'impôt sur le revenu, considéré en lui-même, est le plus proportionnel, le mieux approprié aux facultés réelles des contribuables, et par cela même celui qui répond davantage aux prescriptions de l'équité, et nul doute que, s'il était aussi facile à percevoir que juste en principe, il ne tarderait point à obtenir partout une préférence décidée. Jusqu'ici l'obstacle à surmonter s'est rencontré dans la difficulté de constater régulièrement la quotité des revenus possédés. Se contenter des déclarations des contribuables, c'était les laisser libres de dissimuler leur situation, et de priver le Trésor d'une partie des produits auxquels il avait droit ; recourir à des enquêtes, c'était armer les agents de la perception d'un pouvoir abusif et tracassier, soumettre les particuliers à des recherches de nature inquisitoriale. Ces considérations, d'autant plus puissantes que les populations moins éclairées sont disposées à voir dans le fisc un ennemi aux atteintes duquel il est licite de se soustraire toutes les fois qu'elles peuvent en venir à bout, ont commandé une certaine réserve dans les pays où l'impôt sur le revenu est établi, et ont empêché de le mettre en pratique dans plusieurs autres.

Toute la question cependant se réduit à savoir s'il est possible d'assigner à l'impôt une base dont l'admission puisse mettre le Trésor à l'abri des fraudes, et les redevables à l'abri de recherches incommodes et pénibles. Or, cette base, il n'est nullement impossible de la trouver, en la cherchant dans celle des dépenses des particuliers, ayant signe certain, qui se conforme le plus complétement à l'état de leurs revenus. Évidemment c'est la dépense de logement qui, plus que toute autre, a ce caractère. Dans sa généralité, elle se proportionne assez fidèlement à l'état des fortunes, et quand on la prend pour point de départ, pour mesure des droits à imposer, on se rapproche de la vérité tout autant que le réclament les règles de la justice distributive.

Ce n'est pas qu'il n'y ait partout un certain nombre de personnes qui, dans leurs dépenses d'habitation, s'écartent de la moyenne générale. Les unes sont des personnes riches, mues par un amour excessif de l'épargne, s'imposant volontairement des privations, et qui, dépensant moins qu'elles ne peuvent le faire, échapperaient aux prescriptions du fisc en matière de contribution locative, comme elles y échappent en matière de droit de consommation. Les autres, au contraire, sont des personnes chèrement logées, soit parce qu'elles comptent beaucoup d'enfants, soit à raison des convenances professionnelles, et celles-là ont droit à n'être pas surtaxées. Or rien de plus facile que de les mettre à même de ne payer que leur juste part. Il suffirait pour cela d'ad-

mettre en principe que telle quotité du prix des loyers est considérée comme type représentatif d'une quotité donnée de revenu, et d'autoriser tous ceux à qui l'impôt demanderait au-delà de la proportion fixée, à faire preuve qu'ils ne jouissent pas du revenu supposé, et à obtenir le dégrèvement qui leur serait dû. Grâce à ce mode d'évaluation, l'impôt aurait une base simple et connue ; il se prêterait dans son application à toutes les modifications que requiert l'équité ; l'État n'aurait aucune recherche à faire, aucune déclaration à demander aux contribuables, et la perception, peu dispendieuse, s'effectuerait avec toute la célérité désirable.

Il est d'autant plus nécessaire de rechercher les moyens d'écarter de l'impôt mobilier les embarras qui, jusqu'ici, en ont accompagné la perception, que déjà cet impôt est établi dans une des parties des États de l'Europe, et qu'il est probable qu'il prendra de plus en plus place dans les systèmes généraux de taxation. C'est l'impôt proportionnel par excellence ; c'est en outre le seul qui, demandant à chacun dans la mesure la plus vraie de ses facultés contributives, puisse désormais être appliqué sans apporter de trouble dans la situation respective des industries et des propriétés, sans appauvrir réellement et relativement telle ou telle classe de la population, et c'est là un avantage d'un prix considérable.

§ 2. *Étude de la législation.* — C'est l'Assemblée constituante qui établit l'impôt personnel et mobilier. La loi du 3 nivôse an VII décomposa cet impôt en quatre branches distinctes : la contribution personnelle, la contribution mobilière, la taxe somptuaire, portant sur des objets de luxe, et une contribution perçue par voie de retenue sur les traitements des fonctionnaires. Cette dernière taxe fut abolie, avec beaucoup de raison, le 17 frimaire an VII : il faut, en effet, diminuer le traitement quand il paraît très considérable et ne pas avoir recours à ces tristes moyens de taxation contre des personnes qui ne sont pas en général assez bien rétribuées. La taxe somptuaire disparut également peu à peu, car, dans un pays où la fortune est très divisée, elle a pour résultat de diminuer la consommation des objets taxés, et par conséquent de nuire à la production de la richesse. La ville de Paris rejeta cette contribution (le 25 germinal an XI) sur la taxe de l'octroi qui fut augmentée. Lyon imita Paris. Enfin la loi du 24 août 1806 la supprima entièrement.

Il ne resta donc plus que la taxe personnelle et mobilière.

Comme il y avait des réclamations contre la répartition arbitraire et inégale de la taxe mobilière, la loi du 23 juillet 1820 décida que l'on prendrait pour base unique de cette contribution la valeur locative de l'habitation. A la suite des travaux faits pour exécuter la loi, on pensa que la contribution personnelle serait un impôt, non plus de répartition, mais de quotité, car, disait-on, il est plus simple et plus raisonnable de mettre directement en rapport l'État avec le contribuable. Un projet de loi fut présenté à cet effet aux Chambres qui, tout en admettant, le 20 mars 1831, la modification proposée quant à la taxe personnelle, conserva le caractère d'impôt de répartition à la contribution mobilière. L'année suivante on revint au premier état des choses, à cause des réclamations multipliées, et on promulgua la loi du 21 avril 1832 qui est la loi fondamentale de la matière, et qui réunit ensemble les deux contributions.

Assiette de la contribution personnelle et mobilière. — La contribution personnelle est fixée à la valeur de trois journées de travail. Cette valeur est réglée tous les ans, pour chaque commune, par les conseils généraux, sur la proposition des préfets ; elle ne peut l'être au-dessous de 50 c., ni au-dessus de 1 fr. 50 c. (1).

(1) Art. 10 de la loi du 21 avril 1832.

Elle est payée par chaque habitant de tout sexe, français ou étranger *jouissant de ses droits* et non réputé indigent. Le second alinéa de l'art. 12 explique le sens des mots soulignés qui ne doivent pas être pris dans leur acception ordinaire; la loi veut parler ici de la jouissance de fait par laquelle se manifestent les facultés imposables. Ainsi sont considérés comme jouissant de leurs droits : 1° les veuves et les femmes séparées de corps; 2° les garçons et les filles, majeurs ou mineurs, ayant des moyens suffisants d'existence, soit par leur fortune personnelle, soit par la profession qu'ils exercent, lors même qu'ils habitent avec leurs père et mère, leur tuteur ou curateur, pourvu qu'ils exercent leur profession pour leur propre compte et non pour celui des personnes avec lesquelles ils habitent (1). L'étranger ne pourrait se faire exempter de la taxe s'il déclare ne pas vouloir fixer son domicile en France; il suffit qu'il y réside pour être soumis à l'impôt. Il ne pourrait non plus s'appuyer sur ce que, d'après les lois de son pays, les Français, qui se trouvent dans la même situation que lui, ont droit à l'immunité (2). Mais le consul d'une puissance étrangère résidant en France est exempt de cette taxe, dans le cas où l'immunité est accordée aux consuls français dans son pays (3). Le mineur ne peut exciper de la jouissance légale de son père ou de sa mère : il doit payer l'impôt à son acquit.

L'impôt personnel est dû par tout *habitant*, nous dit l'art. 16 de notre loi. Mais en quoi consiste la qualité d'habitant? La loi du 3 nivôse an vii la fait résulter d'une année de domicile; la loi du 31 mars 1831, d'une habitation de six mois; la loi de 1832 ne reproduisant aucune de ces dispositions et ne fixant pas de délai, nous devons en conclure qu'on

(1) L. 21 avril 1832, art. 12. — (2) Conseil d'État , 13 mai 1852. — (3) C. d'État, 7 sept. 1818.

est habitant dès qu'on occupe une habitation au moment de la formation de la matrice, à moins qu'on ne prouve qu'on est imposé dans une autre commune. De même il faut dire que, comme l'habitation doit avoir un caractère de permanence, on ne peut pas considérer comme habitant le voyageur qui se trouve temporairement dans une localité.

Assiette de la contribution mobilière. La fortune mobilière n'offre pas au Trésor, comme la propriété immobilière, un objet toujours facile à frapper et d'une évidence incontestable : elle n'a rien d'apparent et de fixe et ne se révèle que très difficilement ; une grande fortune peut consister dans quelques titres ou billets de portefeuille que l'on peut aisément soustraire à la connaissance des agents du Trésor. Cependant l'Assemblée constituante ne voulut pas, pour établir cet impôt d'une manière proportionnelle, employer des moyens inquisitoriaux, en fouillant le secret des revenus particuliers de chaque citoyen : elle eut recours à une présomption, en s'attachant à un fait extérieur qui est ordinairement en rapport avec la position réelle de l'individu : le chef de famille est censé proportionner à ses revenus les dépenses qu'il fait pour son habitation. L'Assemblée constituante avait fondé son système de proportion du fait que le pauvre met, dans la dépense de son loyer, une part de son revenu proportionnellement plus forte que le riche : ainsi quand le loyer est au-dessous de 100 fr., il est censé representer la moitié du revenu ; de 100 fr. à 500 fr., le loyer représente le tiers du revenu ; de 500 à 1,000 fr., il représente le quart ; de 1,000 à 1,500, il représente le cinquième ; le dernier degré de l'échelle de proportion est pour le loyer de 12,000 fr. et plus, quand il est censé représenter le douzième du revenu.

Après avoir déterminé la proportion légale, la Constituante prit pour base de la contribution mobilière le 20ᵉ ou le 18ᵉ

des revenus représentés par la valeur locative des logements;
l'impôt ordinaire était le cinq pour cent du vingtième des revenus ainsi présumés (1).

C'est encore la valeur locative de l'habitation qui est aujourd'hui, comme du temps de la Constituante, la base de
l'impôt.

La contribution mobilière est due par toute *habitation*
meublée située non-seulement au domicile réel, mais dans
toute autre commune où le contribuable a des habitations
meublées. Cette innovation introduite par l'art. 13 de la loi
de 1832 est juste, car elle saisit le revenu du riche partout
où il se manifeste. Les fonctionnaires, les ecclésiastiques et
les employés civils et militaires, logés gratuitement dans les
bâtiments appartenant à l'État, aux départements, aux
communes et établissements publics, sont soumis à l'impôt
d'après la valeur locative des parties de ces bâtiments affectées à leur habitation personnelle (2).

Les personnes qui occupent des appartements garnis doivent payer l'impôt à raison de la valeur locative de leur
logement, évalué comme logement non meublé.

L'impôt mobilier, de même que la contribution personnelle, est dû par tout habitant français ou étranger. Mais,
tandis que la taxe personnelle n'est due qu'en un lieu, le domicile réel, l'impôt mobilier est dû partout où le contribuable a une habitation.

La cote mobilière est perçue, comme l'impôt personnel,
d'après un rôle rédigé par les *commissaires répartiteurs*.
Ceux-ci, assistés du contrôleur, portent sur la matrice du
rôle les habitants sujets à l'impôt et déterminent les loyers
qui servent de base à la répartition individuelle d'après la
valeur locative de l'habitation, sans pouvoir s'attacher aux

(1) Décret du 13 janvier 1791, art. 18.
(2) Loi du 21 avril 1832, art. 15.

circonstances qui feraient présumer l'existence d'autres revenus au profit du contribuable. Observons encore que *par loyer* on ne doit pas comprendre celui des magasins, boutiques, usines, etc., pour lesquels les habitants paient patente, car ce serait leur imposer une double contribution pour les mêmes choses.

Règles communes aux deux impôts personnel et mobilier. — Ces deux contributions sont établies pour une année entière, d'où il résulte que, si un contribuable venait à mourir dans le courant de l'année, le montant de sa cote reste à la charge de ses héritiers.

La simple résidence dans la commune, au moment de la confection des rôles suffit, comme nous l'avons dit, pour soumettre le contribuable à l'impôt personnel et mobilier. De là il résulte qu'une personne peut se trouver imposée dans deux communes quoique n'ayant qu'une habitation (1); dans ce cas, il ne doit payer la taxe que dans la commune de sa nouvelle résidence, mais il ne peut obtenir la décharge dans l'ancienne commune, qu'autant qu'il prouve qu'il est porté sur le rôle de la nouvelle (2).

Pour prévenir et empêcher les actes frauduleux qui pourraient être faits par les redevables, la loi a dû prendre des mesures sérieuses de garantie. Ainsi, en cas de vente forcée ou volontaire, la contribution personnelle et mobilière est payée pour la totalité de l'année courante. S'il y a déménagement des locataires hors du ressort de la perception, les propriétaires et principaux locataires sont tenus de la contribution due par les locataires déménagés, quand ils n'en représentent point les quittances, à moins qu'ils n'aient donné avis du déménagement dans les trois premiers jours du mois qui l'a précédé. Il en est de même dans le cas d'un

(1) L. 21 avril 1832, art. 13.
(2) Cons. d'État, 8 avril 1847.

déménagement furtif, à moins qu'ils ne l'aient fait constater dans les trois jours par le maire, le juge de paix ou le commissaire de police. Dans tous les cas, et malgré toute déclaration de leur part, ils sont responsables de la contribu-tion des personnes logées en garni.

Exemptions. — Sont dispensés du paiement de la taxe personnelle et mobilière :

1° *Les indigents*, car il serait injuste de faire payer la taxe aux individus privés de toute ressource.

Les indigents sont les individus inscrits au bureau de bienfaisance de la commune. Cependant l'art. 17 de notre loi laisse une grande latitude d'appréciation aux commissaires répartiteurs. Le travail des répartiteurs est soumis au conseil municipal, qui désigne les habitants qu'il croit devoir exempter de toute cotisation et ceux qu'il juge convenable de n'assujettir qu'à la taxe personnelle. Quand la loi ne prescrit pas de limites, le conseil municipal a un pouvoir discrétionnaire pour décider.

Il peut, en effet, par sa position, connaître mieux que l'autorité supérieure la misère qui n'ose pas s'avouer et qui mérite la plus grande sollicitude. Le conseil d'État a décidé que le conseil de préfecture ne pouvait décharger de la contribution une personne qui n'aurait pas été désignée comme telle par le conseil municipal. Il a décidé également qu'un particulier ne pouvait pas, par voie contentieuse, se faire porter sur la liste des indigents, d'où il semblerait résulter que les décisions du conseil municipal sur ce point ne seraient susceptibles d'aucun pourvoi par voie contentieuse. Cette opinion, consacrée par la jurisprudence du conseil d'État, nous paraît injuste et nous penchons plutôt pour le sentiment de M. Trolley (1), qui décide que le contribuable dont nous venons de parler doit jouir des voies de recours

(1) Voy. son ouvrage, tome 2, p. 172.

que la loi offre en général en matière d'impôt. Cependant nous pensons, contrairement à cet auteur et avec M. Foucart, qu'on ne peut pas, par la voie contentieuse, faire radier de la liste des indigents un individu qui y aurait été porté mal à propos, car cette voie n'est réservée qu'aux *décharges* et aux *réductions*. En cas de *radiation* nous croyons donc que la voie contentieuse ne devrait pas être employée. Cependant comme il ne faut pas laisser aux conseils municipaux un pouvoir exorbitant, leurs décisions pourraient être réformées par le préfet ou le ministre des finances, en vertu de la réclamation de la partie intéressée.

2° *Les officiers* sont dispensés de la taxe mobilière lorsque, à défaut de place dans les casernes, ils seraient obligés d'avoir une habitation particulière.

3° Cette taxe n'est pas non plus payée, de même que l'impôt personnel, dans le cas que nous avons vu, par les agents diplomatiques des nations étrangères.

D'après l'art. 21 de la loi du 21 avril 1832, il est permis à toute commune de convertir en droits d'octroi tout ou partie du contingent de sa taxe personnelle et mobilière, pourvu que la décision prise, à cet égard, par le conseil municipal, soit approuvée par un décret impérial. Cette faculté de conversion nous paraît injuste, car l'octroi frappant les objets de consommation d'une manière égale pour le riche comme pour le pauvre, pèse lourdement sur celui-ci. Au contraire, l'impôt mobilier offre tous les avantages d'une contribution proportionnelle. Aussi le gouvernement doit-il user avec beaucoup de réserve de la faculté que la loi lui accorde.

La somme totale de la contribution personnelle et mobilière a été, en 1854, d'environ 64 millions.

La répartition de cet impôt se fait de la même manière que pour l'impôt foncier. Observons seulement que dans la répartition du contingent affecté à chaque commune les deux taxes sont confondues ; c'est le conseil municipal, assisté des répartiteurs, qui en opère la séparation de la manière suivante : on multiplie le nombre des contribuables de chaque commune par le prix de trois journées de travail, le produit présente la somme de la contribution personnelle de la commune. On impute ensuite cette somme sur le contingent assigné à la commune par le conseil d'arrondissement ; la différence indique le montant de l'impôt mobilier à répartir entre les contribuables de la commune.

La contribution personnelle et mobilière dépassait la somme de 65 millions dans le budget de 1856.

SECTION III.

IMPOT DES PORTES ET FENÊTRES.

§ 1. *Notions économiques.* — Cet impôt est celui qui s'écarte le plus de l'égalité proportionnelle. Prélevée sur la pureté de l'air et la clarté du jour que Dieu a donné à l'homme sans la lui mesurer, cette contribution est éminemment injuste, car elle attente à l'hygiène publique, à la santé populaire. Elle ne saurait être trop sévèrement critiquée. Quelle juste proportion peut-on trouver entre le millionnaire payant 30 à 40 francs pour ses cinquante fenêtres et un pauvre ouvrier des champs, payant à son tour 40 centimes pour la porte qui lui permet de gagner son grabat, et pour un demi-mètre carré qui y laisse percer quelques rayons du jour ? Le seul avantage que présente cette taxe c'est qu'elle est d'une assiette facile à établir, puisqu'il suffit de voir et de compter les portes et fenêtres d'une maison, pour savoir à quelle somme elle doit être taxée.

Cet impôt fut établi en France, à l'imitation de l'Angleterre; mais les hommes d'État de ce pays eurent l'habileté de le rendre moins odieux en faisant décider que la plupart des petites maisons des paysans pauvres ne seraient pas soumises à cette taxe. Observons enfin que cette contribution est désastreuse pour tous les départements méridionaux, où l'éducation des vers à soie fait de toutes les maisons autant d'ateliers.

§ 2. *Étude de la législation.* — A la différence des impôts précédents, cette contribution est d'origine toute moderne; on n'en trouve aucune trace dans l'ancien régime. Elle fut introduite pendant la période directoriale, comme une contribution extraordinaire et par conséquent temporaire, établie sous la pression d'un besoin impérieux d'argent. La loi fondamentale qui établit cet impôt est celle du 4 frimaire an VII; elle détermine les ouvertures imposables, le tarif et les personnes sujettes à l'impôt.

La loi de frimaire déclare que cette contribution sera un impôt de quotité; une loi de l'an x en fit un impôt de répartition. En 1831, cette taxe reprit son caractère primitif pour le perdre définitivement en 1832, quand la loi du 21 avril de cette année restitua à cette contribution son caractère d'impôt de répartition.

I. *Nature et assiette de l'impôt.* — Cette taxe a un caractère mixte : elle tient le milieu entre l'impôt foncier et l'impôt mobilier, car, la loi ayant en vue la propriété et le fait de l'habitation, l'impôt est dû par la propriété habitable, à raison de l'habitation. Elle est due au fisc par le propriétaire, l'usufruitier ou celui qui a la propriété utile, sauf le recours de ceux-ci contre les locataires qui supportent en définitive l'impôt, soit en remboursant la somme au propriétaire, soit en payant un loyer proportionnel, quand ils conviennent avec celui-ci que l'impôt sera à sa charge.

(1) L. du 4 frim. an VII, art. 12.

Néanmoins, quand une maison est habitée par plusieurs locataires, l'impôt des portes et fenêtres communes à ces derniers est supporté par le propriétaire seul.

Cette contribution, qui constitue, pour ainsi dire, le complément de l'impôt mobilier, frappe toutes les ouvertures qui donnent sur la voie publique, sur les cours et sur les jardins des habitations et usines, ainsi que sur les champs et les prés. Toutefois, pour être imposable, il faut qu'une ouverture puisse se fermer et s'ouvrir à volonté, car si elle était destinée à rester constamment ouverte ou fermée, elle ne pourrait être soumise à la taxe. Il faut, en outre, qu'elle se trouve dans certaines conditions déterminées. Ainsi, en ce qui concerne les portes, la loi ne s'applique qu'à celles qui ouvrent une communication entre la maison d'habitation et les cours, les jardins ou l'extérieur ; mais elle ne porte pas sur celles qui ne servent qu'à faire communiquer entre elles les diverses pièces d'un même édifice, ou qui ferment des enclos, des parcs et des jardins séparés des habitations, et ne renfermant pas eux-mêmes des bâtiments réputés habitables. Ne sont pas non plus considérés comme imposables les barrières d'avenue, les barrières volantes, les clôtures en claie fixées par un lien d'osier, et celles même qui roulent sur gonds ou sur pivots. — Quant aux fenêtres, on n'impose que celles qui éclairent les maisons d'habitation et donnent à l'extérieur des bâtiments, quel que soit d'ailleurs leur mode de clôture, volets, châssis dormants ou mobiles, vitre, canevas, toile ou papier ; mais on ne soumet pas à la taxe les ouvertures pratiquées dans les murs des cours, des jardins, des parcs ou des clos, fermées par des volets ou des jalousies et ayant vue sur la voie publique ou sur les champs, lors même que les cours, jardins, parcs ou clos sont contigus à l'habitation.

La contribution des portes et fenêtres est due aussitôt que

l'édifice où se trouvent les ouvertures est achevé et habitable, qu'il soit occupé ou non. Elle ne peut donner lieu à aucun dégrèvement pour cause de non-location. Néanmoins la loi accorde des exemptions à trois catégories d'édifices : 1° aux locaux non destinés à l'habitation, tels que bûchers, buanderies, écuries, remises, granges, greniers, étables, caves, etc. (1) ; 2° aux manufactures, c'est-à-dire aux grands établissements industriels divisés en ateliers, et employant un nombreux personnel d'ouvriers (2) ; 3° aux locaux employés à un service public, militaire ou d'instruction publique ou appartenant à un hospice. Cependant les fonctionnaires publics et les ecclésiastiques, logés gratuitement par l'État, les départements, les communes ou hospices, sont soumis à la contribution pour la partie des bâtiments qu'ils occupent (3).

II. *Tarif et répartition de l'impôt.* — La contribution des portes et fenêtres est répartie entre les contribuables d'après un tarif basé sur la population des villes et communes, sur la nature et la position des ouvertures, enfin sur le nombre des étages et l'importance des localités. Les portes et fenêtres des maisons de 1 à 5 ouvertures forment une seule catégorie, dont la taxe augmente avec le chiffre de la population, laquelle est, à cet effet, divisée en six classes : 1° au-dessous de 5,000 âmes ; 2° de 5,000 à 10,000 ; 3° de 10,000 à 25,000 ; 4° de 25,000 à 50,000 ; 5° de 50,000 à 100,000 ; 6° au-dessus de 100,000 âmes. Au contraire, pour les maisons à 6 ouvertures et au-dessus, les ouvertures sont partagées, selon leur position, en un certain nombre de classes soumises à des taxes variables. Ainsi on distingue : 1° les portes cochères, charretières ou de ma-

---

(1) L. du 4 frim. an VII, art. 5.
(2) Art. 19, loi du 4 germinal an XI.
(3) L. du 21 avril 1832, art. 27.

gasin, dont l'impôt croît avec la population ; 2° les portes
ordinaires et les fenêtres de rez-de-chaussée, de l'entresol
et des deux premiers étages, dont la taxe augmente également selon le chiffre des habitants ; 3° les fenêtres du troisième étage et des étages supérieurs, dont la contribution
diminue dans les localités de moins de 2,000 âmes. Enfin,
nous ferons remarquer que dans les communes de plus
de 5,000 âmes, la taxe correspondante au chiffre de la population ne s'applique qu'aux constructions comprises dans
les limites intérieures de l'octroi, celles qui dépendent de
la banlieue étant portées dans la classe des communes
rurales.

Il ne faut pas croire que l'emploi du tarif à notre contribution en fait un impôt de quotité, car ce tarif ne sert qu'à
faciliter le travail de la répartition et peut être augmenté ou
diminué proportionnellement, de manière à ce que le total
de la contribution de chaque commune soit égal au contingent qui lui est assigné. La répartition individuelle est fondée sur le recensement annuel des portes et fenêtres, recensement qui est fait par le contrôleur des contributions.

Pour donner satisfaction aux vives critiques et aux plaintes continuelles suscitées par l'injustice de cet impôt, la loi
du 17 mars 1852, art. 10, a autorisé la ville de Paris à établir un tarif spécial, combiné de manière à tenir compte à la
fois de la *valeur locative* et du nombre des ouvertures, de
sorte que l'impôt fut diminué dans les quartiers pauvres et
augmenté dans les quartiers riches. La loi du budget de 1855
étendit le nouveau système de tarif aux villes de Lyon et de
Bordeaux. Il est à désirer que cette disposition équitable soit
étendue dans toute la France.

Les constructions de la rue de Rivoli jusqu'à l'hôtel de
ville qui jouissent, comme nous l'avons vu, d'une exemption
temporaire quant à l'impôt foncier, ne sont pas non plus

assujetties à l'impôt des portes et fenêtres pendant le même laps de temps. La contribution des portes et fenêtres est portée au budget voté en 1856 pour le chiffre de 39,435,330 fr.

SECTION IV.

IMPÔT DES PATENTES.

§ 1. *Notions économiques.* —Il y a des pays où certaines professions, particulièrement celles qui consistent à ouvrir des lieux publics, sont assujetties à l'obtention de permissions dont la concession force celui qui en jouit à payer à l'État une redevance annuelle. La licence, c'est-à-dire l'autorisation d'exercer, peut être refusée ou retirée, et souvent elle n'est pas moins un moyen de police qu'une source de revenu public.

Les patentes ont un tout autre caractère. C'est un impôt qui s'étend à tous les états, métiers et professions, et dont deviennent passibles tous ceux qui veulent embrasser ces états. En France, outre le principal des droits à la charge de la profession, les patentés ont à acquitter un droit proportionnel, réglé d'après la valeur locative des logements et constructions qu'ils occupent. C'est le moyen adopté, afin de différencier, dans chaque profession, la taxe de contribution suivant la diversité des revenus. On suppose avec raison que les patentés les plus riches sont mieux logés et ont de plus grands ateliers ou magasins que les autres, et qu'en imposant subsidiairement les locaux à leur usage, on en obtient un supplément de droits en rapport avec la supériorité de leurs bénéfices et de leurs ressources. On agit d'après le même principe en différenciant le tarif selon le chiffre de la population du lieu où le patenté réside. Un marchand établi dans un village paie une moindre rétribution que ses confrères établis dans une ville moyenne, et ceux-ci paient à leur tour moins que s'ils étaient établis dans de grandes villes. De telles classements sont conformes à la justice ; car, en fait, l'étendue du débouché local exerce une influence décisive sur la grandeur et l'activité des affaires.

Le défaut de l'impôt des patentes, c'est de ne pouvoir devenir suffisamment proportionnel. Ce qu'il a en vue, c'est d'atteindre les revenus et les profits tirés de l'exercice d'un métier ou d'une profession dans la mesure même où ils se produisent, et il ne saurait y réussir. Les petites patentes, celles qui pèsent sur les états qui, employant moins de capitaux, deviennent accessibles au plus grand nombre, sont toujours comparativement les plus lourdes ; car l'impôt serait peu productif s'il n'en était pas ainsi. Plus on remonte l'échelle des professions, plus, compte fait des bénéfices qu'elles donnent, s'amoindrit le chiffre de la taxation, et ce que l'État prend au menu détaillant de son revenu annuel est proportionnellement bien plus considérable que ce qu'il prend du sien au banquier et au grand commerçant. Ces inégalités, si visibles de classe à classe, se rencontrent encore dans les mêmes classes, en partie du moins, de personne à personne, et vainement essaierait-on de les faire complétement disparaître.

Ce qui, au reste, atténue le mal, mais seulement à l'égard des patentés eux-mêmes, c'est qu'ils ne font qu'avancer à l'État le montant des taxes qu'il en exige. Ces taxes constituent une addition aux frais divers afférents à l'exercice d'une industrie, et comme nul ne se dévoue à une profession imposée qu'à la condition d'y réaliser des bénéfices rémunératoires, si les exigences du fisc empêchaient qu'il en fût ainsi, le nombre des patentés se réduirait bientôt de manière à élever le prix de leurs services. Aussi est-ce à la charge des consommateurs que finissent par retomber les taxes qui sem-

blent prises sur ceux qui mettent à leur disposition les objets
dont ils ont besoin. Les consommateurs paient plus cher les
choses à leur usage, et les fabricants, marchands ou détaillants qu'ils approvisionnent, s'indemnisent à leurs dépens
des avances qu'ils ont faites.

§ 2. *Etude de la législation.* — L'impôt des patentes
est de quotité, à la différence des autres contributions directes qui sont de répartition; il détermine d'avance ce que
chaque contribuable doit payer. Cette taxe n'existait pas
dans l'ancien régime. Les droits de jurande, de maîtrise et
le vingtième d'industrie pesaient lourdement sur le travail
et le commerce, et le monopole industriel, érigé en système,
était inconciliable avec la liberté du commerce et de l'industrie. L'Assemblée constituante proclama le principe de la
liberté du travail, mais, en abrogeant les corporations et
les impôts qui les frappaient inégalement, elle soumit les
industriels et les commerçants à prendre des patentes. Dans
la loi des 2 et 17 mars 1791, la Constituante admit, comme
base de cet impôt, la valeur locative de l'habitation, des
magasins, usines, etc., servant à l'exploitation de l'industrie
imposable. Ce système est vicieux; car, tel genre d'industrie
ou de commerce fort lucratif n'exige pas un grand local et
réciproquement.

Cet impôt, supprimé par la Convention, fut rétabli sur une
nouvelle base: on adopta un tarif gradué d'après la nature
et l'importance de la profession et d'après la population de
la commune où réside le contribuable. Ce système est
également injuste, car il se peut que tel commerçant fasse
des bénéfices considérables, tandis que son confrère de la
même localité ne gagne presque rien. La loi du 6 fructidor
an IV divisa la contribution de chaque patenté en deux
parties: 1° un droit fixe égal pour tous les individus exerçant la même profession dans la même commune ou dans

des communes égales en population; 2° un droit proportionnel déterminé d'après la valeur des locaux servant à l'exercice de chaque profession. Ce système fut refondu dans la loi du 1er frimaire an vii qui exista jusqu'en 1844. La classification admise par cette loi avait été faite à une époque où l'industrie était peu florissante; le progrès de la civilisation ayant donné une nouvelle impulsion à toutes les branches de l'activité nationale, on reconnut que le tarif était insuffisant et même incomplet, car de nouvelles inventions avaient augmenté le nombre des professions. Comme on rencontrait des difficultés pour l'application des lois à cause de leur grande diversité, on sentit le besoin d'élaborer une loi générale qui réglât définitivement la matière.

Cette loi fut, en effet, votée le 25 avril 1844. Une autre loi postérieure du 15 mai 1850 en modifia le tarif, en réduisant les charges de quelques patentés et en soumettant à cet impôt de nouvelles professions. Enfin la loi du 25 juin 1853 consacra quelques exemptions.

Si on consulte le recueil de jurisprudence du conseil d'État, on voit que beaucoup de questions relatives à cet impôt ont été l'objet de discussions importantes; cela se comprend du moment que chaque question présente de l'intérêt non-seulement pour le réclamant, mais encore pour une profession tout entière, et que les pourvois ont lieu sans frais.

Entrons maintenant dans l'étude de la loi fondamentale de 1844 et esquissons-en les principales dispositions.

Nous avons vu que cet impôt est complexe, c'est-à-dire composé d'un droit fixe et d'un droit proportionnel (1). 1° *Le droit fixe est réglé* tantôt, eu égard à la population et d'après un tarif général, tantôt, eu égard à la population, mais d'après un tarif exceptionnel et pour les industries les plus importantes, tantôt enfin sans égard à la population,

(1) L. du 25 avril 1844.

mais d'après une échelle de tarif pour la fixation duquel il est tenu compte du nombre des ouvriers, des métiers, des machines, etc., employés par le commerçant ou le fabricant. Les diverses professions sont réparties, conformément à cette division, dans trois tableaux annexés à la loi (1). Les professions non comprises dans les tableaux n'en sont pas moins soumises à l'impôt, d'après leur analogie avec celles qui sont prévues, par un arrêté du préfet rendu sur la proposition du directeur des contributions directes et après avoir pris l'avis du maire. Cet arrêté, étant un simple acte d'administration, peut être réformé par le ministre des finances, à la suite de la réclamation de la partie intéressée (2). Celle-ci peut même réclamer, par voie contentieuse, devant le conseil de préfecture et le conseil d'État, contre la patente à laquelle il est soumis en vertu de l'assimilation (3). Tous les cinq ans, des tableaux additionnels contenant la nomenclature des commerces, industries et professions, classés par voie d'assimilation, seront soumis à la sanction législative. Le patentable exerçant plusieurs professions même dans des communes différentes doit payer un droit fixe entier pour l'établissement donnant lieu au droit le plus élevé, et en outre, pour chacun des autres établissements et magasins, un demi-droit fixe calculé en raison de la population et de la profession exercée (4).

2° *Le droit proportionnel* est établi sur la valeur locative tant de la maison d'habitation que des magasins, boutiques, usines, ateliers, hangars et autres locaux servant à l'exploitation des industries imposables. Il est en général fixé au 20° de la valeur locative pour toutes les professions imposables, sauf diverses exceptions énumérées dans la loi, et

(1) L. du 25 avril 1844, art. 3.
(2) C. d'État, 8 août 1852.
(3) C. d'État, 17 mai 1850.
(4) Art. 7 de la L. de 1844, modifié par l'art. 19 de la L. du 22 mai 1850.

qui élèvent, diminuent ou suppriment ce droit dans certains cas déterminés (voir tableau D).

La Constituante ne soumit pas à l'impôt des patentes les professions libérales, comme celle d'avocat, de médecin, de professeur, etc. C'est un oubli qui ne peut s'expliquer que par la préoccupation du législateur de cette époque, qui, ayant aboli les droits de maîtrise, avait présents à l'esprit le commerce et les travaux industriels. La loi du 1er brumaire an vii combla cette lacune. Mais la loi de 1844 revint à l'ancien état de choses ; elle se fonda peut-être sur la distinction que l'on fait ordinairement entre les *honoraires* et le *salaire* et sur ce que, l'avocat n'ayant pas d'action en justice pour réclamer ses honoraires, sa profession n'est point une industrie et par conséquent elle ne doit pas être soumise à l'impôt. Cette distinction nous paraît injuste et entachée de vieux préjugés : du moment, en effet, que le travail, cette noble manifestation de l'activité humaine, de quelque manière qu'il intervienne, reçoit une rémunération quelconque, l'État doit jouir d'une portion de ces bénéfices et par conséquent la profession qui les produit doit être soumise à l'impôt. Aussi la loi du 15 mai 1850 a-t-elle fait rentrer, avec beaucoup de raison, plusieurs des professions, dites libérales, dans la règle commune tracée par la loi de l'an vii.

La loi assujettit à cet impôt non-seulement les Français, mais encore tous les étrangers qui exercent en France un commerce, une industrie ou une profession non comprise dans les exceptions indiquées par la loi.

L'art. 13 de notre loi énumère les personnes dispensées de patente. Ce sont 1° les fonctionnaires et employés salariés soit par l'État, soit par les administrations départementales ou communales. Mais si, outre sa fonction, une personne exerce une profession quelconque elle en paiera la patente, c'est ce qui peut arriver, par exemple, à un professeur qui exerce la profession d'avocat ; 2° les peintres, sculpteurs, graveurs et dessinateurs, considérés comme artistes et ne vendant que les fruits de l'art ; 3° les éditeurs de feuilles périodiques, les artistes dramatiques ; 4° les laboureurs et cultivateurs seulement pour la vente des récoltes, et certaines autres personnes mentionnées par notre article et l'art. 20 de la loi du 18 mai 1850.

Les patentes sont personnelles et ne peuvent servir qu'à ceux à qui elles sont délivrées. Par conséquent, tous les associés en nom collectif y sont soumis. Mais l'associé principal paie seul le droit fixe en entier ; ses co-associés ne paient que la moitié de ce droit, quand même ils ne résident pas dans la même commune que l'associé principal. Ce droit n'est que du vingtième du droit fixe payé par l'associé principal pour les associés habituellement employés comme simples ouvriers dans les travaux de la société (1).

La société anonyme, ne formant qu'une seule personne morale, ne paie qu'un seul impôt de patente ; mais les actionnaires peuvent être soumis à l'impôt si chacun exerce une autre industrie particulière.

L'impôt des patentes est dû pour l'année entière par tous ceux qui, au mois de janvier, exercent une profession imposable. Ainsi, un avocat, devenu juge au mois de février, paiera l'impôt pour toute l'année. En cas de cession d'établissement, l'impôt pour le reste de l'année sera payé par le cessionnaire, à moins cependant que celui-ci ne soit pas lui-même patenté. En cas de fermeture par suite de décès ou de faillite, l'héritier sera déchargé pour l'avenir de l'impôt. La décharge doit être demandée au Conseil de préfecture dans les trois mois du décès ou de la déclaration de faillite. Le transfert de la patente, étant un acte purement

____

(1) Art. 16, loi de 1844, et art. 23, loi de 1850.

administratif, se fait par le préfet. A son refus, le réclamant peut recourir au Conseil de préfecture (1).

Ceux qui, après le mois de janvier, entreprennent une
profession d'une classe supérieure à celle qu'ils exerçaient
d'abord, ou qui transportent leurs établissements dans une
commune plus peuplée, sont tenus de payer, au prorata, un
supplément de droit fixe. Ceux qui, dans le courant de l'année, entreprennent une profession sujette à patente, ne doivent la contribution qu'à partir du premier du mois dans
lequel ils ont commencé d'exercer, à moins que, par sa nature, la profession ne puisse pas être exercée pendant toute
l'année (2).

La contribution des patentes est payable par douzièmes ;
néanmoins les patentables dont la profession n'est pas exercée à demeure fixe, tels que les marchands forains, les colporteurs, etc., sont tenus d'acquitter le montant total de
leur cote au moment où la patente leur est délivrée. En cas
de déménagement hors du ressort de la perception, comme
en cas de vente volontaire ou forcée, la contribution doit être
payée en totalité pour toute l'année (4).

Le patentable est tenu d'exhiber sa patente lorsqu'il est
requis par les maires, adjoints, juges de paix et autres officiers de police judiciaire. La contravention à cette prescription de la loi est punie par la saisie des marchandises vendues et l'amende, suivant les circonstances (3).

Mais l'art. 20 de notre loi, qui exige que les actes judiciaires relatifs à l'industrie patentée contiennent en tête la
mention, le numéro et la date de la patente, est abrogé
par la loi du 18 mai 1850, art. 22, car cette obligation a été
reconnue inutile et difficile à remplir.

(1) C. d'État, 1852.
(2) Art. 23, loi de 1844.
(3) Art. 24, 25 de la loi de 1844.
(4) Art. 27, 28 de la loi de 1844.

Les ontrôleurs des contributions directes procéderont ann ement au recensement des imposables et à la formation des matrices de patentes. Les maires, qui en seront prévenus, pourront assister les contrôleurs ou se faire représenter à cet effet. Si les observations des maires ne sont pas admises par les contrôleurs, ceux-ci doivent les consigner dans une colonne spéciale. La matrice est déposée pendant dix jours au secrétariat de la mairie, afin que les intéressés puissent en prendre connaissance et remettre au maire leurs observations, lesquelles, en cas de contestation, sont transmises au préfet avec l'avis du directeur des contributions. Si le préfet ne croit pas devoir adopter cet avis, il en est référé au ministre des finances.

L'impôt des patentes avait atteint, en 1856, le chiffre de 57,056,648 fr.

SECTION V.

RECOUVREMENT DES IMPÔTS DIRECTS.

Administration financière. — Le service des contributions directes forme l'une des directions générales du ministère des finances. Il a été organisé par la loi du 3 frimaire an VIII, modifiée et complétée par les ordonnances du 9 janvier 1841 et 17 décembre 1844. Deux branches d'administration, relevant de cette direction générale, prennent part au recouvrement des impôts directs : 1° l'administration des contributions directes qui a pour mission, ainsi que nous le verrons, de disposer tous les éléments nécessaires à préparer la rentrée des impôts. Elle se compose, dans chaque département, d'un directeur, d'un inspecteur au moins et des contrôleurs, dont le nombre varie suivant l'importance du département ; 2° l'administration du Trésor, qui est chargée d'effectuer la perception des impôts. Elle a son centre au Trésor et ses ramifications dans les départements, les arrondissements, les communes, par les receveurs généraux des finances, les receveurs particuliers et les percepteurs.

Le directeur général du ministère des finances, qui se trouve à la tête du service des contributions directes, a, dans ses attributions, la surveillance et la suite de toutes les opérations relatives à l'assiette, à la répartition et au recouvrement des impôts perçus en vertu des rôles, les travaux du cadastre, la surveillance de l'exercice des poursuites et l'exécution des règlements qui s'y rapportent. Le directeur du département est chargé de surveiller et diriger le service ; il fait opérer le recensement de la matière imposable, rédige les matrices des rôles, relève, pour la révision du contingent de l'impôt foncier, les actes enregistrés qui peuvent faire connaître la vraie valeur des propriétés, établit les tableaux des imposables aux contributions personnelle, mobilière et des portes et fenêtres, prépare les projets de répartition pour les conseils généraux et d'arrondissement, rédige les cotes, en arrête le relevé et les envoie, après la signature du préfet, aux receveurs. L'inspecteur surveille l'administration et la comptabilité des percepteurs, ainsi que le travail des contrôleurs. Ceux-ci prennent part aux opérations du cadastre et aux travaux préparatoires des mutations, ils assistent les répartiteurs, les renseignent sur les faits, les rappellent à l'exécution des lois et règlements, font les calculs et rédigent la matrice. Les percepteurs sont simplement chargés du recouvrement des impôts, et leur ressort se compose habituellement, dans les campagnes, d'un certain nombre de communes. Ils relèvent directement des receveurs particuliers d'arrondissement qui, à leur tour, sont sous la surveillance immédiate du receveur général établi au chef-lieu départemental.

Examinons maintenant comment s'opère la confection des rôles, la perception des deniers, et à quelles conditions les demandes en dégrèvement peuvent avoir lieu; en d'autres mots, étudions la procédure en matière d'impôt.

Confection des rôles. — Le directeur des contributions, conformément aux attributions que nous lui avons vues, dresse chaque année le rôle des contribuables de chaque commune, d'après la répartition arrêtée par les répartiteurs ou le travail fait par les agents du fisc. Depuis 1818, un seul rôle contient les quatre contributions directes. Ce rôle, formé d'après les bases générales que nous avons indiquées, avec les modifications qui résultent des changements survenus, pendant l'année, dans les propriétés ou dans le personnel des contribuables, exprime la somme totale due par le contribuable. Le préfet rend les rôles exécutoires par un arrêté, c'est ce qu'on appelle l'*émission des rôles*. Le directeur du département les transmet aux receveurs des finances; ceux-ci les adressent aux percepteurs qui les présentent aux maires, avant le premier janvier, pour en faire la publication. Les maires sont tenus de faire afficher, le premier dimanche qui suit leur réception, un avis portant que chaque contribuable doit acquitter sa part d'impôt et qu'il a trois mois, à partir de l'émission des rôles, pour présenter ses réclamations, s'il y a lieu (1). Dans cinq jours les maires doivent remettre les rôles aux percepteurs. Le percepteur adresse, en même temps, à chaque contribuable un avis, coûtant cinq centimes, qui indique en détail : ce qu'il doit en principal, accessoire et centimes additionnels; la loi ou le décret rendu en vertu d'une loi qui a établi l'impôt; la part de contributions qui reviennent à l'État, au département, à la commune; enfin les termes dans lesquels il doit être acquitté (2).

Perception, actes préalables, poursuites. — La série des opérations relatives au recouvrement des deniers publics ne pourra commencer que lorsque le maire aura préalablement mis en demeure, par un avis général, tous les citoyens de la commune, et qu'il aura servi d'intermédiaire en mettant en communication les agents du Trésor avec les contribuables de la commune. Ainsi, le maire doit installer dans la commune le percepteur, nommé par l'administration supérieure, et constater par un procès-verbal son entrée en fonction, en le faisant connaître aux contribuables. Les contributions sont *quérables*, c'est-à-dire que les percepteurs qui résident dans l'une des communes de leur ressort doivent, pour les recevoir, se transporter dans les autres avec leurs registres à souche et les rôles, à des époques périodiques, fixées et publiées à l'avance avec l'autorisation du maire. Elles sont *portables* dans la commune, c'est-à-dire qu'elles doivent être payées dans le bureau que l'agent des recouvrements y a établi. Ces dispositions sont dictées par l'intérêt bien entendu des contribuables dont le temps est un précieux trésor qu'il faut toujours respecter.

Les contributions directes sont payables par douzièmes, et chaque douzième est exigible le premier de chaque mois pour le mois qui précède. (Dans la pratique on laisse passer le jour de l'échéance.) Mais on peut payer plusieurs douzièmes à la fois ou même la totalité des contributions de l'année. Il est même des cas où le contribuable est tenu de payer à la fois toute sa contribution : c'est ce qui a lieu, par exemple, en matière de patentes, quand le patentable n'exerce pas une industrie à domicile, et en matière d'impôt personnel et mobilier lorsque le contribuable déménage hors du ressort de la perception.

Le contribuable qui n'a pas acquitté, le premier du mois, le douzième échu pour le mois précédent, ne reçoit qu'une sommation sans frais qui est faite par le porteur de contrainte remplissant les fonctions d'officier ministériel en matière de contributions (1); car la loi n'a pas voulu que le premier acte du percepteur contre le redevable soit préjudiciable à celui-ci. Cette sommation préalable doit précéder de huit jours tout acte de poursuite. Après l'expiration des huit jours sans résultat, les poursuites légales peuvent commencer dans l'ordre suivant :

1° *Sommation avec frais*, qui contient la menace d'établir des garnisaires après trois jours.

2° *Contrainte par garnison.* La garnison est un moyen de contrainte consistant à faire supporter les frais de séjour d'un individu appelé garnisaire aux contribuables en retard. Elle est collective ou individuelle. La première est exercée à la fois contre tous les contribuables retardataires par un seul garnisaire, dont les frais sont répartis entre tous ceux qui ne sont pas libérés avant le jour où la contrainte est visée par le maire. Le garnisaire ne peut rester plus de dix jours dans la commune. La seconde s'exerce contre un redevable individuellement par un garnisaire à domicile, auquel le redevable est obligé de payer, selon le tarif, sa journée, et de lui fournir la nourriture et le logement. C'est là la coercition par l'importunité. Elle ne peut avoir lieu que si les contributions s'élèvent au moins à 40 francs, et ne doit durer que deux jours (2).

3° *Commandement.* Trois jours après la garnison, si elle n'a produit aucun résultat, on envoie au redevable un commandement, qui le met de nouveau en demeure de payer, sous peine d'employer contre lui la saisie.

4° *Saisie.* Elle n'a lieu que trois jours après le commandement et comprend les meubles et les fruits pendants par racines

<hr>

(1) Arrêté du 1er thermidor an VIII.
(2) Régl. du 21 décembre 1839, art 42 à 51.

pour le paiement des termes échus et ceux à échoir au moment de la vente. Pour des motifs d'humanité, la loi déclare insaisissables les objets mentionnés dans l'art. 52 de l'arrêté du 16 thermidor an viii, et l'art. 592 du Code de procédure. Ces deux dispositions ne s'excluent pas, car l'article 592 n'a pas abrogé l'article de l'arrêté de l'an viii. Il est, en effet, de principe que les lois d'intérêt privé n'abrogent pas celles qui sont rela¹⁴ à l'intérêt public. Par conséquent, nous devons déclarer insaisissables, outre les objets compris dans l'art. 592, ceux qui sont mentionnés dans l'arrêté précédent, tels que les chevaux et bêtes de trait pour labour, les grains pour semence, les abeilles et les vers à soie.

5° *Vente des objets saisis.* Elle ne peut s'effectuer qu'en vertu d'une autorisation du sous-préfet, huit jours au moins après la clôture du procès-verbal de saisie, à moins que le sous-préfet n'abrége le délai par crainte du dépérissement des objets saisis. Elle est faite par les commissaires-priseurs dans les villes où ils sont établis, et dans les autres, par les porteurs de contrainte, selon les formes usitées pour les ventes par autorité de justice (1). La vente sera interrompue aussitôt que le produit est suffisant pour solder la somme des contributions échues et les frais de poursuite (2).

6° *Saisie immobilière et expropriation.* Cette mesure de rigueur ne peut être prise qu'en cas d'insuffisance de meubles, et le percepteur, pour y recourir, doit préalablement obtenir l'autorisation de l'administration supérieure.

Le percepteur peut faire des saisies-arrêts entre les mains des débiteurs du contribuable retardataire. Pour les effectuer, le percepteur n'a pas besoin d'une autorisation préalable prescrite par le droit commun en cette matière. Une simple

(1) Voy. Code de procéd. civ., art. 583 et s.
(2) Règl. du 28 décembre 1839, art. 79 à 88.

sommation faite par un huissier ou par un porteur de contrainte, à la requête du percepteur, suffit pour saisir-arrêter des sommes dont les officiers publics, tels que commissaires-priseurs, pourraient être dépositaires pour le compte du contribuable. Il en est de même quand la sommation est adressée, dans les limites de la créance privilégiée du fisc, à un débiteur du contribuable, tel que locataire ou fermier. Dans les autres cas, la saisie-arrêt rentre dans les règles du droit commun.

Privilége du Trésor. L'art. 2198 du Code Nap. accorde au Trésor un droit de préférence, mais il renvoie pour les détails aux lois administratives, c'est-à-dire à la loi du 12 novembre 1808 qui règle cette matière en ce qui concerne les impôts directs. L'art. 1er de cette loi déclare que le privilége du Trésor public pour le recouvrement des impôts directs s'exerce *avant tout autre :* 1° pour la contribution foncière de l'année échue et de l'année courante, sur les récoltes, fruits, loyers et revenus des biens immeubles sujets à la contribution ; 2° pour l'année échue et l'année courante, des contributions mobilières, des portes et fenêtres, des patentes et toute autre contribution directe et personnelle, sur tous les meubles appartenant aux redevables, en quelque lieu qu'ils se trouvent. Ce privilége passant *avant tout autre,* doit primer ceux qui sont énumérés dans l'article 2101 du Code Nap. Cependant, nous fondant sur l'article 657 du Code de procédure, nous déciderons que les frais de justice seront préférés au privilége du Trésor, car ils ont été faits pour la conservation de la créance. Par la même raison, nous déciderons également que la créance du locataire qui prime celle des frais de justice (art. 662, Code proc.), doit *à fortiori* primer le privilége du Trésor, pourvu cependant que le locataire ne soit pas en faute, ce qui peut arriver quand il n'a pas averti les agents du fisc du déménagement du locataire.

Prescription. — C'est par le laps de temps de trois ans sans poursuite, ou à partir des dernières poursuites, que se prescrit l'obligation de payer l'impôt. Si c'est un tiers qui a payé pour le contribuable, son action, qui est celle du *negotiorum gestor*, dure trente ans selon le droit commun. La sommation sans frais n'interrompt pas la prescription, parce qu'elle n'est pas un acte de poursuite. Chaque douzième de l'impôt se prescrit séparément.

Demande en dégrèvement. — Il y a en matière de contributions directes quatre espèces de réclamations en dégrèvement : ce sont les demandes en *décharge* et en *réduction*, en *remise* et en *modération*.

Un contribuable peut être indûment taxé ou surtaxé. Il est indûment taxé lorsqu'on l'impose pour un bien qu'il n'a pas, ou qu'on le porte au rôle de la contribution personnelle dans une commune où il n'a pas d'habitation, ce qui s'appelle *faux emploi*, ou lorsqu'on cotise deux fois son bien ou sa personne, ce qui s'appelle *double emploi*. Il est surtaxé lorsque dans sa cote il y a violation de l'égalité personnelle, erreur de cotisation ou de calcul ; dans les deux cas il a droit de former une réclamation. S'il prétend avoir été indûment imposé, sa demande est une *demande en décharge* ; s'il se prétend surtaxé, c'est une *demande en réduction*. Cette dernière réclamation ne se présente plus pour les propriétés non bâties, car toutes les communes étant cadastrées le rôle de la contribution foncière est déterminé d'une manière invariable ; on ne peut donc réclamer la réduction que pour les propriétés bâties, et en cas de destruction, ou d'anéantissement (ce qui est chose bien rare), pour les propriétés non bâties.

Si, reconnaissant la justice de la taxe, le contribuable déclare ne pouvoir la payer entièrement à cause de la perte d'une partie de ces facultés imposables, par suite d'événements imprévus, tels qu'inondation, grêle, incendie, etc., il forme alors une *demande en modération* ; enfin s'il a entièrement perdu ces mêmes facultés et se trouve hors d'état d'acquitter sa taxe, il sollicite *la remise*.

Trois conséquences importantes, résultant des principes que nous venons de poser, montreront avec plus d'évidence la distinction qui sépare les deux espèces de réclamations.

1° Les demandes en décharge et en réduction étant fondées sur la justice rigoureuse, sont formées, instruites et ugées par la voie contentieuse ; au contraire, la demande en remise et en modération, ayant pour base des considérations d'humanité, sont du ressort de l'administration proprement dite et sont formées et jugées par voie gracieuse.

2° Si la demande en décharge et en réduction a été trouvée juste, le montant de la somme dont le réclamant est dégrevé ou réduit, est réimposé sur les autres contribuables, qui, par suite de l'erreur découverte, ne doivent plus être dégrevés chacun d'une part proportionnelle, car ils sont tenus de payer ensemble le contingent dont leur commune est imposée. Si au contraire, la demande est en remise ou en modération, le déficit est comblé au moyen de fonds de non-valeur.

3° S'il s'agit d'une demande en décharge ou réduction, on peut se pourvoir par voie contentieuse devant le conseil d'Etat, tandis que si la demande est en remise ou modération, on ne peut recourir qu'au ministre des finances par la voie gra cieuse.

La procédure à suivre pour obtenir le dégrèvement est la même dans ces deux espèces de réclamations, mais les autorités chargées de statuer sont différentes. Le contribuable doit adresser au sous-préfet, dans les trois mois de la publication des rôles (1), une pétition sur papier

(1) Art. 8 du budget des recettes de 1841.

timbré, si la réclamation atteint le chiffre de 30 fr., et sur papier libre dans le cas contraire (1). Par une interprétation très rigoureuse et qui n'est conforme ni à l'esprit ni aux termes de la loi, le ministre des finances a décidé que cette disposition de faveur ne doit s'appliquer qu'à l'impôt personnel et mobilier, seul cas, dit-il, prévu par la loi de 1832, et que, s'il s'agit de demandes relatives aux autres contributions, on devrait employer le papier timbré, quand même la réclamation ne s'élèverait pas à 30 fr.

Le point de départ des délais n'est pas toujours le même dans toutes les hypothèses : ainsi lorsqu'une personne cesse d'habiter la commune avant la publication des rôles, le conseil d'Etat pense que le délai court depuis le moment où cette publication lui a été notifiée.

Les pétitions doivent être spéciales, c'est-à-dire ne comprendre qu'une seule nature de contribution, et individuelles c'est-à-dire faites pour une seule personne, à moins qu'il ne s'agisse de co-propriétaires. Ces pétitions devront être accompagnées de la quittance des termes échus, afin que ces réclamations ne soient pas un prétexte pour retarder le paiement de la contribution. Elles sont ensuite envoyées au directeur des impôts directs ; celui-ci les transmet au contrôleur qui donne son avis, après avoir demandé celui des répartiteurs, s'il s'agit de contributions de répartition, et du maire, s'il s'agit de l'impôt des patentes (2). Enfin le directeur est tenu de donner aussi son avis : s'il estime que la demande est fondée, il fait son rapport et le conseil de préfecture statue ; s'il pense au contraire qu'elle doit être rejetée, son avis et les pièces sont communiqués à la partie intéressée qui est invitée à en prendre connaissance à la sous-préfecture et à déclarer dans les dix jours s'il veut faire de nouvelles

(1) L. du 21 avril 1832, art. 28.
(2) Arrêté du 24 floréal an VIII.

observations ou recourir à l'expertise. S'il se décide à employer ce dernier moyen, l'un des experts est nommé par le sous-préfet, l'autre par le réclamant. Les experts se rendent alors sur les lieux avec le contrôleur et opèrent d'après les règles prescrites par l'arrêté de l'an VIII. Leur avis n'est destiné qu'à éclairer l'autorité qui doit statuer. Cette autorité c'est le conseil de préfecture, s'il s'agit d'une demande en décharge ou réduction, car c'est lui qui est compétent quand on a recours à la voie contentieuse, sauf bien entendu appel au conseil d'Etat.

Les frais d'expertise sont supportés par le réclamant s'il succombe, par la commune s'il gagne. Mais les frais de la demande restent à sa charge.

Dans le cas où la demande a pour objet la remise ou la modération, l'autorité compétente pour statuer c'est le préfet, sauf recours de la partie intéressée au ministre des finances, parce que, ainsi que nous l'avons dit, la réclamation se fait par voie gracieuse.

On s'est demandé si les contribuables, réimposés par suite des décharges ou réductions prononcées par le conseil de préfecture, peuvent attaquer les décisions de cette autorité. Un arrêt du conseil rendu le 27 mai 1831 a adopté la négative, se fondant sur ce que, dans ces questions, le Trésor étant désintéressé, le conseil de préfecture offre des garanties suffisantes pour protéger équitablement les intérêts des contribuables surtaxés. Cependant un arrêt postérieur du 2 janvier 1838 reconnaît au maire, autorisé par le conseil municipal, le droit d'attaquer dans l'intérêt collectif des habitants de la commune, un arrêté du conseil de préfecture qui accorde la réduction à un contribuable. Cette dernière décision, qui fixe l'état de la jurisprudence, nous semble préférable, car elle offre une garantie plus efficace à la commune.

Nous avons vu que lorsque le conseil de préfecture rejette la demande en décharge ou réduction, le réclamant peut se pourvoir devant le conseil d'Etat. Le délai de ce pourvoi est de trois mois à partir de la notification qui lui est faite de la décision par le directeur des contributions. L'art. 30 de la loi du 21 avril 1832 décide, par une exception de faveur, que le pourvoi aura lieu sans autres frais que les droits de timbre de la requête, et que le réclamant n'aura pas besoin de se faire assister par un avocat au conseil d'Etat. De là il résulte que les contribuables font un grand nombre de réclamations ; le nombre des pourvois, depuis 1830 jusqu'à 1845, a monté en effet à 5,575, dont 2,645 sont relatifs aux contributions. Aussi quelques auteurs ont-ils vivement critiqué cet état de choses, qui, disaient-ils, sacrifie les plus précieux moments du conseil d'Etat ; mais on leur a répondu avec raison qu'il fallait conserver une disposition qui, en laissant le champ libre aux réclamations, protége efficacement les intérêts des citoyens.

CHAPITRE III.

CONTRIBUTIONS INDIRECTES.

C'est à leur incidence que ces impôts doivent leur dénomination. Ils frappent certains produits agricoles ou manufacturiers, et les droits dont ils demandent le paiement sont exigés soit à l'origine, soit pendant la circulation, soit à l'entrée dans les villes, soit à l'arrivée ou à la vente chez les marchands ou débitants ; mais quels que soient les producteurs ou commerçants que le fisc déclare redevables, en fait, ceux-ci n'ont qu'à effectuer des avances dont les consommateurs les remboursent au moment même où la marchandise taxée passe dans leurs mains. A prendre le choses sous leur véritable jour, le montant des droits imposés vient s'ajouter à celui des frais divers, au moyen desquels les produits peuvent être livrés à la consommation ; ils se confondent avec ces frais, ils en deviennent partie intégrante, et c'est à la charge du public qu'ils retombent. Il n'en saurait être autrement. C'est pour toute industrie une condition d'existence que d'être rémunérée dans la mesure ordinaire, et celles qui ont à supporter des taxations ne pourraient se soutenir, si leurs produits ne se plaçaient au prix nécessaire pour les indemniser des sacrifices que l'Etat en exige. Il se peut toutefois qu'au moment même où l'impôt est établi, les rapports entre l'offre et la demande ne changent pas assez promptement, pour rejeter immédiatement la charge tout entière sur les consommateurs ; mais bientôt les producteurs, essuyant des pertes ruineuses, réduisent leur fabrication jusqu'au point où l'insuffisance de l'offre rétablit l'équilibre entre les charges et les bénéfices de la production. Dans tous les cas, les impôts indirects, par cela même qu'ils ont pour effet inévitable de renchérir les denrées et marchandises qu'ils atteignent, en resserrent le débit, et de là pour les industries productrices plus de gêne et moins d'essor.

Les impôts indirects, pris dans leur généralité, ont comme tous les autres leurs avantages et leurs inconvénients. L'avantage c'est que d'ordinaire ils sont acquittés avec une grande facilité. En effet, ceux qui en comptent avec l'Etat, fabricants ou marchands, sont assez éclairés pour savoir qu'ils ne sont obligés qu'à une avance, dont ils recouvreront la valeur à l'instant où les produits, pour lesquels ils acquittent des droits, passeront dans d'autres mains que les leurs. Quant aux consommateurs qui, à la fin, remboursent tout le monde, la commodité de payer en détail par somme minime, au fur et à mesure de leurs achats, leur fait illusion, et il n'est pas rare d'en trouver qui ignorent jusqu'à l'existence d'impôts qui ne les mettent pas en contact avec les agents du fisc, et qui, en payant les choses dont les exigences de l'Etat élèvent le plus la valeur vénale, croient encore n'en donner que le prix naturel. C'est là sans doute un avantage au point de vue de la politique, ce n'en est pas toujours un au point de vue de l'équité.

Les inconvénients qui s'attachent aux impôts indirects, abstraction faite de l'influence qu'ils exercent sur la condition économique des diverses classes de la population, influence que nous mentionnerons plus loin, consistent principalement dans les excitations à la fraude qu'ils engendrent et dans la cherté extrême des frais de leur perception. Il y a pour ceux qui sont tenus de les acquitter de tels profits à s'en dispenser, que beaucoup d'entre eux ne négligent rien pour y parvenir. De là des luttes continues entre les agents du fisc et les particuliers; de là, de fausses déclarations à la sortie des marchandises; de là, des efforts pour les faire entrer dans des villes sujettes à l'octroi et les vendre sans payer les droits; de là un commerce de contrebande souvent fort étendu et souvent aussi tellement lucratif, que ceux qui y prennent part regretteraient vivement l'absence de l'impôt auquel ils doivent des bénéfices fort considérables. C'est la nécessité d'obvier à la fraude qui rend la perception si dispendieuse. Il faut un personnel fort nombreux pour surveiller la circulation des marchandises, pour contraindre les fabricants et les expéditeurs à l'observation des formalités destinées à garantir les droits du Trésor, et il n'y a pas d'impôts qui ajoutent autant que les impôts indirects à la partie des recettes auxquelles le public subvient sans bénéfice pour l'Etat lui-même.

Le meilleur palliatif à ces inconvénients, c'est de taxer autant que possible les produits à l'origine. Lorsqu'il en est ainsi, les choses sujettes aux droits n'entrent dans la circulation qu'après avoir acquitté leur dette fiscale ; il n'est pas nécessaire d'en suivre les déplacements, d'en surveiller le débit : il y a moins de frais à la charge de l'État, moins de gêne et de pertes pour les contribuables et aussi moins de facilités et d'occasions de contrebande.

Après avoir porté en compte les produits des contributions directes, le budget classe ainsi les autres sources de revenus du Trésor : enregistrement, timbre et domaines ; produit des forêts et de la pêche; douanes et sels ; contributions indirectes et produit des postes. La plupart des auteurs rangent ces diverses sources sous la rubrique commune de contributions indirectes : mais il est aisé de voir que cette dernière catégorie réunit ensemble les choses les plus diverses. En effet, existe-t-il un impôt plus direct que le droit de mutation? Est-il possible de confondre avec les produits du timbre et des douanes les revenus produits par les forêts de l'Etat qui ne sont une charge pour personne ? Peut-on mettre sur la même ligne les taxes purement fiscales sur les boissons et le sel avec les postes qui sont une industrie monopolisée par l'Etat? Au reste cette classification n'a aucune prétention scientifique ; elle est purement administrative, c'est-à-dire établie au point de vue des exigences de la perception et du recouvrement des revenus publics. Nous croyons donc pouvoir lui substituer celle qui suit.

Les impôts indirects sont établis soit au profit de l'Etat, soit au profit de la commune. Les premiers sont au nombre de trois, savoir : 1° les droits de douanes ; 2° les droits sur les denrées ; 3° les monopoles de l'Etat. Les seconds ne comprennent que les droits d'octroi. Nous nous occuperons successivement de toutes ces contributions et nous consacrerons enfin, comme nous l'avons dit, un chapitre spécial au droit d'enregistrement et aux droits de timbre, de greffe et d'hypothèque qui sont ses accessoires.

Les impôts indirects rapportaient au Trésor en 1856 373,798,000 francs.

SECTION I.

DROITS DE DOUANE.

§ 1. *Notions économiques.* — Les droits de douane sont ceux que l'on perçoit sur certains produits étrangers à leur importation dans un pays et sur certaines marchandises nationales à leur exportation à l'étranger.

L'importante question des douanes se rattache intime‑ment aux principes les plus élevés de la science économique. Une vive discussion s'est produite, surtout depuis le commencement de ce siècle, entre les principaux économistes de l'Europe sur le point de savoir quel serait le meilleur système économique à adopter en matière de douane. L'ap‑plication de l'un de ces systèmes, ayant une influence incon‑testable sur les bases de l'économie sociale et pouvant mo‑difier profondément la richesse publique des nations, nous croyons devoir exposer brièvement les deux systèmes con‑damnés par la science et en examiner plus en détail un troi‑sième qui, nous l'espérons, formera un jour la seule loi économique des Etats civilisés.

1° *Le système de prohibition absolue* consisterait d'un côté à interdire complétement, s'il est possible, l'entrée des produits des autres nations, afin de ménager à chaque Etat le soin de produire tout ce dont il a besoin, et à ne pas per‑mettre l'exportation d'une grande quantité de numéraire ; d'un autre côté, à vendre le plus possible les produits natio‑naux aux autres peuples, afin que l'argent étranger puisse venir s'accumuler entre les mains des nationaux. On aper‑

çoit là le fameux système de la *balance du commerce*, qui reposait sur cette erreur économique, que le solde en numéraire est un profit net pour le pays qui le reçoit et une perte pour celui qui le paie. Il est évident que ce serait une folie de vouloir appliquer d'une manière absolue ce système d'isolement, car il provoquerait de la part des autres nations des mesures de représailles, et quand même un peuple pourrait produire difficilement toutes les choses nécessaires à sa consommation, il arriverait que beaucoup de produits, ne pouvant s'acclimater qu'à grande peine sur tel sol, seraient payés à un prix énorme par les habitants du pays, tandis qu'on pourrait les trouver à beaucoup meilleur marché dans le lieu de leur production.

2° *Le système de protection* est celui qui croit devoir encourager l'industrie nationale en empêchant l'introduction des marchandises étrangères, en interdisant l'exportation de certaines matières premières, et quelquefois même de certains produits, et enfin en favorisant certaines exportations au moyen de primes. Nous réfuterons ce système en exposant celui qui a nos préférences.

3° *Système de la liberté absolue ou du libre échange.*— Dans toute opération commerciale il y a échange de deux produits, et les deux parties contractantes ne font cet échange que parce que chacune d'elles cherche à y trouver un bénéfice. En matière d'industrie et de commerce, le meilleur guide de chaque individu est son propre intérêt. Sans doute ce guide n'est pas toujours infaillible, mais il est incomparablement meilleur qu'aucun autre. Si le trafic avec un pays ou sur un article quelconque donne de la perte, ou s'il est seulement moins profitable que d'autres, il sera bientôt abandonné, sans qu'il soit besoin d'aucune intervention du législateur. Tout règlement de douane qui porte atteinte à la liberté du commerce comme de toute autre branche d'industrie, est inutile ou pernicieux. Il est inutile quand il a pour objet de protéger les intérêts des particuliers, en les empêchant de s'engager dans des entreprises désavantageuses, et il est pernicieux quand il les empêche de se livrer à des opérations qui leur seraient profitables.

Il est vrai que lorsque le législateur intervient en cette matière, il n'affiche pas la prétention de diriger la conduite particulière des individus ; il veut simplement, dans l'intérêt de la nation tout entière, protéger telle ou telle branche de l'agriculture ou de l'industrie. C'est là une illusion complétement chimérique. Et d'abord, une protection spéciale accordée à une branche particulière quelconque du travail national ne peut avoir lieu qu'au détriment de toutes les autres classes. En effet, la prohibition d'un article quelconque importé de l'étranger, afin d'encourager dans le pays la fabrication de ce même article, a pour résultat immédiat d'élever le prix de ce dernier. Cette hausse du prix est assurément un bénéfice pour les individus qui se livrent à ce genre de production. Mais il nous est impossible d'imaginer quel peut être le bénéfice tiré de cette mesure par les autres habitants du pays, à moins qu'ils ne regardent comme un profit l'avantage de payer plus cher l'article en question. — On allègue, dans ce cas, que la prohibition de l'article étranger aura pour effet d'augmenter la demande de l'article similaire produit dans le pays, par conséquent d'augmenter la demande du travail national, et qu'ainsi il y aura compensation. Mais, ici encore, on ne fait pas attention que si le consommateur est obligé d'acheter plus cher l'article protégé, il sera forcé de restreindre ses achats d'autres produits. Donc, si l'industrie protégée vend davantage, les industries non protégées vendront moins (et cela exactement dans la même proportion), et le travail de celles-ci diminuera d'autant. En un mot, tout ce que l'interdiction des marchandises étrangères peut opérer, c'est de substituer une espèce de demande à une autre. Prenons pour exemple l'Angleterre. On a dit aux Anglais que lorsqu'ils buvaient de la bière ou du porter, ils consommaient des produits de l'industrie anglaise, tandis que, quand ils buvaient du porto ou du bordeaux, ils consommaient les produits de l'industrie des Portugais et des Français. Mais, au fond, il n'y a aucune différence réelle entre les deux cas. En effet, qui est-ce qui engage les étrangers à fournir leurs vins aux Anglais? C'est que ceux-ci envoient directement ou indirectement, en Portugal ou en France, une masse équivalente de produits anglais, avec lesquels ils paient les vins. L'Angleterre ne reçoit rien gratis de l'étranger, car le commerce ne vit pas de libéralités. Il est clair comme le jour que l'Anglais qui ne boit que du vin de France, qui ne mange que du pain fait avec du blé des Principautés-Unies du Danube, etc., occasionne par cela même une exportation équivalente de cotonnades, de quincailleries, de cuirs et d'autres produits de l'industrie anglaise. Par conséquent il encourage autant cette industrie que s'il consommait exclusivement des produits anglais. Une certaine quantité de blé de Roumanie et une certaine quantité de quincaillerie du Royaume-Uni ont une valeur égale. Ainsi donc consommer directement cette quincaillerie, ou, après l'avoir échangée contre du blé, consommer ce blé c'est chose absolument indifférente, en ce qui concerne le travail de la population anglaise.

Mais les restrictions à l'importation des articles étrangers ne se bornent pas seulement à élever le prix des marchandises et à substituer une sorte d'emploi à une autre. Le plus souvent elles ont pour résultat de changer la distribution des capitaux et du travail dans le pays. Les personnes engagées dans telle branche d'industrie protégée se mettent aussitôt

à étendre leurs opérations, en même temps que beaucoup
de personnes qui se livraient à d'autres entreprises, y renon-
ceraient pour s'appliquer à une branche d'industrie placée
dans une position si favorable. Ce transport des capitaux et
du travail à l'industrie privilégiée ne s'arrêterait que lorsque
les profits se trouveraient ramenés au taux commun. Il y a
alors perte pour le pays, car, comme les capitaux ne s'im-
provisent pas, ils quittent, pour s'engager dans une industrie plus ou moins artificielle (car elle a besoin de protection),
des industries naturelles et vraiment nationales (car celles-ci
n'avaient pas besoin de protection). De plus, comme, lorsque les capitaux voient s'ouvrir devant eux une carrière où
il y a chance de bénéfices plus considérables, ils s'y préci-
pitent souvent avec une ardeur mal calculée, il arrive fréquemment qu'il y a excès de production de l'article favo-
risé, lequel est bientôt suivi d'une réaction qui détermine
une baisse des prix et des salaires au-dessous du niveau ordinaire.

Ce n'est pas tout : tandis que la liberté du commerce sti-
mule, par l'effet de la concurrence extérieure, les industries
non protégées à améliorer leurs instruments et leurs produits,
les industriels protégés, qui sont maîtres du marché intérieur, cèdent à cette tendance si naturelle à l'homme, l'in-
dolence et l'indifférence. Ils dorment volontiers sur le doux
oreiller du privilége.

Les défenseurs de la protection ne manquent pas de mettre en avant un argument philanthropique fondé sur l'intérêt
des classes laborieuses, en affirmant que l'industrie protégée
leur fournira de nouveaux moyens d'existence. Mais c'est là
une étrange erreur. Nous avons vu plus haut que la protection
n'a pas d'autre effet que de déplacer les capitaux et le travail
déjà occupés ailleurs ; par conséquent, elle ne saurait être
d'aucun avantage pour les ouvriers. Si la prohibition a pour

effet de faire produire dans le pays un article qui se tirait auparavant du dehors, cela même ne crée pas de nouveaux emplois, puisqu'elle a pour résultat nécessaire de restreindre la production nationale des articles avec lesquels on achetait l'article étranger actuellement prohibé. Donc, ici encore, il n'y a nulle création nouvelle de travail pour les classes salariées. Loin de là, les industries privilégiées, ne pouvant produire qu'avec des frais supérieurs les articles qu'elles fournissent, s'adressent à une classe de consommateurs d'autant plus limitée que le renchérissement de ces articles est plus grand. En conséquence', leur production est nécessairement plus restreinte, et partant elles doivent occuper un nombre d'ouvriers proportionnellement moindre. En ce sens la protection serait donc plus préjudiciable aux classes ouvrières.

Cependant la théorie que nous venons d'exposer doit recevoir quelques exceptions : la première se tire de la nationalité. Avant de savoir si un peuple sera plus ou moins riche, il s'agit pour lui de constituer son indépendance politique. C'est à l'homme d'État d'examiner si, en cas de guerre avec les peuples voisins, son pays pourrait se trouver au dépourvu de fer, d'armes, de munitions, de chevaux, etc. Dans le cas où la réponse serait affirmative, il est évident qu'il doit encourager la production de ces articles. Mais cette exception doit être renfermée dans d'étroites limites. Il serait en effet ridicule, comme l'observe avec raison Rossi, de craindre, en cas de guerre, une disette de sucre, de café, de cannelle, de soieries, etc., car on pourrait s'en passer à la rigueur, ou bien recevoir ces denrées de l'ennemi même moyennant une prime. Or, il vaut mieux courir le risque de payer une prime à un moment donné, et pendant un temps limité, que de payer à perpétuité un prix trop élevé à une certaine catégorie d'industriels pour des objets que le libre échange fournirait à meilleur marché. Ajoutons que l'importance des relations commerciales entre des peuples (d'où résultent pourtant une solidarité et une dépendance réciproques) est aussi un gage de paix et de sécurité pour chacun d'eux ; c'est ce qu'on peut dire de l'Angleterre et des États-Unis, qui ont un égal besoin, ceux-ci de vendre leur récolte de coton, et celle-là de l'acheter.

La seconde exception est relative aux faits accomplis. L'industrie établie dans un pays avec la protection abusive du législateur, ne peut pas être condamnée brutalement à disparaître par l'effet de la concurrence étrangère, car l'erreur économique n'est pas imputable aux industriels seulement, mais encore au gouvernement et à la masse de la nation. Il est donc de toute justice que les salariés, occupés par l'industrie condamnée, aient le temps de se déplacer et de choisir un autre genre de travail, et que les entrepreneurs aient celui de retirer les capitaux employés dans cette même industrie et de leur donner une autre direction.

Cette transition du régime de la protection à celui de la liberté ne sera pas ruineuse pour les industries privilégiées. En la rendant graduelle, en établissant que les droits protecteurs seront progressivement abaissés dans une proportion commune et fixée d'avance (le laps de temps accordé à chacune d'elles pourra être déterminé après une enquête sérieuse), jusqu'au point où ils n'auraient plus que le caractère de droits fiscaux, pas une des industries établies ne disparaîtrait. C'est ainsi qu'en France les fabriques de sucre indigène, stimulées par l'abaissement des droits qui les protégeaient, se mirent à même de soutenir avec succès la concurrence du sucre colonial. C'est ainsi que, parmi les nombreuses manufactures anglaises, qu'on prétendait devoir être ruinées par la réforme générale des tarifs introduite par sir Robert Peel en 1846, aucune n'a succombé.

§ 2. *Notions historiques.* — L'origine des taxes douanières remonte à une très haute antiquité; mais chez les peuples anciens elles avaient un caractère purement fiscal. Chez les Athéniens, les droits de douane se percevaient sur l'*emporium*, c'est-à-dire au lieu même où se faisait le commerce maritime en gros, et étaient très modérés. Des droits analogues existaient dans les autres petits États grecs.

A Rome, la perception des taxes douanières, ou *porto-rium*, datait sans doute des premiers temps de la cité, d'après le témoignage de Plutarque et de Denys d'Halicarnasse. Cette branche de revenus publics reçut, à diverses époques, de fréquentes modifications, et se développa de plus en plus. Quelquefois, à la suite d'une stipulation formelle, le sénat accordait à une nation conquise la faveur de percevoir cet impôt pour l'appliquer à ses propres besoins. Dans les derniers temps de l'empire, tous les produits importés étaient assujettis au droit de douane. On voit même dans les tarifs romains des articles inconnus aux nations modernes, tels que les esclaves et les eunuques. Comme tous les autres impôts, la douane était affermée à des spéculateurs (*publicani*). A l'époque de Cicéron, tous les articles portés au tarif étaient taxés au vingtième (*vicesima*) dans les ports de Sicile. Il est probable que le même tarif était appliqué aux autres provinces. Sous les empereurs, le tarif était fixé au quarantième (*quadragesima*), soit à 2 1/2 p. 0/0 de la valeur; mais, sous Théodose, on les voit portés au huitième (*octava*), c'est-à-dire à 12 1/2 p. 0/0.

Après le démembrement de l'empire romain, on voit les taxes douanières, chez plusieurs nations de l'Europe, former l'un des profits considérables des droits seigneuriaux. En France, ces barrières gênantes entre les différentes provinces qui la composaient, ne disparurent point à fur et à mesure de la réunion des grands fiefs à la couronne. Les terreurs

ridicules des populations, qui se croyaient réduites à la fa-
mine par la libre exportation et l'avidité des individus qui
percevaient les droits, furent la cause du maintien des
douanes intérieures, appelées *traites.* Quant aux douanes
des frontières, elles n'eurent rien de fiscal dans l'origine.
Seulement, pour ne pas affaiblir le royaume au profit des
étrangers, on ne permettait pas l'exportation de l'or, de l'argent, des munitions de guerre et des denrées nécessaires à
la vie.

Dès les premières années du xiv° siècle, Philippe le Bel
protégea, moyennant finance, l'industrie des drapiers en
interdisant l'exportation des laines indigènes, afin que
ceux-ci puissent les acheter à plus bas prix. Le système protecteur était ainsi inventé, et à mesure que de nouvelles industries se fondèrent dans le royaume, chacune d'elles
réclama et obtint des rois de France sa part de protection ;
de sorte que, en organisant, au moyen de ses édits et de ses
tarifs, le système protecteur, Colbert ne fit que mettre en
pratique les doctrines économiques de son temps.

Les successeurs du grand ministre marchèrent dans la
même voie. La révolution aurait sans doute graduellement
affranchi le commerce des entraves qui le gênaient, et réduit
les douanes à la fonction d'instrument de pure fiscalité, sans
a coalition de l'Europe contre la France. Déjà le tarif dressé
par la Constituante avait affranchi de tout droit les matières
premières du travail et les denrées alimentaires de première nécessité, tout en soumettant les produits fabriqués à
des droits d'autant plus élevés que la fabrication en était
plus complète ou qu'ils étaient plus objets de luxe. Mais la
Convention, mettant de côté les principes économiques,
crut porter un coup fatal à l'industrie de l'Angleterre en
prohibant l'importation et la vente de toutes les marchandises anglaises. Le Directoire, le Consulat et l'Empire firent

de même, et, malgré ces prohibitions, en aucun temps les progrès industriels de la Grande-Bretagne ne furent plus rapides. Au retour de la paix, en 1815, le système prohibitif fut maintenu, sauf certains adoucissements. Mais alors ce ne fut plus par mesure d'hostilité contre l'étranger : le prétexte de son maintien fut la protection de l'industrie nationale.

§ 2. *Étude de la législation.* — Le sénatus-consulte du 25 décembre, s'écartant du principe que nul impôt ne doit être établi sans le concours du pouvoir législatif, accorda au gouvernement le droit de modifier les tarifs des douanes compris dans les traités de commerce, sans l'intervention du Corps législatif. Mais nous croyons qu'en dehors de cette hypothèse, cette haute prérogative ne peut pas s'exercer sans l'approbation législative, ou plutôt que le pouvoir exécutif peut, en cas d'urgence et provisoirement, déterminer ou modifier les tarifs, sauf la conversion en projets de loi, s'il s'agit de droits et tarifs non fixés par des traités internationaux.

Administration douanière. — Cette administration forme, avec celle des contributions indirectes, une des directions générales du ministère des finances. Cette direction comprend sept divisions, dirigées, sauf celle du personnel, par un employé supérieur appelé administrateur. Il y a, en outre, auprès du ministère, un conseil d'administration, composé du directeur général et des administrateurs. Ce conseil a des fonctions très étendues. Il délibère sur la formation du budget général des dépenses de l'administration ; sur les affaires résultant de procès-verbaux de saisie ou de contravention ; sur le contentieux de la comptabilité, les débets des receveurs et les contraintes à exercer contre les redevables ; sur les demandes en remboursement et réduction des droits ; sur les demandes et allocations de primes ; sur les révocations, destitutions et mises à la retraite et liquidation de pensions des employés; sur les créations ou suppressions de bureaux de douane, ainsi que sur l'extension ou la restriction des attributions de ces mêmes bureaux; sur les suppressions ou créations d'emplois; et enfin sur les affaires qui lui sont renvoyées par le directeur général ou par le ministre, pour avoir son avis.

Dans les départements, le service des douanes comprend 30 directions dans 30 chefs-lieux. Chaque directeur a sous ses ordres des inspecteurs, des sous-inspecteurs, des receveurs, des vérificateurs et des commis aux écritures. C'est en deux branches principales, l'une civile et l'autre militaire, que le service des douanes est divisé. Les *bureaux*, où s'effectuent toutes les opérations relatives à la perception des droits et aux actes applicables aux marchandises; et les *brigades*, destinées à empêcher, par une surveillance active sur les côtes et les frontières, l'entrée ou la sortie en fraude des produits soumis aux droits. Ces brigades se composent de capitaines, lieutenants, brigadiers, sous-brigadiers et préposés, et leur action est secondée, dans le pays maritime, par une flottille de bâtiments légers. Les préposés des douanes peuvent faire, pour raison de droits de douane, tous exploits et autres actes de justice que les huissiers ont coutume de faire.

La surveillance des douanes, ou la police des frontières, s'exerce, aux termes de la loi du 8 floréal an xi, dans des circonscriptions qui constituent le rayon frontière de terre et le rayon maritime. Le premier rayon comprend l'espace de quatre lieues entre la ligne frontière et une ligne parallèle à l'intérieur. Les citoyens qui habitent dans cette zone, lorsqu'ils veulent faire venir de l'intérieur quelque objet dont l'exportation est soumise aux droits ou interdite, sont obligés de se munir d'un *passavant* spécial. Les commerçants, colporteurs, etc., qui se trouvent dans le même cas, sont également astreints à certaines formalités plus ou moins gênantes et soumis à une serveillance rigoureuse.

Le rayon maritime s'étend à quatre lieues en mer, sur une ligne parallèle aux côtes de la France. Pour empêcher la contrebande, les employés de la douane ont le droit de se rendre à bord des bâtiments qui entrent dans ce rayon et de demander leur *manifeste* (acte qui contient l'état de la cargaison) pour le signer après l'avoir examiné.

Sauf un certain nombre de produits qui sont frappés de prohibition, et qui peuvent seulement être déposés dans des bureaux à ce destiné, ou traverser la France, les marchandises de toute nature sont admises à l'importation , moyennant le paiemen' d'un droit variable suivant la nature de l'article impo' é , suivant la nationalité du navire qui l'a transporté, etc. Certaines marchandises sont même frappées de c. oits différents , appelés *droits différentiels*, suivant leur provenance, suivant qu'elles pénètrent par une zone ou par l'autre, etc. Mais, même en acquittant les droits, que d'entraves et de formalités à subir l Certains produits ne peuvent être importés que par mer, et par tels et tels ports désignés ; il faut encore qu'ils soient apportés par des navires ayant, selon les ports, tel ou tel tonnage. Il en est de même pour les marchandises importées par terre : telle marchandise doit passer par tel bureau de douane, et telle autre par tel autre bureau , etc. En cas d'importation par terre, les conditions qui doivent être préalablement remplies sont : le transport des marchandises au bureau de la douane, la déclaration à faire de leurs qualité, poids et mesure, du lieu d'où elles viennent, de celui où elles son (adressées; des noms, professions, domiciles de l'expéditeur et du destinataire. S'il s'agit d'une importation par mer, elle doit être précédée du dépôt du manifeste et du rapport de mer, et d'une déclaration détaillée de la cargaison.

Pour l'exportation il existe aussi quelques prohibitions, mais les droits payés par les marchandises destinées à être exportées sont en général très modérés, par suite de cette vieille erreur que nous avons indiquée, et qui consiste à croire qu'un pays s'enrichit en important, tandis qu'il s'appauvrit en exportant. En outre, les marchandises de toute nature peuvent sortir par tous les bureaux. Les mêmes formalités que nous avons vues prescrites pour l'importation doivent être à peu près observées en cas d'exportation. Quelquefois même le législateur français a voulu encourager l'exportation par des primes. La prime est accordée à des marchandises confectionnées en France avec des matières premières venant de l'étranger. L'administration restitue ainsi les droits perçus à l'entrée de ces matières en France. Elle croit par là encourager l'industrie nationale. — Dans un pays où l'on est habitué à une perpétuelle intervention de l'État dans les affaires privées, l'opinion est à cet égard facilement égarée ; on croit que le gouvernement doit stimuler la production ; que c'est à lui à fournir des débouchés ; on lui demande des primes à l'exportation, sans s'arrêter à la question de savoir si ces primes sont véritablement la contre-valeur des droits perçus à l'entrée des matières premières ; on accepte même volontiers que ce soient les contribuables nationaux qui paient une partie de la valeur des marchandises consommées à l'étranger.

Pour empêcher les fraudes qui pourraient être commises au préjudice du Trésor, la loi établit des peines sévères : en effet, la déclaration faite, les marchandises sont visitées, pesées, mesurées ou nombrées, si les préposés l'exigent, et l'inexactitude reconnue d'une déclaration entraîne soit la confiscation de la marchandise, soit une amende dont le chiffre varie suivant des distinctions que la loi énumère en détail. Enfin s'il s'agit de marchandises imposées *ad valo-*

rem, c'est-à-dire en proportion de leur valeur, les employés, lorsqu'ils jugent que la valeur a été faussement déclarée, peuvent les retenir pour leur compte, moyennant le paiement de cette valeur déclarée et du dixième en sus : c'est ce qu'on appelle le droit de *préemption.*

Pour encourager et faciliter les relations commerciales, on admet que dans certains cas les marchandises peuvent *séjourner* ou *traverser* le territoire du pays sans payer des droits. C'est là ce qu'on appelle l'*entrepôt* et le *transit.*

L'entrepôt est un magasin dont la douane a la clef et la surveillance, où la marchandise peut séjourner en franchise, pour n'acquitter les droits qu'au moment de la mise en consommation. Lorsque les droits sont très élevés comparativement à la valeur de la marchandise, comme c'est le cas pour le sucre, le café, etc., ce mode de magasinage permet d'économiser l'emploi de capitaux considérables qui, sans cela, seraient nécessaires pour liquider les droits de douane. Cet entrepôt est, à proprement parler, l'*entrepôt réel.* L'*entrepôt fictif* consiste dans un magasin privé, où le commerçant est autorisé à placer la marchandise qui n'a pas encore payé les droits. Dans l'origine, les entrepôts étaient uniquement placés aux points commerciaux de la frontière ; par une loi du **27 février 1832,** on a étendu aux villes de l'intérieur la faculté d'en avoir.

Le transit est la permission donnée aux marchandises étrangères de traverser le pays dont le territoire est, dans ce cas, emprunté passagèrement. Les formalités exigées par l'administration ont uniquement pour but de prévenir l'introduction dans la consommation intérieure, sans paiement des droits, d'aucune portion des marchandises déclarées de simple passage. Les quantités et qualités sont donc constatées à l'entrée et vérifiées à la sortie ; le voyage au travers du pays et le séjour dans les entrepôts se font sous la surveillance des agents de l'autorité; les commerçants signent des *acquits à caution*, qui ne sont autre chose que l'engagement de leur part de subir les conséquences de toute infraction aux règlements sur la matière.

Le cabotage est la navigation qui se fait le long des côtes d'un pays. Pour protéger le commerce maritime et favoriser le développement de la marine française sous le rapport du matériel et de la population, la loi du 6 août 1701 décida que le cabotage, qui ne peut s'effectuer que par des navires français ou francisés, sera exempt de tout droit de douane.

Privilége de la douane. — Outre le droit de gage sur les objets déposés dans ses bureaux, la douane a sur les meubles des contribuables un privilége qui est primé par les frais de justice et les autres privilégiés, sauf la revendication des propriétaires des marchandises qui sont encore sous balle et sous corde. Elle a aussi une hypothèque sur les immeubles des redevables lorsqu'ils ont fait, par eux-mêmes ou par leurs facteurs, leurs soumissions sur les registres, pourvu que ces soumissions aient été enregistrées dans le délai fixé pour les actes notariés.

L'administration des douanes publie chaque année un *Tableau du commerce extérieur de la France*, où l'on trouve à peu près tous les matériaux nécessaires pour étudier le mouvement commercial de la France avec chaque pays étranger et pour chaque nature de marchandises.

En France, le produit des droits de douanes, proprement dits, ne va pas tout à fait à 200 millions de francs. En 1856, il a été seulement de 178,600,000 francs, dont 177 millions à *l'entrée* et 1,600,000 à *la sortie*. Nous ne portons pas ici les droits de navigation, la taxe sur les sels, etc., quoique ces espèces de contributions soient perçues par l'administration des douanes, parce qu'elles n'ont aucun rapport avec la quantité ou la valeur des marchandises importées ou exportées.

SECTION II.

DROITS SUR LES DENRÉES.

Ces droits sont au nombre de trois : 1° l'impôt sur les boissons; 2° l'impôt sur le sel; 3° l'impôt sur le sucre indigène. Nous rattacherons également à cette section les impôts sur les voitures publiques, sur la navigation intérieure, sur la garantie des matières d'or et d'argent et sur les cartes à jouer.

Notions économiques. — Il n'est pas une des considérations générales qui ont été exposées à propos des impôts indirects qui ne soit applicable aux impôts dont il s'agit ici. Tout ce qui a été dit de l'incidence définitive des impôts indirects, des avantages attachés aux facilités avec lesquelles les consommateurs les acquittent, des inconvénients résultant des chances de succès qu'ils offrent à la fraude, et de l'énormité des frais de recouvrement qu'ils entraînent, est vrai en ce qui concerne les impôts dont nous nous occupons, et il serait inutile d'entrer dans de nouvelles explications.

Mais ce qui importe, c'est de constater le degré de proportionnalité et d'en saisir nettement l'influence au point de vue économique.

Comme nous l'avons dit, les taxes indirectes ont pour effet inévitable d'élever la valeur vénale des produits, et ce sont les consommateurs qui en acquittent définitivement le montant. Il s'ensuit que la répartition plus ou moins égale, plus ou moins proportionnelle des charges, dépend de la nature même des produits soumis à l'impôt.

Règle générale : Plus les produits dont l'impôt accroît le prix sont indispensables à la satisfaction de l'homme, et moins l'impôt qui les frappe se proportionne aux facultés de ceux qui le paient, plus il prend aux familles pauvres le faible revenu dont elles jouissent. Autres, à ce point de vue principal, sont les effets des taxes qui portent sur le sel, les farines ou les boissons, et les effets des taxes qui portent sur le sucre, le savon, le papier, les matériaux de construction, ou encore sur les voitures de maître ou sur d'autres consommations de luxe. Il y a des dépenses communes à tous, dont personne ne peut s'abstenir ; il y en a d'autres, au contraire, que chacun est libre de n'effectuer qu'en raison de l'étendue de ses ressources particulières, beaucoup même que les riches seuls sont dans l'usage de faire : or, les impôts indirects, suivant qu'ils s'adressent de préférence à telles ou telles de ces dépenses, équivalent tantôt à des capitations ou à pis que des capitations, tantôt au contraire à de simples charges somptuaires.

Prenez, par exemple, l'impôt du sel : c'est une capitation ou pis qu'une capitation. Rien de plus simple à démontrer. Le sel est une de ces choses dont personne ne peut se passer et dont chacun use en quantité à peu près pareille. Qu'en résulte-t-il ? C'est que chacun paie la même somme à l'État à l'occasion du sel dont il a besoin. Il y a plus. Partout ce sont les pauvres que la nature même de leur alimentation force à acheter plus de sel, et parmi les pauvres ce sont les nécessiteux, ceux qui ont à leur charge le plus grand nombre d'enfants, qui en consomment davantage. On pourrait faire à peu près les mêmes observations sur l'impôt des boissons. Ainsi, l'impôt de classe à classe, et, dans chaque classe, de personne à personne, pèse en raison inverse des facultés ou des revenus, et une taxe personnelle, qui rapporterait autant à l'État, nuirait moins aux intérêts des masses et serait moins contraire aux règles de la proportionnalité et de la justice. L'impôt indirect qui, sous le nom de droit de mouture, élève dans quelques pays le prix des farines, agit exactement comme l'impôt sur le sel ; il prend plus aux pauvres qu'aux riches, et souvent exerce une influence fâcheuse sur le choix de leurs moyens de nutrition.

Prenez, en revanche, les impôts qui renchérissent les produits dont la consommation n'est pas d'une nécessité absolue, ceux-là n'ont pas les mêmes effets. C'est le degré de la fortune acquise qui, généralement, détermine le chiffre des dépenses qu'ils affectent, et ceux qui pèsent sur le bois de chauffage, sur le café, sur le thé, sur les étoffes, sur les chevaux, se rapprochent de plus en plus de la proportionnalité désirable.

On le voit, autant d'impôts indirects, autant de degrés de proportionnalité différents, autant même d'incidences plus ou moins en rapport avec la situation des classes, des familles et des personnes. Aussi, s'il était possible que ces impôts atteignissent toutes les sortes de dépenses, tous les produits destinés à l'usage, et en même temps s'élevassent à mesure que les choses, moins nécessaires aux besoins de l'existence, deviennent l'objet de consommations plus exclusivement réservées aux riches, agiraient-ils comme impôt sur les revenus, et n'auraient-ils, quant à la proportionnalité, aucun reproche sérieux à encourir.

Malheureusement il n'en a jamais été ainsi. Parmi les impôts appelés indirects, les seuls qui puissent rapporter amplement sont ceux qui s'adressent aux produits de première et universelle nécessité, et voilà pourquoi les substances alimentaires ont été taxées avec une si regrettable préférence ; ainsi a été rendue plus chère la vie des classes ouvrières, et sur elle est retombé le principal poids du fardeau. C'est là surtout ce qui a conduit beaucoup d'économistes à comprendre dans une sorte de réprobation générale les impôts indirects, quelles que fussent les différences réelles qu'en présentât l'application.

Évidemment, si le système qui a prévalu à leur égard

était le fruit de la force même des choses, cette réprobation serait méritée : mais rien ne prouve qu'il en soit ainsi, et il est certain, au contraire, qu'en multipliant et graduant les taxes sur une foule de produits d'un usage facultatif, ou croissant avec les fortunes, on leur rendrait une proportionnalité dont, par essence, l'impôt indirect n'est pas particulièrement privé. Resterait toutefois encore, dans ce cas, à compter d'une part avec les frais de la perception, de l'autre, avec les incitations à la fraude, qu'entraînerait la multiplicité des taxes, deux circonstances qui méritent toujours une attention fort sérieuse.

§ I. *Impôts sur les boissons.*

Les taxes sur les boissons sont celles qui pèsent le plus lourdement peut-être sur les classes pauvres. Elles ont été en France, à plusieurs reprises, une arme dangereuse et une puissante machine de guerre entre les mains des partis politiques. Des quatorze impôts qui frappent les boissons, deux seulement sont justes et doivent être conservés : 1° L'impôt foncier. On ne peut pas arriver, pour le vignoble, à une péréquation absolue qui est pratiquement impossible, mais on pourra faire disparaître jusqu'à un certain point les inégalités choquantes et injustes qui ruinent certaines contrées vinicoles très intéressantes. 2° La patente. Tout commerçant la paie ; pourquoi le commerçant en boissons ne l'acquitterait-il pas ? C'est une taxe générale, juste par cela seul. Si dans sa gradation, si dans sa perception il y a beaucoup à dire, du moins une réforme est facile à effectuer.

Quant à l'octroi, si injuste et si partial en fait de vin, il augmente l'exagération des taxes et cause la rareté, la cherté, la mauvaise qualité et la falsification du vin. Il faut espérer que les progrès de la raison publique feront justice de la plupart de ces impôts qui pèsent lourdement sur les boissons fermentées, l'un des produits les plus indispensables à l'homme.

Etude de la législation. — L'impôt sur les boissons remonte aux premiers temps de la monarchie ; cependant c'est seulement à la fin du xviie siècle qu'il est devenu une ressource permanente pour le gouvernement. Supprimé le 27 mars 1791, il fut rétabli par la loi des finances du 5 ventôse an xii. Il est actuellement régi par la loi du 28 avril 1816. modifiée par les lois des 12 décembre 1830 et 28 avril 1832.

Cet impôt frappe le vin, le cidre, le poiré, l'hydromel, la bière, les eaux-de-vie, les esprits, les fruits à l'eau-de-vie et les liqueurs. Il s'applique également aux piquettes ou râpés provenant de vendange ou de fruits à cidre ou à poiré, ainsi qu'aux vins factices. La loi considère comme liqueurs les vins dont la force alcoolique dépasse 22 centièmes, et soumet à une double taxe ceux qui renferment de 18 à 21 pour 100 d'alcool. Enfin elle affranchit de toute taxe les boissons exportées aux colonies ou à l'étranger, et les eaux-de-vie, versées sur les vins ; mais dans ce cas, l'exemption ne profite qu'à sept départements du Midi, pourvu encore que la quantité d'alcool ainsi employée ne dépasse pas cinq litres par hectolitre de vin, et qu'après le mélange le liquide ne contienne pas plus de 18 centièmes d'alcool.

La législation relative aux boissons divise les redevables en six catégories : simples particuliers, propriétaires récoltants, fermiers et bailleurs de crû, détaillants simples et débitants liquoristes, marchands en gros simples et marchands en gros liquoristes, distillateurs de profession et brasseurs ; puis elle applique à chacune d'elles des règles différentes, soit relativement au mode de perception, soit relativement à la nature, à la quotité et à l'exigibilité de l'impôt. Quant à ce dernier, il comprend diverses taxes appelées droit de circulation, de consommation, etc., que nous allons successivement examiner.

1° Le droit de *circulation* est dû pour les vins, cidres, poirés et hydromels qu'on transporte d'un lieu à un autre (Paris excepté) à destination de simples particuliers. Ce droit atteint le producteur et non le consommateur, et varie selon le lieu de destination. A cet effet, tous les départements sont répartis en quatre classes, d'après la valeur moyenne des vins. La première classe, où le droit est de 60 centimes par hectolitre, comprend 24 départements du midi. Dans les 29 départements qui forment la seconde classe, et qui sont situés à l'est et au nord-est, le droit est de 80 cent. Pour la troisième classe, qui comprend 21 départements du centre et du nord, le tarif est de un franc l'hectolitre. La quatrième classe comprend le reste des départements située au nord-ouest : dans celle-ci le droit est de un franc 20 cent. Quant au droit que paient les cidres, poirés et hydromels, il est invariablement fixé à 50 centimes.

2° Le droit de *consommation* ne frappe que les spiritueux. Quelle que soit la qualité du redevable, il est fixé en principal à 34 fr. par hectol. d'alcool pur contenu dans les eaux-de-vie et esprits en cercles, et par hectol. d'eau-de-vie ou d'esprit en bouteilles, ainsi que par hectol. de liqueurs et de fruits à l'eau-de-vie. Pour percevoir la taxe sur les alcools et les eaux-de-vie en cercles, on évalue leur force alcoolique au moyen de l'alcoomètre, puis on ramène, en faisant la correction à l'aide de tables dressées *ad hoc*, la température du liquide à 15° centigr. Les alcools et esprits employés à la fabrication des vernis et eaux de senteur sont passibles de ce droit et y sont soumis au moment de la fabrication.

3° Le droit d'*entrée* est une taxe locale qui s'applique à toutes les espèces de boissons, la bière exceptée. Il est établi par la loi au profit de l'État, et ne doit pas être confondu avec le droit d'octroi, qui n'est aujourd'hui perçu qu'au profit des villes et qui n'est pas établi par la loi. Ce droit frappe également les ver..s à alcool et les eaux-de-vie de senteur, mais il n'est dû que dans les villes dont la population est au moins de 4,000 âmes. Les faubourgs des villes y sont assujettis; mais les individus qui habitent des maisons éparses et détachées du lieu principal. à l'exception des débitants, en sont affranchis. Le tableau suivant indique la quotité do droit en principal et par hectolitre, selon les populations des villes et selon le département auquel elles appartiennent. La France est divisée, sous ce rapport, en quatre classes, comme nous l'avons vu plus haut, correspondant aux divisions géographiques du midi, du nord, de l'est et do l'ouest. L'idée ingénieuse qui a présidé à l'établissement du tarif est facile à découvrir : les vins étant plus chers et les frais do production plus considérables dans le midi de la France, la loi a ménagé les consommateurs, en fixant un impôt bien faible. Les vins étant à bon marché dans la seconde classe do départements situés à l'est et au nord-est, l'impôt a dû être plus élevé. Dans le nord, où la bière est la boisson ordinaire du peuple et où les riches seuls font usage du vin, les droits d'entrée sont encore plus lourds. De même dans l'ouest, le cidre étant la boisson générale de la classe pauvre, les vins sont frappés d'un impôt plus élevé.

POPULATION des COMMUNES.	VINS en cercles et en bouteilles DANS LES DÉPARTEMENTS DE :				CIDRES, POIRÉS, HYDROMELS.
	1re classe.	2e classe.	3e classe.	4e classe.	
4,000 à 6,000	0,30	0,40	0,50	0,60	0,25
6,001 à 10,000	0,45	0,60	0,75	0,90	0,40
10,001 à 15,000	0,60	0,80	1,00	1,20	0,50
15,001 à 20,000	0,75	1,00	1,25	1,50	0,65
20,001 à 30.000	0,90	1,20	1,50	1,80	0,75
30,001 à 50,000	1,05	1,40	1,75	2,10	0,90
50,001 et au-dessus.	1.20	1,60	2,00	2,50	1,00

Le droit sur l'alcool contenu dans les eaux-de-vie et esprits, soit en cercles soit en bouteilles, dans les liqueurs et fruits à l'eau-de-vie, ainsi que dans les vernis et eaux de senteur, varie uniquement à raison de la population : ainsi, il est fixé à 4, 6, 8, 10, 12, 14 et 16 fr., d'après les catégories ci-dessus.

4° Le droit de *détail*, comme son nom l'indique, n'est dû que pour les boissons vendues au détail. Il se perçoit sur le vin, le cidre, le poiré et l'hydromel, à raison de 15 p. 0/0 du prix de vente, et sa perception est assurée, du moins en général, au moyen de l'exercice dont nous parlerons.

5° Le droit de *licence* ne doit pas être confondu avec la taxe des patentes, car les individus assujettis au premier n'en paient pas moins la seconde. Pour les débitants de boissons, les cabaretiers, liquoristes, cafetiers, aubergistes, restaurateurs, etc., la quotité du droit varie selon la population des villes, conformément à la classification donnée plus haut : ainsi, elle est de 8, 10, 12, 14, 16, 18 et 20 fr., pour les communes ayant 4,000 âmes jusqu'à 50,001 et au-dessus ; dans celles qui ont moins de 4,000 âmes, le droit est réduit à 6 fr. Il est invariablement fixé à 50 fr. pour les marchands en gros, et à 20 fr. pour les distillateurs et bouilleurs, quel que soit le chiffre de la population. Quant aux brasseurs, ce droit est de 20, de 30 ou de 50 fr. selon les départements. Nous devons noter que les propriétaires qui vendent en gros, même sur les foires et marchés, les boissons provenant de leur récolte, ne sont point assujettis à la licence.

Dans les villes sujettes au droit d'entrée, on donne le nom de *taxe unique* à un droit qui tient lieu du droit d'entrée et du droit de détail, en ce qui concerne les vins, les cidres, les poirés et les hydromels. Cette taxe se perçoit à l'entrée : elle a l'avantage de dispenser les détaillants des désagréments de l'exercice. Dans les villes à taxe unique, le droit d'entrée et celui de consommation pour les spiritueux, s'acquittent aussi simultanément à l'entrée. C'est aux villes elles-mêmes de prononcer l'établissement de la taxe unique ; mais elles doivent fixer le tarif de telle façon qu'il assure au Trésor un produit égal au produit moyen des droits de détail et d'entrée pendant les trois années précédentes.

Enfin, à Paris, on appelle droit de *remplacement* une taxe qui se paie aux entrées, et qui tient lieu de toutes les autres taxes. Ce droit est en principal de 8 fr. par hectolitre pour le vin, de 4 fr. pour le poiré, le cidre et l'hydromel, et de 50 fr. pour l'alcool pur contenu dans les eaux-de-vie, esprits, etc.

6° Le droit de *fabrication de la bière* est, comme l'indique suffisamment son nom, particulier à cette boisson. Il est fixé en principal à 2 fr. 40 cent. par hectol. de bière forte, et à 60 cent. seulement pour la petite bière. Ce droit est le seul, avec la licence, dont la bière soit frappée au profit du Trésor.

Formalités pour la perception. — La loi assure la rentrée de l'impôt des boissons au moyen de certaines formalités à la circulation et à l'entrée des villes, ainsi que par des *exercices*, c'est-à-dire des vérifications à domicile. Aucune espèce de boisson, à l'exception de la bière, ne peut être mise en mouvement sur la voie publique sans que le conducteur ou le porteur soit muni d'un permis ou *expédition* délivrée par les agents de la régie des contributions indirectes, qui indique les noms, la qualité et la demeure de l'expéditeur, du destinataire et du conducteur, la nature et la quantité des liquides transportés, et leur force alcoolique, s'il s'agit d'esprits ou d'eaux-de-vie en cercles, enfin la route qui doit être suivie et le délai dans lequel le transport sera effectué. Si, au moment du départ, on paie le droit de circulation, le droit de consommation ou celui de détail, la quittance qui constate ce paiement se nomme *congé;* c'est la règle générale quand le destinataire est un simple particulier. Quand le paiement de la taxe doit se faire seulement au lieu de destination, ou bien lorsque l'exemption de la contribution est subordonnée à quelques formalités de la part du destinataire, c'est un *acquit-à-caution* que l'on reçoit : c'est la règle générale quand le lieu de destination est Paris, et quand le destinataire est un marchand de vins. Enfin, s'il y a exception absolue de la taxe, ce qui n'a guère lieu que pour les boissons qu'un récoltant ou un simple particulier transporte de l'une à l'autre de ses caves, la régie délivre un *passavant.*

Toute fausse déclaration, quant aux noms, qualités et demeures des expéditeurs, destinataires ou conducteurs, quant à la nature et à la quantité des boissons, quant au nombre et à l'état des vaisseaux, constitue une contravention qui donne lieu à la saisie des chargements et à l'application d'une amende de 100 à 600 fr. Il en est de même du transport effectué avant ou après le délai indiqué dans l'expédition, ou bien par une autre route. Les moyens de transport peuvent encore être saisis pour garantie de l'amende. Toute introduction dans un lieu sujet au droit d'entrée, de spiritueux et de boissons autres que la bière, ainsi que de vendanges et de fruits à cidre ou à poiré, doit être précédée d'une déclaration au bureau par lequel aura lieu l'introduction. En même temps le conducteur doit remettre les expéditions de la régie qui ont autorisé le transport et payer le droit d'entrée, si les produits sont destinés à la consommation du lieu. Lorsque ces derniers doivent seulement le traverser, le conducteur est tenu de consigner ou de faire cautionner le montant du droit à l'entrée : alors on lui délivre un *passe-debout,* au moyen duquel la consignation est restituée ou la caution libérée, après que la sortie du lieu est justifiée. Enfin les débitants de boissons, les brasseurs et les distillateurs sont soumis à des vérifications particulières qui ont pour objet de rechercher s'ils se conforment, quant au paiement de l'impôt, à toutes les obligations édictées par la loi. Ces vérifications sont désignées sous le nom générique d'*exercices;* cependant on les appelle *recensements* quand elles ont lieu chez les marchands en gros.

Abonnements. — La régie des contributions indirectes est autorisée à contracter avec les débitants de boissons des abonnements, c'est-à-dire à convenir avec eux d'un prix fixe pour tenir lieu du montant éventuel des taxes qu'ils pourraient être assujettis à payer. L'*abonnement individuel* ne porte que sur la vente au détail : il est fait à l'année ou à l'hectolitre. Le contribuable s'évite ainsi les ennuis de la perception en détail. L'*abonnement par commune* est celui qu'une ville, représentée par son conseil municipal, fait avec la régie pour remplacer les droits de détail et de circulation auxquels les débitants de la commune sont assujettis dans l'intérieur. Pour cela il faut que la commune s'engage à verser dans les caisses de la régie, par vingt-quatrièmes et de quinzaine en quinzaine, la somme convenue pour l'abonnement. Dans les villes qui ont obtenu cet abonnement, tout exercice chez les débitants est supprimé, et la circulation est libre à l'intérieur. L'*abonnement par corporation* est celui qui est fait avec les débitants d'une commune. Dans ce cas, la perception du droit au détail, par exercice, se trouve remplacée par une somme fixe équivalente au produit de ce droit, et répartie sur la totalité des redevables, qui alors sont tous solidaires les uns des autres pour le paiement. Cet abonnement est payable par douzièmes.

La taxe sur les boissons avait atteint en 1856 le chiffre de 120 millions.

§ 2. *Impôt sur le sel.*

Le sel ou chlorure de sodium est, comme on le sait, une substance minérale associée à l'alimentation des hommes et des animaux, en même temps que d'un emploi fréquent dans l'industrie. Le sel est obtenu en général par quatre voies différentes dont le sol de la France présente des exemples à l'observateur : 1° à l'état minéral et sous le nom de *sel gemme*, on le recueille dans l'est de la France ; 2° extrait des sources salées, sous le nom de sel *ignigène*, on le trouve également dans la même région ; 3° tiré de l'eau de la mer par voie d'évaporation, il est l'un des principaux produits des côtes de la France ; 4° enfin, il est aussi tiré du lavage des sables de la mer dans les départements du Calvados, des Côtes-du-Nord et de la Manche.

En France, l'impôt du sel, prélevé par tête sous le nom de gabelle, avait excité, sous l'ancien régime, les réclamations les plus vives, et avait été appelé par Buffon un crime anéantissant l'un des bienfaits de la nature. Sur 74 millions que cet impôt produisait en 1787, 20 millions étaient absorbés par les frais de perception ! Non-seulement l'État avait le monopole de cette denrée, mais encore il en rendait la consommation obligatoire pour chaque individu, qui était censé employer neuf livres par an à ses besoins journaliers. Cette contribution, devenue odieuse par ses moyens de perception extrêmement vexatoires, pesait si lourdement sur la population, que le prix du sel avait monté au taux moyen de 62 livres le quintal.

L'Assemblée constituante supprima cette taxe le 2 mars 1790. Le gouvernement dictatorial voulut la rétablir en l'an VII, mais, adopté, par le conseil des Cinq-Cents, elle fut rejetée par le conseil des Anciens. Napoléon Iᵉʳ ne fit pas renaître la gabelle, mais il établit, au profit du Trésor, un droit de deux décimes par kilogramme sur tous les sels enlevés, soit des marais salants de l'Océan, soit de ceux de la Méditerranée, soit des salines de l'est, soit de toute autre fabrique de sel (loi du 24 avril 1806, art. 48). Aucune fabrique ne pourra être établie sans une déclaration préalable, sous peine d'amende et de confiscation des ustensiles (*idem*, art. 51). D'après un décret de juin 1806, une autorisation préalable doit être demandée au gouvernement par les exploiteurs et fabricants de sel. La loi du 17 juin 1840 déclare que nulle exploitation de mines de sel, de source ou de puits d'eau salée (la loi ne s'applique pas aux marais salants), ne peut avoir lieu qu'en vertu d'une concession du gouvernement. Elle ajoute que les lois et les règlements sur les mines sont applicables aux exploitations de mines de sel.

Les concessions ne peuvent excéder vingt kilomètres carrés, s'il s'agit d'une mine de sel, et d'un kilomètre carré, s'il s'agit d'une source ou d'un puits d'eau salée. Les concessionnaires doivent fabriquer au minimum et annuellement 500,000 kilogrammes de sel, pour être livrés à la consommation intérieure et soumis à l'impôt, sous peine d'une amende égale au droit qui aurait été perçu sur le sel manquant pour atteindre le minimum, sauf réduction du minimum par un décret impérial.

L'impôt sur le sel fut supprimé par un décret du gouvernement provisoire, du 15 août 1848; mais ce décret, à cause des besoins impérieux du Trésor, ne devait être applicable qu'à partir du 1er janvier 1849. Cependant, il a été abrogé par la loi du 28 décembre 1848, qui régit actuellement la matière.

L'impôt est réduit par cette loi à 10 francs par 100 kilog. sur les sels indigènes ou ceux provenant de l'Algérie ou des

colonies. Le droit sur le sel se perçoit sur les quantités réellement fabriquées, et il est dû par l'acheteur au moment de
la déclaration d'enlèvement. Néanmoins les sels transportés par mer n'acquittent le droit qu'au moment de l'embar-
quement, et ceux qui remontent en rivière, qu'au bureau
de douane le plus voisin. Quant à ceux admis à l'entrepôt,
ils paient à mesure qu'ils en sont retirés pour être consom-
més. Il est fait, pour cause de déchet, une déduction qui
varie de 3 à 5 pour 100, suivant les localités, à l'exception
des sels de l'Algérie et des colonies qui ne jouissent d'aucune
remise. De plus, on accorde l'exemption de toute taxe aux
sels destinés à l'exportation étrangère, à la pêche maritime,
aux salaisons pour les approvisionnements de la marine ou
des colonies, enfin aux salaisons de poissons, soit en mer,
soit à terre, mais, dans ce dernier cas, sous certaines conditions particulières. Quant aux sels employés pour l'alimentation des bestiaux, ils jouissent seulement d'une modération de droits; ces sels sont taxés à 5 centimes par kilogr.,
mais il faut qu'ils soient dénaturés, au moyen de mélanges
indiqués, en présence des agents de l'administration. Dans
le but d'empêcher la fraude, la libre circulation des sels est
interdite dans une zone de 15 kilom., à partir des côtes, et
dans un rayon de 15 kilom. autour des mines de sel, des
sources d'eau salée et des usines qui en exploitent les produits. Il leur faut, pour circuler dans ces limites, un congé
ou acquit à caution, délivré par les agents des contributions
indirectes ou des douanes.

§ 3. *Impôt sur les sucres indigènes.*

Le sucre est peut-être de toutes les denrées ou marchandises celle qui, depuis le commencement de ce siècle, a le
plus occupé les financiers et les hommes d'État. C'est un
aliment précieux, ou plutôt c'est un assaisonnement agréable,

nourrissant par lui-même, qui s'ajoute avec avantage à beaucoup d'autres substances alimentaires. Le progrès dans les arts industriels et dans le commerce permet de se le procurer désormais à bon marché. Il résulte de là qu'aux yeux des financiers le sucre a le mérite d'être une matière *essentiellement imposable*, mots sacramentels qui signifient que la demande en est assez étendue et le prix de revient assez modéré, pour que le fisc puisse, sans soulever de trop fortes réclamations, s'interposer entre la production et la consommation pour en tirer de gros revenus.

En France, plus qu'en tout autre pays, le tarif des droits sur les sucres a été surtout influencé par les idées, les préjugés et les circonstances du moment. La guerre, le système colonial, le désir de protéger la navigation nationale et particulièrement la longue navigation, le système appelé protecteur de l'industrie, ont eu tour à tour et simultanément leur influence.

Ce fut à l'époque du blocus continental établi par Napoléon Ier, que la science découvrit l'existence du sucre cristallisable dans le jus de betterave et qu'elle arriva au moyen pratique d'en tirer parti.

L'empereur, qui cherchait à se passer du commerce maritime, par suite de la guerre contre l'Angleterre, fit le plus grand accueil à cette découverte et encouragea la culture de la betterave et la formation d'établissements de fabrication de sucre. A la chute de l'empire et au retour de la paix, la liberté des mers ouvrit les ports de la France aux denrées coloniales; mais, pour protéger la fabrication du sucre indigène, on frappa le sucre des colonies d'un droit d'importation. Cette mesure permit à la fabrication du sucre indigène, exempt de tout droit de douane, de prendre de grands développements et de faire une concurrence terrible au sucre colonial. L'existence même des colonies, le commerce au long cours, les revenus du Trésor et jusqu'à la puissance maritime de la France furent mis en péril.

Pour donner satisfaction aux plaintes qui se produisirent avec beaucoup de vivacité, il n'y avait qu'à choisir l'un de ces deux systèmes : ou établir un impôt sur le sucre indigène, ou alléger celui qui pesait sur le sucre colonial. Beaucoup de personnes, dont l'opinion faisait autorité en cette matière, réclamèrent la suppression de l'impôt qui pesait sur le sucre colonial. Il était temps encore d'ouvrir les colonies au commerce de toutes les nations, en même temps que d'effacer des tarifs toutes les surtaxes dont étaient frappées les productions étrangères. Mais la France devait encore une fois laisser échapper l'occasion de sortir d'un mauvais système colonial, et les Chambres, par la loi du 18 juillet 1837, admirent le second système, en frappant le sucre indigène d'un droit de 10 fr. sur 100 kilogr. Aucune des mesures prises n'avaient remédié aux inconvénients ; la rivalité des deux sucres laissait toujours les mêmes intérêts en souffrance. Au commencement de 1843, le gouvernement en vint au parti radical de demander aux Chambres la suppression complète de la fabrication du sucre indigène, moyennant une indemnité de 50 millions de francs pour les fabricants dépossédés de leur industrie ; mais il y eut un instinct de répulsion pour l'inscription de cette nouvelle prohibition dans le Code français, et la majorité de la Chambre des députés s'y refusa.

L'impôt sur le sucre de betterave consiste dans un droit de licence de 50 fr. pour les fabricants, et dans un droit de fabrication que nous avons vu. Depuis 1837 ce droit a varié plusieurs fois ; mais il est actuellement de 45 fr., en principal, pour les sucres dits de premier type ; toutefois il augmente proportionnellement pour les qualités supérieures. Les glycoses, c'est-à-dire les produits saccharins non cristallisables, sont soumises à un droit de 2 fr. par 100 kilogr. Les sucres raffinés au-dessus du premier type, fabriqués dans les raffineries ou dans les fabriques de sucre indigène, avec des matières saccharines exotiques, sont grevés d'un droit de 10 fr. Au reste, ces droits sont remboursés pour les sucres transportés à l'étranger. Le paiement du droit sur les sucres est assuré au moyen des exercices et par les entraves mises à leur circulation. En effet, aucune expédition ne peut être faite des fabriques que sur la déclaration des fabricants, après vérification effectuée par les employés de la régie, et sur délivrance d'un acquit à caution, qui doit accompagner les sucres dans l'étendue de tout l'arrondissement où il existe une fabrique et dans les cantons limitrophes.

L'impôt sur les sucres indigènes a monté à 38 millions en 1856.

§ 4. *Taxe sur les voitures.*

On ne peut rien reprocher à cet impôt, car il est juste et rationnel que celui qui se sert d'une route supporte les frais d'entretien et de réparation occasionnés par les transports qu'il a exécutés. Les lois des 25 mars 1817 et 28 juin 1838 s'occupent principalement de cette matière.

Cet impôt frappe les voitures publiques, c'est-à-dire celles qui servent publiquement au transport des personnes. La loi les divise en voitures de terre, voitures d'eau et voitures de chemins de fer.

Voitures de terre. — On les distingue en plusieurs catéories : 1° *Les voitures à service régulier*, c'est-à-dire faisant à jour et heure fixes le trajet d'un point à un autre. Elles ne peuvent être mises en circulation sans une licence qui est de 5 fr. par an par voiture et à quatre roues, et elles paient en outre une taxe de 10 p. 0/0 en principal sur le produit brut des places, ainsi que sur celui du port des paquets et marchandises ; toutefois il est accordé deux déductions, l'une d'un tiers pour places vides, l'autre de 10 0/0 quand aucun pourboire n'est réclamé des voyageurs. — 2° *Les voitures d'occasion* et à volonté sont celles que les particuliers mettent accidentellement en circulation à prix d'argent ; elles ne sont pas soumises à la licence, et, au lieu d'un droit variable, elles paient un droit fixe, qui est déterminé d'après le nombre de places qu'elles renferment, mais il n'est jamais inférieur à 40 fr. en principal. La loi assimile à cette classe de voitures celles à service régulier qui, dans leur trajet journalier, ne sortent pas d'une ville ou d'un rayon de 15 kilom. des limites de cette ville. — 3° *Les voitures à service extraordinaire* sont celles que les entrepreneurs de voitures à service régulier sont quelquefois obligés d'employer pour suppléer à l'insuffisance de ces dernières. Ces voitures sont passibles d'un droit qui est de 10 0/0 en principal des sommes réellement payées par les voyageurs, sous la déduction d'un dixième pour le pourboire, si elles circulent isolément, et qui est égal à celui que paient les voitures à service régulier quand elles marchent avec celles-ci. Elles sont d'ailleurs sujettes à la licence. — 4° Enfin les *voitures à service accidentel,* c'est-à-dire qui ne servent qu'occasionnellement, comme, par exemple, les véhicules quelconques qui, dans toutes les grandes villes, servent à transporter le public aux fêtes patronales, aux foires, etc., des localités voisines, sont uniquement assujetties à un droit de 15 cent. par place et par jour.

Il existe encore un impôt sur les voitures, mais il est injuste, très bizarre et très irrégulier : c'est celui qui a été établi au profit des maîtres de poste par la loi du 15 ventôse an XIII, dont l'art. 1ᵉʳ est ainsi conçu : « A compter du 1ᵉʳ messidor prochain, tout entrepreneur de voitures publiques et de messageries qui ne se servira pas des chevaux de la poste sera tenu de payer par poste et par cheval attelé à chacune de ses voitures, 25 centimes au maître de relais dont il n'emploiera pas les chevaux.· »

Cet impôt est bizarre en ce qu'il fait payer les chevaux de poste à ceux qui ne s'en servent pas; il est irrégulier en ce que, perçu directement par les maîtres de poste et à leur profit, il échappe à toute espèce de contrôle, tellement qu'on ne sait pas, à quelques millions près, à quel chiffre il s'élève tous les ans. Enfin, il est injuste en ce que si, d'une part, il fait payer les chevaux de poste à ceux qui ne s'en servent pas, il ne les fait pas payer ce qu'ils coûtent à ceux qui s'en servent.

Pour concevoir comment un pareil impôt a pu être établi, il faut remonter à l'origine de l'institution des postes. Elles furent fondées par Louis XI en 1464. A la même époque, l'Université créait les messageries, dont elle conserva le privilége jusqu'en 1719; le gouvernement le lui racheta moyennant une rente de 300,000 livres, et c'est ainsi que l'État, déjà en possession du droit exclusif des postes, réunit à son privilége celui de l'exploitation des messageries. La conduite de ces voitures devint en même temps le droit des maîtres de poste, et ce droit, conservé dans différents édits antérieurs à la révolution, fut reconnu depuis cette époque, et notamment par la loi du 29 juillet 1793. Plus tard, en l'an VII, la liberté fut accordée à l'industrie des transports des voyageurs; mais, six ans après, l'institution des relais, étant menacée dans son existence, obtint la loi dont nous venons de parler. Le monopole des maîtres de poste constitue entre l'administration, le public et le maître de poste, un contrat par lequel ce dernier est tenu d'entretenir toujours un certain nombre de chevaux proportionné aux besoins présumés de la localité où il se trouve, et de les louer suivant un tarif convenu : l'administration se sert de ces chevaux pour le transport de ses malles. Quant au public, en retour de l'assurance légale d'avoir toujours des chevaux disponibles, il est tenu d'employer, pour les transports par relais, les chevaux et le ministère du maître de poste, au prix convenu entre celui-ci et l'administration, ou de lui payer l'indemnité de 25 centimes que nous avons vue.

Heureusement les inconvénients de cet état de choses ne subsistent, depuis l'établissement des chemins de fer, que sur les lignes secondaires. Sur ces lignes les prix établis par le tarif sont tellement supérieurs à ceux qui résultent de la libre concurrence, que la plupart des entreprises de messageries trouvent plus avantageux de se servir de relayeurs libres, en payant au maître de poste le tribut imposé par la loi. Enfin l'administration des postes elle-même paie, pour le transport de ses malles, un prix fort élevé que la concurrence des relayeurs abaisserait assurément.

Voitures d'eau. — Comme les voitures de terre à service régulier, les voitures d'eau sont soumises au droit de licence de 5 fr. et à celui de 10 p. 100 du profit des places; elles sont, en revanche, exemptes de tout droit, quant au transport des marchandises. Ajoutons que les voitures d'eau ne sont passibles de l'impôt que lorsqu'elles mettent en communication au moins deux points établis, à l'intérieur, sur les fleuves, rivières ou canaux, comme par exemple Paris et Rouen, Rouen et le Havre.

Les voitures de chemins de fer. — Elles sont également astreintes au droit de licence de 5 fr. La taxe pour le transport des voyageurs est fixée en principal à 10 pour 100 des recettes effectives, ou, en d'autres termes et en y comprenant le double décime, aux $12\frac{1}{2}^{mes}$ des recettes brutes. Elles paient encore le même droit sur le produit des marchandises transportées à grande vitesse. — La régie peut consentir des abonnements avec les entrepreneurs des voitures publiques.

§ 5. *Impôt sur la navigation.*

Cet impôt est régi par la loi du 9 juillet 1836, modifié par les ordonnances du 27 octobre 1837 et du 30 novembre 1839. Il est perçu en raison de la charge réelle des bateaux ou du volume des trains. A cet effet, les marchandises sont divisées en deux classes, dont la deuxième comprend toutes les marchandises encombrantes, telles que bois, houille, tourbe, fumier, pierres, etc. Le tarif est de 1 centime et 1|2 par tonne de 1,000 kilogr. et par myriamètre pour la 2ᵉ classe, et de 3 cent. et 1|2 pour la première. La taxe n'atteint pas les bateaux employés par l'administration de la guerre ou celle des ponts et chaussées, ainsi que les bateaux de pêche uniquement chargés d'engins de pêche, les bacs et bateliers servant à passer d'une rive à l'autre, et enfin les bateaux appartenant aux simples particuliers, destinés au transport des engrais ou des denrées de leurs propriétaires. — Les droits de navigation sur les canaux exploités au compte de l'État sont comme sur les rivières navigables. Le produit des bacs ou passages d'eau est déterminé par les conditions des baux faits par l'État avec les entrepreneurs.

§ 6. *Droit de garantie sur les matières d'or et d'argent.*

La garantie a pour objet, en constatant le titre des matières d'or et d'argent, de préserver le public des fraudes que pourrait faire naître le commerce de l'orfévrerie. Elle a de plus en vue la perception d'un impôt particulier, moins sujet à critique qu'il porte sur une chose essentiellement de luxe. Il est fixé, en principal, pour l'orfévrerie, à 20 fr. par hectogramme d'or, et un franc par hectogramme d'argent. Lorsque les métaux sont en lingots, le droit est de 8 fr. 18 cent. par hectogramme d'or, et de 82 cent. par hectogramme pour l'argent dit de tirage, c'est-à-dire pour les lingots destinés à l'argue.

§ 7. *Droit sur les cartes à jouer.*

En France, les cartes paraissent avoir été, de tout temps, l'objet de mesures fiscales. Néanmoins les plus anciennes dispositions connues à ce sujet ne remontent qu'au règne de Henri III. La Constituante abolit ce droit, qui fut ensuite rétabli le 9 vendémiaire an VII. Les cartes sont maintenant soumises à un droit de 25 centimes par jeu à portraits français, et de 40 c. par jeu à portraits étrangers ou de formes et de dimensions différentes de celles des cartes ordinaires. En outre, leur fabrication ne peut avoir lieu que dans les chefs-lieux de direction des contributions indirectes, c'est-à-dire dans les chefs-lieux d'arrondissement. Les cartes ordinaires ne peuvent se fabriquer que sur du papier vendu par la régie d'après un tarif déterminé. La même administration fournit les as de trèfle et exige que l'on imprime dans ses bureaux, avec un outillage appartenant à chaque industriel, les douze figures de chaque jeu; mais l'enluminure de ces figures se fait, ainsi que la fabrication des points, en dehors de sa surveillance, au moyen de patrons découpés et avec des couleurs à la colle. Seulement les cartiers sont tenus de justifier de l'emploi de tout le papier qu'on leur a délivré. Enfin chaque jeu est entouré par les agents du fisc sous une bande de contrôle à timbre sec. Les cartes destinées à l'extérieur, les cartes à portraits étrangers ou celles dont la forme n'est pas usitée en France, ne sont pas soumises aux ormalités dont nous venons de parler.

SECTION III.

MONOPOLES DE L'ÉTAT.

Les monopoles exploités par le gouvernement sont nombreux et importants. Quelques-uns n'ont pas d'autre objet que de fournir des ressources au Trésor public ; ce sont de véritables impôts perçus sous cette forme. Tel est, par exemple, le monopole de la fabrication et de la vente du tabac. D'autres ont le double but de procurer des ressources au Trésor, et de donner au public, quant aux services qui en font l'objet, des garanties de sécurité. Tels sont les monopoles du transport des lettres, de la fabrication de la poudre à feu et des monnaies.

§ 1er. *Monopole du tabac.* — En général, les monopoles au profit du fisc sont l'objet de reproches mérités. Toutefois quand ils n'embrassent que des produits faciles à soustraire à la concurrence habituelle, et d'un apprêt qui, grâce à sa simplicité, n'est susceptible que de perfectionnements de peu d'importance pour le mouvement général des arts industriels, les monopoles n'entraînent pas plus d'inconvénients que d'autres systèmes de taxations, non moins compressifs, non moins contraires à l'intérêt public. Le monopole du tabac, par exemple, vu la nature du produit et l'espèce de besoins auxquels il subvient, ne fait que le mal inhérent à l'existence de tout prélèvement d'argent pour le compte de l'État, et comme il faudrait, si on le supprimait, suppléer par de nouvelles taxes ou des augmentations d'impôts anciens au vide que son absence laisserait dans les caisses, il est plus que douteux que le public se trouvât bien d'un changement qui n'amoindrirait ses charges d'un côté que pour les grossir d'un autre. Destinée à la satisfaction d'un besoin factice, et plutôt nuisible qu'utile à la santé, la consommation du tabac est des plus imposables. En effet, l'impôt n'atteint pas une substance alimentaire, c'est-à-dire une substance indispensable, ni même nécessaire à la vie ; il n'atteint pas une matière de première industrie ; il n'atteint qu'une consommation de fantaisie ; il tend à limiter une consommation dont l'excès conduit à l'atténuation des facultés intellectuelles et morales.

C'est Colbert qui créa le monopole de la *vente* du tabac en faveur des fermiers qui payaient au fisc la modique somme de 500,000 fr. Plus tard, il s'étendit à la fabrication, puis il donna lieu à la prohibition de la culture et à celle de l'entrée des tabacs étrangers en France.

Il fut aboli en 1791, malgré l'opposition de Mirabeau et les trente millions qu'il rapportait au Trésor, comme violant le principe de la liberté industrielle. Sous l'Empire, la loi du 29 décembre 1810 rétablit le monopole pour la fabrication et la vente du tabac. Le gouvernement de la Restauration s'empressa de le maintenir par la loi du 28 avril 1816. Quoiqu'il s'annonçât comme temporaire, cet impôt fut successivement prorogé par différentes lois, dont la dernière, celle du 2 juillet 1852, le proroge jusqu'en 1863. Nous croyons qu'il finira par devenir permanent, du moins tant que la consommation du tabac ne sera pas remplacée dans le monde par celle d'un autre excitant analogue plus agréable, plus hygiénique et moins cher.

L'art. 172 de la loi de 1816, qui est fondamentale en cette matière, déclare que l'achat, la fabrication et la vente du tabac continueront à se faire par l'État exclusivement. L'art. 173 prohibe l'entrée du tabac étranger en France, à moins qu'il ne soit acheté par la régie.

Le chapitre II de la même loi s'occupe de la culture du tabac et contient une série de règles prohibitives. Ainsi, pour faciliter la surveillance de l'administration, la culture du tabac n'est permise que dans quelques départements, où ceux qui veulent se livrer à cette culture doivent obtenir préalablement la permission d'une commission composée de cinq membres, savoir : le préfet, le directeur des contributions indirectes, un membre du Conseil général, un autre membre du Conseil d'arrondissement, et enfin un troisième membre du Conseil municipal.

Chaque planteur est obligé de représenter à la régie une quotité déterminée de tabac qu'il doit cultiver ; il ne pourra être déchargé de cette obligation que lorsqu'il aura fait la preuve d'un cas fortuit qui a diminué la récolte. Les constatations qui pourraient avoir lieu à cet égard, entre les planteurs et la régie, sont jugées par le Conseil de préfecture. C'est là une exception remarquable à la règle générale qui, ainsi que nous le verrons, laisse aux tribunaux, en matière de contributions indirectes, la connaissance des différends qui peuvent se présenter. La cause de cette exception vient de ce que le rôle relatif à notre monopole émane du préfet, c'est-à-dire d'une autorité administrative.

Le produit de la vente des tabacs était de 164 millions de francs en 1856.

§ 2. *Poudres à feu.* — Le gouvernement s'est encore réservé le monopole de la fabrication et la vente des poudres à feu. Le produit net de ce monopole n'est pas fort élevé et il est moins motivé, ainsi que nous l'avons dit, par l'intérêt fiscal que par des considérations de sécurité. Les débitants sont munis d'une commission spéciale de l'administration des contributions indirectes et surveillés par ses préposés (voyez les art. 222 à 225 de la loi du 28 avril 1816, et l'art. 25 de la loi du 25 juin 1841).

§ 3. *Le monopole des postes.* — Ce monopole comprend : 1° la poste aux lettres ; 2° la poste aux chevaux.

1° *La poste aux lettres.* Ce monopole de l'État est-il nécessaire ? Nous ne le croyons pas. Il est néanmoins généralement admis que ce service offre plus de sécurité, inspire plus de confiance entre les mains des agents de l'autorité publique qu'il n'en obtiendrait s'il était remis à une entreprise particulière. Toutefois, comme il n'est pas sans exemple que les gouvernements aient violé le secret des lettres, il n'est pas sûr qu'une entreprise particulière, qui ne pourrait se livrer au même abus sans encourir une répression sévère, ne pût donner au public des motifs de confiance tout au moins équivalents; en ce cas, il est probable que le service, concédé temporairement et par adjudication, s'obtiendrait à des conditions moins onéreuses, et qu'il se perfectionnerait plus rapidement qu'entre les mains des agents de l'administration.

Si le transport des dépêches est considéré comme une matière imposable, le monopole peut être invoqué comme moyen pour rendre la perception de l'impôt plus sûre, plus facile et moins coûteuse. Mais l'impôt établi sur le port de lettre ne frappe-t-il pas sur l'une des forces vives de la production? Ne tend-il pas à comprimer l'un des ressorts les plus actifs du progrès économique, sans autre avantage que la facilité de sa perception? Bien que l'impôt sur les ports de lettres ne soit pas odieux et impopulaire, comme quelques autres, il n'en est pas moins fondé, au témoignage de tous les hommes éclairés, sur une consommation de première nécessité. Chez les nations avancées en civilisation, ce monopole tend à perdre tout caractère de fiscalité et à réduire le produit des taxes qu'il perçoit au niveau des frais du service rendu. Le principe que les communications par lettres ne doivent pas donner lieu à un impôt est définitivement admis aux États-Unis.

Ce fut Sully qui le premier considéra le service des postes comme une ressource financière. Vers le milieu du xvᵉ siècle l'Université de Paris, pour faciliter les voyages des étudiants chez leurs parents pendant les vacances, créa les monopoles des messageries qu'elle conserva, comme nous l'avons dit, jusqu'au xviii° siècle, quand il fut racheté par l'État. La politique de Louis XI comprit l'utilité qu'on pouvait retirer d'un système général de monopole et établit les messagers royaux. Quelques arrêts du conseil du roi, qui réglaient ce monopole, sont encore en vigueur. L'Assemblée constituante a maintenu ce privilége. Sous le Directoire, la loi du 8 nivôse an v fixa le tarif des postes aux lettres. L'art. 14 de cette loi est encore en vigueur : il distingue les lettres ordinaires et les lettres chargées et fixe à 50 fr. l'indemnité à payer par l'État quand l'une de celles-ci viendrait à être perdue. Un arrêté très appliqué en cette matière est celui du 27 prairial an ix qui défend aux particuliers de s'immiscer, sous peine d'amende, dans le transport des lettres confiées aux agents du gouvernement. Le conseil d'État a décidé à tort, selon nous, que la prohibition s'applique non-seulement aux voituriers privés, mais encore aux simples particuliers; en effet l'art. 3 de l'arrêté de prairial parle de l'immixtion en vue de spéculation et non pas d'un port de lettre qu'une personne peut effectuer par un pur motif d'obligeance.

La loi du 20 mai 1840 détermine pour le port de lettre des taux modérés qu'il est inutile de mentionner ici.

2° *La poste aux chevaux.* — Nous avons traité cette matière quand nous nous sommes occupés de la taxe des voitures de terre.

Service des contributions indirectes. — Le service des contributions indirectes existait avant 1789, sous le nom d'*Administration des aides,* mais ses attributions et son organisation variaient presque dans chaque province. Supprimé en 1791, il fut reconstitué sous la désignation de *Régie des droits réunis* par la loi du 5 ventôse an xii, qui rétablit l'impôt sur les boissons. Un décret du 25 mars 1815 l'ap pela *Régie des contributions.* Enfin un nouveau décret en date du 28 décembre 1851 l'a réuni à la régie des douanes, sous le titre commun de *Direction générale des douanes et des contributions indirectes.* Ainsi que nous l'avons déjà vu, elle comprend trois branches distinctes : les douanes, les tabacs et les contributions indirectes.

Comme nous l'avons dit, en parlant des douanes, l'administration centrale des douanes et des contributions indirectes comprend sept divisions. A la tête de chacune de ces divisions, sauf celle du personnel, est un employé supérieur portant le titre d'administrateur. Le conseil d'administration est composé du directeur général et des administrateurs. Ces sept divisions se divisent en vingt-trois bureaux. Quant à la distribution territoriale, chaque département forme une direction à la tête de laquelle se trouve un chef de service, appelé directeur. En outre, à Paris, la perception des droits sur les boissons relève d'une direction particulière dite des *Droits d'entrée et d'octroi.* Enfin nous ferons remarquer que le chef de service de circonscriptions du littoral et de la frontière de terre sont à la fois directeurs des douanes et des contributions indirectes. — Chaque direction est divisée en *inspections,* dont le ressort se compose ordinairement d'un arrondissement et dont le titulaire est chargé de la surveillance du service, de la vérification de la comptabilité, des écritures des agents inférieurs, etc. De plus il y a généralement dans chaque arrondissement une *Recette principale,* laquelle embrasse plusieurs recettes particulières, distinguées en *sédentaires et ambulantes.* On appelle recettes sédentaires les circonscriptions où il existe séparément des agents pour la constatation des droits, c'est-à-dire pour les exercices et pour la perception. La plupart des villes sont dans ce cas; il en est même quelques-unes, telles que Lyon, Bordeaux, etc., qui

renferment plusieurs recettes. Les receveurs sédentaires
remplissent en outre, du moins en général, les fonctions de
receveurs buralistes, c'est-à-dire tiennent les bureaux où les
contribuables font les déclarations d'établissement et où se dé-
livrent les expéditions nécessaires pour le transport des boissons, la mise en circulation des voitures, etc. Dans chaque
recette sédentaire, il y a une ou plusieurs *sections d'exercice*,
formées chacune au moins d'un commis principal et d'un
simple commis. Quand les sectibns sont au nombre de plus
de deux par recette sédentaire, elles ne se composent que de
simples commis, mais alors la direction de l'exercice est
confiée à un contrôleur, et le ressort de cet exercice lui-
même prend le nom de contrôle. — Les *receveurs particuliers ambulants* ont les mêmes attributions que les receveurs sédentaires, sauf, en ce qui concerne les fonctions de
receveur buraliste, qui sont exercées par des agents spéciaux
placés sous leurs ordres. Leur circonscription comprend ordinairement plusieurs communes; aussi les divise-t-on en
receveurs à cheval et *receveurs à pied*, suivant que les dis-
tances qu'ils ont à parcourir leur rendent ou non nécessaire l'emploi d'une monture.

Le monopole des postes a rapporté à l'État en 1850 la
somme de 57,202,000 fr.

SECTION V

COMPÉTENCE ET PROCÉDURE EN MATIÈRE DE CONTRIBUTIONS INDIRECTES.

§ 1er *Compétence.* — L'art. 88 de la loi du 5 ventôse
an XII déclare qu'en principe c'est l'autorité judiciaire qui est
compétente quand il s'agit de contestations en matière de
contributions indirectes. Quand nous nous sommes occupés

des impôts directs, nous avons vu, au contraire, que ce sont les conseils de préfecture qui sont compétents d'après le droit commun. Cette différence se fonde sur une idée rationnelle, qu'il est facile de comprendre : en effet, dans le premier cas, il s'agit d'interpréter ou d'appliquer une série d'actes administratifs; la réclamation porte soit sur les erreurs de la répartition, soit sur l'assiette de l'impôt; or ces faits entrent complétement dans la sphère de l'administration. L'autorité judiciaire ne devient ici compétente que lorsque des poursuites ont été exercées contre le contribuable. Dans le second cas, au contraire, il ne s'agit pas d'actes administratifs; les questions relatives à l'assiette ou à la répartition de l'impôt ne peuvent pas se présenter pour motiver des demandes en dégrèvement : le tarif de l'impôt est établi par la loi et s'adresse directement au produit. On rentre donc alors dans le droit commun, qui reconnaît la compétence des tribunaux ordinaires. — Si la contestation porte sur le fond du droit, comme lorsqu'il s'agit de la réclamation de l'impôt, c'est la juridiction civile qui est compétente. Si une contravention a eu lieu, la compétence revient soit à la juridiction correctionnelle, soit à celle de simple police, suivant l'importance de l'amende prononcée par la loi.

C'est la régie des contributions indirectes qui a le droit de commencer les poursuites ou d'arrêter celles qui ont été commencées. Les tribunaux correctionnels ou de police doivent prononcer les amendes et les confiscations prescrites par les lois, après avoir examiné les faits qui y ont donné lieu; mais ils ne pourront en aucune manière en adoucir la rigueur, quelles que soient les considérations qui plaideraient en faveur du contrevenant et qui pourraient au moins motiver son excuse. Toutefois, comme les questions débattues entre la régie et les prévenus ne portent que sur des intérêts pécuniaires du Trésor, et non pas sur des principes supérieurs de sécurité générale et d'ordre public, la loi autorise la régie à transiger avec les contrevenants. Ces transactions, qui ont pour objet le montant des condamnations et non pas celui de l'impôt dû au Trésor, tendent, soit à modérer l'amende, soit à en faire une remise complète. Et il est très juste qu'une contravention purement fiscale ne soit pas assimilée aux délits ordinaires : les formalités compliquées qui doivent être observées en matière d'impôt sont très nombreuses et souvent ignorées par les contribuables ; en outre, les charges de l'impôt étant assez lourdes par elles-mêmes, ce serait ruiner complétement le malheureux redevable que de le forcer à subir les confiscations et à acquitter intégralement les amendes auxquelles il a été condamné.

§ 2. *Procédure.* — Le montant de l'impôt indirect doit être versé entre les mains des receveurs. Le moyen de recouvrement et d'exécution employé par la régie contre les contribuables retardataires, c'est la contrainte. La contrainte est un acte administratif délivré en vertu de la loi par l'officier compétent, qui donne l'ordre d'employer un moyen de rigueur contre le redevable (1). La contrainte est décernée par le directeur ou le receveur de la régie ; elle doit être visée et déclarée exécutoire par le juge de paix, qui ne peut refuser son visa, à peine de répondre des valeurs pour lesquelles elle est décernée. La contrainte produit l'effet d'un jugement exécutoire par provision, et permet de faire la saisie des meubles et des fruits et la saisie-arrêt, ou de prendre inscription pour acquérir hypothèque judiciaire (2).

Les contribuables peuvent faire opposition à la contrainte ; l'opposition doit être motivée et contenir assignation à jour fixe devant le tribunal de première instance de l'arrondisse-

(1) Décret du 1er germinal an XIII, art. 43.
(2) Avis du cons. d'État du 23 thermidor an XII.

ment dans lequel est situé le bureau du receveur qui l'a délivré. Le jugement en cette matière est précédé du rapport d'un juge et des conclusions du ministère public, données à l'audience ; mais il est rendu en chambre du conseil. Il n'est pas susceptible d'appel : il ne peut être attaqué par opposition quand il est rendu par défaut, ni par requête ou par recours en cassation, quand il est contradictoire.

Quand la contestation est relative aux droits de douane, l'opposition est portée devant le juge de paix qui statue en premier ressort, quelque minime que soit la somme demandée, et en dernier ressort jusqu'à 100 fr. Si la somme dépasse ce taux, le tribunal civil est juge d'appel. C'est le juge de paix qui a la juridiction civile ordinaire de premier degré en matière de douane. Le pourvoi en cassation contre ses décisions en dernier ressort n'est admis que pour cause d'excès de pouvoir (1).

Nous devons cependant observer que ces règles ne s'appliquent que lorsque la contestation entre la régie et le redevable porte sur le fond même, c'est-à-dire sur les droits établis par les lois de la matière (2), ce qui peut se présenter, par exemple, quand un individu forme opposition à une contrainte et prétend ne pas être débiteur de la régie, ou ne pas devoir toute la somme réclamée : en dehors de l'exception prévue par la loi, on procédera dans la forme et avec les recours ordinaires, lors même que la régie est en cause.

Pour faciliter et assurer la rentrée des fonds dus au Trésor, la loi reconnaît un privilége sur les meubles du redevable, en faveur des créances appartenant à l'administration des contributions indirectes. Ce privilége n'est primé que par celui des frais de justice, celui du propriétaire pour six mois de loyer, et enfin par la créance privilégiée des impôts di-

(1) Loi du 23 mai 1838, art. 15.
(2) L. du 3 vent. an XII, art. 88.

rects, en cas de concours entre ces deux espèces de contributions (1). Si les meubles du débiteur ne suffisent pas pour
satisfaire tous ses créanciers, l'expropriation d'immeubles
pourra être prononcée contre lui.

Les poursuites étant très rapides et accompagnées de
mesures rigoureuses, la loi a dû nécessairement fixer une
prescription bien courte. D'après l'arrêté du 1er germinal
an XIII, art. 50, les réclamations contre la régie sont prescrites par le délai de deux années. Ce délai fut restreint à
six mois par la loi du 28 avril 1816. Le même arrêté décide
que les droits de la régie seront proscrits dans un an à partir
de l'époque où ils étaient exigibles.

<h2 style="text-align:center">SECTION VI.</h2>

OCTROIS.

§ 1. *Notions économiques.* — On donne le nom d'octroi
aux taxes établies sur les consommations dans les villes et
dans les bourgs, pour les besoins de l'administration communale. Cet impôt procure principalement les moyens de
pourvoir aux dépenses des hospices et à l'entretien des villes.
L'octroi présente en général les mêmes avantages et les
mêmes inconvénients que les contributions indirectes.
On peut dire en sa faveur que son poids se fait peu sentir
par cela même que la taxe se confond avec le prix des choses
qu'elle grève et des jouissances sur lesquelles elle prélève son
tribut. On peut ajouter que le produit de ces taxes s'élève,
par une heureuse élasticité, avec l'accroissement de la prospérité générale. Enfin, il est à remarquer que beaucoup de
personnes étrangères aux localités frappées par les impôts de
consommation, s'en trouvent indirectement et accidentelle-

(1) Avis du cons. d'État, 28 juillet 1830.

ment atteintes, à l'occasion, soit de leur résidence temporaire, soit même de leur passage dans le rayon de l'octroi, ce
qui allége d'autant la charge des domiciliés.

Les inconvénients qui accompagnent cette espèce d'impôt
peuvent se résumer dans les deux considérations suivantes :
en premier lieu, le résultat des taxes sur la consommation
équivaut à une sorte de capitation qui tient peu de compte
de la fortune du contribuable. En second lieu, les frais de
perception sont aussi infiniment plus considérables pour les
taxes de cette nature que pour les impôts directs. Les dépenses pour la perception des droits d'octroi sont généralement évaluées, en moyenne, à 10 p. 0/0 du produit brut.

Quant à l'effet produit par les octrois, il a été souvent
comparé à celui d'autant de petites douanes intérieures,
changeant dans chaque ville les conditions de l'existence
matérielle, et pouvant par cela même influer assez considérablement sur celles du travail industriel, non moins que
sur la direction de l'agriculture, plus ou moins favorisée,
dans l'écoulement de ses produits, par la combinaison des
tarifs d'octroi.

§ 2. *Notions historiques et étude de la législation.* —
L'origine de l'octroi se trouve dans l'établissement des contributions communales qui date de l'émancipation des communes, au xii° siècle. Pour combattre efficacement la féodalité, la politique royale favorisait et encourageait cette
grande révolution communale et fit prévaloir la maxime que
toute ville nouvelle qui se déclarait commune relevait directement du roi. Le nom d'octroi dérive d'un mot de la basse latinité (1), il indiquait dans l'ancien langage français une
concession de l'autorité souveraine. Il a été employé dans
le sens qui nous occupe par suite de la formule adoptée
dans les édits qui autorisèrent primitivement, pour les com-

(1) *Ottorium, licentia rosallo data,* dit Ducange.

munes, des impôts de consommation auxquels le fisc royal s'associait souvent par un prélèvement variable. On a vu de nos jours se reproduire quelque chose d'analogue à cette participation de l'État aux bénéfices de l'impôt local. Ce fut le prélèvement du dixième du produit net des octrois au profit du Trésor public, prélèvement établi vers le commencement de ce siècle, en remplacement de l'obligation imposée antérieurement aux villes de fournir le pain de soupe aux troupes (1), et supprimé ré mment dans l'intérêt des consommateurs par le   atif à la fixation du budget de l'exercice de 1852.

Il existait, en 1789, des droits d'aides et d'octrois dans diverses villes. Suivant le système de priviléges alors en vigueur, beaucoup de personnes étaient exemptes de ces taxes. Un décret de l'Assemblée constituante du 17 février 1791 ordonna la suppression de tous les impôts perçus à l'entrée des villes. Les octrois disparurent pour un certain temps. En l'an vii cependant, une loi du 27 vendémiaire rétablit pour la capitale un octroi dit *municipal et de bienfaisance*. La détresse des hospices civils de la commune de Paris, l'interruption de la distribution à domicile, circonstances indiquées dans les motifs de la loi, expliquent cette dénomination nouvelle. La loi du 11 frimaire an vii généralisa quelques règles relatives à l'établissement de taxes indirectes et locales qu'il fut permis d'instituer, à défaut de recettes ordinaires, dans les communes formant à elles seules un canton ou considérées comme telles.

Une foule de lois ont réglé cette matière. La partie la

(1) La possession d'une garnison est devenue, depuis le décret du 23 avril 1810, la source d'une autre obligation spéciale pour les communes qui perçoivent des droits d'octroi. En compensation de l'impôt levé indirectement sur la nourriture des troupes, ces communes sont chargées des dépenses du casernement et des lits militaires, dépenses dont le maximum ne peut en aucun cas s'élever au-dessus de 7 fr. par an pour chaque homme et de 3 fr. par cheval.

plus mobile de ces dispositions a été celle qui est relative au mode d'administration des octrois. Abandonnée sans réserve, dans l'origine, aux autorités locales, cette administration fut placée, en 1809, sous la protection du principe de la centralisation, et même entièrement confiée, par le décret impérial du 8 février 1812, à la régie des contributions indirectes. Cette mesure produisit la suppression de nombreux abus tolérés par la faiblesse et le défaut d'intelligence des autorités locales, mais elle priva en même temps les villes du droit de régler elles-mêmes les taxes locales, ce qui souleva de grands mécontentements. Sous la Restauration, la loi du 28 avril 1816 crut devoir relâcher les liens étroits qui existaient entre le service des octrois et l'administration générale des finances, et rendit aux communes leurs anciens droits, tout en y apportant cependant de graves modifications.

Voici les principales dispositions de la loi de 1816 :

1° L'art. 147 de ladite loi n'a pas maintenu les restrictions prévues par le décret de 1809 et l'ordonnance de 1814 qui, dans l'intérêt des consommateurs, apportaient certaines limites à la désignation faite par les conseils municipaux des objets soumis aux droits d'octroi (1). La Cour de cassation a même décidé, le 18 juillet 1834, qu'un conseil municipal avait rigoureusement le droit d'imposer les farines. Mais le droit des conseils municipaux est toujours subordonné aux restrictions que le gouvernement et le conseil d'État croient devoir apporter aux propositions de l'administration locale, et qui ont eu assez souvent pour résultat de protéger contre une taxation injuste ou inopportune les den-

---

(1) L'ordon, de 1814, en classant les matières imposables en cinq catégories conservées depuis (1° boissons et liqueurs; 2° comestibles; 3° combustibles; 4° fourrages; 5° matériaux), excluant de la deuxième catégorie, par son article 16, les grains et farines, fruits, beurre, lait, légumes et autres menues denrées.

rées et combustibles destinés spécialement à l'usage des indigents.

2° La législation des octrois présente une tendance marquée vers la restriction des droits sur les boissons, déjà frappées d'une taxe au profit du Trésor public. Ainsi l'art. 149 de la loi de 1816 décide que les droits d'octroi ne pourraient, à l'avenir, excéder les droits *d'entrée* dans les villes. La loi du 11 juin 1842, reprenant le même principe avec plus de force, a statué qu'il ne pourrait y être dérogé que par une loi. Enfin, le décret de 1852 déclare que les taxes d'octroi, supérieures aux droits d'entrée, seront réduites à un taux égal dans un délai de trois ans, à partir du 1er janvier 1853.

Les communes dont la population est inférieure à 4,000 âmes ne sont pas assujetties, ainsi que nous l'avons dit, aux droits d'entrée, mais elles doivent payer le droit d'octroi. C'est là une différence remarquable qui distingue ces deux espèces de contributions.

Établissement et suppression des octrois. — Ce sont les conseils municipaux qui ont l'initiative des délibérations relatives à l'établissement de l'octroi. Toutefois, si les ressources de la commune sont inférieures aux dépenses, le préfet peut provoquer des délibérations, qui sont ensuite approuvées par un décret impérial, le conseil d'État entendu. On voit ici encore une différence entre l'octroi établi par un acte du gouvernement et le droit d'entrée voté par une loi. La loi accorde au pouvoir exécutif la faculté exorbitante d'établir d'office et par décret le droit d'octroi, lorsque le conseil municipal ne voudrait pas, par une considération quelconque, procéder aux délibérations dont nous avons parlé. — Les mêmes règles devront être observées pour la suppression des octrois.

Administration des octrois. — La loi de 1816 reconnaît quatre modes d'administration et de perception : la régie simple, la régie intéressée, la mise à ferme et l'abonnement avec l'administration des contributions indirectes.

1° Dans la *régie simple*, la perception des droits d'octroi se fait sous la surveillance de l'administration municipale, c'est-à-dire du maire, par le préposé en chef de l'octroi, qui était nommé par le ministre des finances sur la présentation du maire, et qui l'est aujourd'hui par le préfet sur la même présentation. Le conseil municipal arrête les règlements et fixe les frais de perception, qui ne doivent pas dépasser 12 0/0. Les maires, sans être garants ni comptables, exercent une surveillance directe sur le service général. Ils ont le droit de décider toutes les questions non judiciaires, de transiger sur les procès-verbaux et même d'autoriser la décharge des droits. Ce mode de perception est vraiment municipal, car la commune en tire tous les profits.

2° *La régie intéressée* consiste à traiter avec un régisseur qui s'oblige à partager avec la commune les bénéfices effectués. Le régisseur a le droit de nommer les employés nécessaires. Presque la moitié des octrois qui existent emploient ce mode de gestion, parce qu'il offre l'avantage de dispenser les maires des soins nombreux qu'exige l'administration de la régie simple.

3° *La mise à ferme* est l'adjudication des produits de l'octroi, sur un cahier des charges, moyennant un prix déterminé par les enchères, sans partage ni allocation des frais. Les employés sont nommés par le fermier, avec l'approbation du préfet. Tous les produits sont pour le fermier, sauf le paiement du prix convenu. Mais il ne peut céder son droit à un tiers sans le consentement de la commune.

4° *L'abonnement* avec l'administration des contributions indirectes est une convention entre cette administration, qui s'oblige à percevoir les droits d'octroi et à les verser dans la caisse municipale, et la ville qui, de son côté, s'engage à lui rembourser les frais de perception, après le compte qui lui sera rendu. Les maires, déchargés de l'administration, conservent la juridiction gracieuse sur les auteurs des contraventions commises.

En principe, nul ne peut prétendre à l'affranchissement des droits d'octroi, excepté ceux qui voyagent à pied ou à cheval, ou dans des voitures particulières. Les conducteurs doivent faire la déclaration des objets avant leur introduction, ou montrer un acquit à caution. La saisie des objets introduits en fraude n'entraîne pas leur confiscation, comme en matière d'impôts indirects, mais ils seront mis en vente si, dans les six jours, le propriétaire ne se présente pas pour payer l'amende.

La jurisprudence habituelle du conseil d'État exclut des tarifs d'octroi les objets qui ne paraissent pas devoir servir à la consommation locale, ce qui comprend non-seulement les matières admises au bénéfice de l'entrepôt, et les combustibles employés à la fabrication des objets de commerce général, mais encore les objets qui semblent, d'après les circonstances locales, devoir plutôt entrer dans les exportations que dans les consommations intérieures.

Sont encore exemptés du paiement des droits, en vertu d'ordonnance ou décision ministérielle : 1° les consommations faites à bord des bâtiments de l'État ; 2° les matières servant à la fabrication des poudres ; 3° les papiers imprimés du gouvernement ; 4° les médicaments et les morues.

Il importe de respecter, dans l'établissement des octrois, la liberté de la concurrence, et en conséquence les objets fabriqués ou récoltés dans l'intérieur de la commune doivent être en général soumis à la même taxe que les objets venant du dehors.

Nous avons vu, en nous occupant de l'impôt personnel et mobilier, les inconvénients qui résultent de la faculté accordée aux communes de convertir en droits d'octroi tout ou partie du contingent de la taxe personnelle et mobilière.

Le produit annuel des octrois, dans les 1,420 villes où ils sont établis, Paris excepté, est, en moyenne, de 48 millions, c'est-à-dire du tiers à peu près du revenu total des communes. L'octroi de Paris produit à lui seul environ 27 millions.

La compétence en matière d'octroi. — Pour examiner quelle est l'autorité qui doit statuer sur les difficultés qui peuvent se présenter en matière d'octroi, il faut distinguer si elles sont relatives aux rapports existant entre la ville et les redevables, ou entre la ville et le régisseur.

1° Si des contestations s'élèvent entre les redevables et la commune, on comprend facilement que la compétence appartient à l'autorité judiciaire, car il s'agit d'un impôt indirect, et nous savons qu'en cette matière c'est elle qui est juge du droit commun.

2° Quand, au contraire, des difficultés se présentent entre la commune et les *régisseurs*, l'art. 136 du décret de 1809 déclare que c'est l'autorité administrative qui doit prononcer, car il ne s'agit pas ici du fermage des biens d'un simple particulier, mais de la mise à ferme d'un impôt établi au profit d'une ville ; seulement notre article déroge à la règle que le préfet n'est qu'un simple administrateur, tandis que le conseil de préfecture est le véritable juge administratif ; en effet, quant aux contestations qui pourraient s'élever dans notre cas, le décret décide que c'est le préfet qui statuera en conseil de préfecture.

Il en est de même, ajoute le décret, des autres contestations qui auraient lieu entre les *fermiers* et la commune : l'autorité administrative est compétente pour statuer sur le *sens des clauses des baux ;* pour toute autre contestation, ce sont les tribunaux ordinaires qui sont compétents. Mais quelles sont ces autres contestations? Comment les distinguer de celles relatives aux sens des clauses stipulées dans le contrat de bail?

Pour la solution de cette question vivement débattue, deux systèmes ont été présentés.

1er *système*. — Toutes les fois qu'il y a une contestation entre un fermier et la commune, elle porte notamment sur le sens des clauses du bail, par conséquent c'est l'autorité administrative qui doit statuer. Quel serait, d'ailleurs, le motif de la distinction entre un fermier et un régisseur? Si c'est le régisseur qui est en cause, tout le monde convient que la compétence appartient à l'administration, pourquoi n'en serait-il pas de même quand le procès s'élève entre le fermier et la ville?

2e *système*. — On a tort de mettre sur la même ligne deux cas qui sont bien différents. Les rédacteurs du décret ont, en effet, soigneusement distingué la compétence de droit commun appartenant aux tribunaux ordinaires et la compétence exceptionnelle revenant à l'administration. Cette distinction peut parfaitement s'expliquer : en cas de régie intéressée, les bénéfices, étant également répartis entre la ville et le régisseur, il y a là une série d'opérations administratives qui justifient la compétence de l'autorité administrative; rien de semblable ne se présente, au contraire, quand il s'agit d'une mise à ferme. Pourquoi donc ne pas appliquer alors, d'après le droit commun, la compétence judiciaire? La question d'interprétation du bail est préjudicielle et pourra être vidée par l'administration. Ainsi, en supposant que le fermier s'entende avec la commune sur le sens de toutes les clauses du bail, et que le débat ne porte que sur le chiffre de la somme qui doit être payée à la ville, c'est au tribunal à en fixer le montant.

Ce système, qui nous paraît plus rationnel, est consacré

par plusieurs arrêts du conseil d'Etat et de la Cour de cassation.

CHAPITRE IV.

ENREGISTREMENT.

Le droit d'enregistrement est un impôt qui se perçoit au profit du trésor public sur les mutations de propriété et sur les actes, en raison de la relation qui se fait des unes et des autres sur un registre à ce destiné.

Notions économiques. — Considéré comme taxe assise sur les mutations par voie de succession et de donation, l'enregistrement a pour effet d'attribuer à l'Etat une portion plus ou moins grande de la valeur des choses léguées, données ou transmises à titre successif. C'est le plus direct des impôts, car il est impossible à ceux qui l'acquittent d'en rejeter la moindre partie sur des tiers. Envisagé dans ses conséquences économiques, il n'a rien qui soit particulièrement regrettable. Ce n'est qu'un accroissement à la fortune déjà acquise qui en est passible; il ne fait qu'atténuer l'avantage attaché à l'entrée en possession d'un surcroît de richesse et ne vient peser en aucune manière ni sur l'industrie ni sur la situation de ceux qui l'acquittent.

Un point essentiel toutefois, c'est que l'impôt ne devrait être exigible qu'avec des délais calculés de manière à ce qu'il puisse être versé tout entier au moyen de revenus fournis par les propriétés données ou transmises. Dans ce cas, l'impôt ne soumet les redevables qu'à des retards d'entrée en jouissance, et il leur est facile de l'acquitter sans embarras et sans gêne. Toutes les fois, au contraire, que l'État ne leur laisse pas assez de temps pour se libérer, il les contraint soit à contracter des emprunts onéreux, soit même à aliéner des

portions de l'héritage, et par là à en détériorer fréquemment
la valeur.

Un inconvénient grave des droits de succession, c'est
l'extrême difficulté d'évaluer, pour en établir le montant, le
chiffre exact des engagements dont peuvent être grevées les
propriétés transmises. La législation française a pris le parti
de régler la somme due à l'Etat d'après la valeur vénale
des biens et sans tenir compte des charges qui en atténuent
le produit et le prix réel. Un tel système, adopté afin de prévenir les abus qu'entraînerait l'usage du dégrèvement pour
cause de dettes afférentes aux biens dont se composent les
héritages, a le tort considérable de répartir l'impôt très
inégalement. Ceux qui héritent de possessions sur lesquelles
pèsent des créances appartenant à des tiers paient, proportionnellement à la valeur qui leur tombe en partage, plus
que ceux qui héritent de possessions libres de toute hypothèque. Il est impossible de concilier cette manière d'opérer
avec les règles de l'équité.

Considéré comme impôt frappant les transmissions à titre
onéreux, l'enregistrement consiste dans un prélèvement
opéré au profit du fisc sur la valeur des propriétés foncières
vendues ou échangées, ainsi que sur les valeurs immobilières
mentionnées dans les actes souscrits entre particuliers, et
portant à divers titres obligation de paiement.

L'impôt sur les mutations dont la propriété foncière est
l'objet n'est direct qu'en apparence. C'est bien l'acheteur
qui en acquitte le montant, mais, en réalité, c'est sur le vendeur qu'il retombe. La raison en est simple : tout acheteur
calcule ce que lui rapportera le capital qu'il place en maisons ou en terres, il met en ligne de compte le chiffre des
droits à payer en cas d'acquisition, et réduit proportionnellement le prix qu'il consent au profit du vendeur.

Il est essentiel, toutefois, que les taxes sur les mutations

ne soient jamais excessives. Les mutations à titre onéreux
ont pour effet habituel de faire passer la propriété des mains
qui la détiennent à des mains plus aptes à la faire fructifier,
et cet effet cesse de se produire dans l'étendue désirable
toutes les fois que la taxe des droits affaiblit trop le prix que
les vendeurs obtiennent. Dans ce cas, ceux-ci, faute de pouvoir, à raison de la forte part que l'État s'est adjugée,
réaliser, en échange de leurs biens, un capital suffisamment
productif, n'aliènent que sous l, pression de la nécessité. Or,
c'est une des conditions principales de la richesse agricole
que la facilité des mutations, et tout ce qui l'entrave ou
l'empêche nuit fortement à l'un des intérêts les plus considérables de la société entière.

De même, il y aurait de fâcheux inconvénients de .op
charger les transmissions de valeurs mobilières. Outre la
gêne qu'ils apportent à des transactions indispensables à
l'activité des affaires commerciales, les droits, quand ils
sont exagérés, ne manquent pas de donner naissance à des
dissimulations et à des fraudes, non moins préjudiciables à
la morale publique qu'aux intérêts financiers de l'État.

§ *Notions historiques.* — Le droit d'enregistrement remonte à une époque très reculée : il tire son origine des profits dus aux seigneurs féodaux pour les transmissions qui
s'opéraient dans leurs fiefs et leurs censives. Lorsque le
vassal aliénait son fief à titre onéreux, un droit de *quint*
(cinquième) était dû au seigneur ; si la mutation se faisait à
titre successoral, le droit qu'il devait payer s'appelait droit
de *relief.* Lorsqu'il s'agissait d'une censive, son aliénation
à titre onéreux donnait lieu aux droits de *lods et ventes,*
perçus au profit du seigneur, et sa transmission par succession au droit de *rachat.* Les biens libres, *francs alleux,*
c'est-à-dire ceux qui avaient échappé à l'inféodation, ne donnaient pas ouverture, à raison des transmissions dont ils
étaient l'objet, à des profits seigneuriaux.

La royauté ayant réussi, après de grandes luttes contre la féodalité, à ressaisir l'autorité perdue, ne manqua pas d'établir à son profit des droits très étendus, tels que les droits de *contrôle*, d'*insinuation* et le *centième denier*. Les formalités du contrôle et de l'insinuation, qui donnaient lieu à un salaire appelé droit d'actes, consistaient l'une et l'autre dans un enregistrement qui relatait la substance des actes ; mais elles n'avaient ni la même origine ni le même objet.

Le *contrôle*, établi par un édit de Blois, de Henri III, en juin 1581, pour les actes des notaires, et par des édits postérieurs pour les actes sous seing privé et pour les exploits, avait pour but de garantir les intérêts des familles, en assurant la date et l'existence des actes ; un acte n'avait de force obligatoire qu'après avoir été contrôlé.

L'*insinuation*, instituée par une ordonnance de François I", se proposait de rendre publiques les donations entre-vifs ; plus tard elle fut étendue aux testaments, codiciles, etc.

Le *centième denier* était un droit de 1 p. 100 perçu sur la mutation de propriété et d'usufruit des biens immeubles tenus soit du roi, soit des seigneurs. Il fut étendu aux biens de franc-alleu par une déclaration du 19 juillet 1704.

De graves difficultés et des abus criants résultèrent de la multiplicité de ces impôts. La Cour des aides, dans des remontrances faites au roi en 1775, disait que les droits de contrôle, d'insinuation et du centième denier étaient établis par des lois si obscures et si incomplètes, que celui qui payait ne pouvait jamais savoir ce qu'il devait, et que le fermier ne le savait pas mieux, de sorte que la perception des droits était livrée à l'arbitraire.

L'Assemblée constituante, respectant les droits qui résultaient des anciens contrats, maintint au profit des ex-seigneurs les droits de lods et ventes, mais en autorisa le rachat. Elle abolit les droits de contrôle, d'insinuation et le centième denier, et leur substitua le *droit d'enregistrement*, comprenant le droit d'acte et les droits de mutation. La Convention supprima toutes les redevances qui résultaient des droits féodaux et qui avaient été respectées par les assemblées précédentes. Elle ordonna, en outre, que les titres féodaux seraient brûlés sur la place publique.

Conçue dans une pensée de réaction contre les anciens abus, la loi du 15 décembre 1790 se ressentit des idées prédominantes de l'époque : elle se montra trop confiante dans la loyauté des citoyens. Les mutations secrètes n'étaient soumises à aucune investigation, et les actes sous seing privé, mentionnés dans d'autres actes n'étaient assujettis à l'impôt qu'au moment de leur présentation à l'enregistrement. Cet état de choses ouvrit une trop large porte à la fraude, et les recettes du Trésor furent considérablement diminuées. D'autres lois tentèrent de remédier à ces inconvénients, mais leurs dispositions n'étaient pas en harmonie avec les dispositions qui avaient présidé à la rédaction de la loi de 1790. Pour éviter de retomber dans la confusion, on jugea nécessaire de refondre la législation, et la loi du 22 frimaire an VII, suivie de celle du 27 ventôse an IX, offrit un code complet sur la matière. Plusieurs lois subséquentes ont apporté quelques changements au tarif, mais sans modifier d'une manière notable les bases de la perception.

Le droit d'enregistrement, à la différence de tout autre impôt, touche presque à toutes les matières du droit civil. En effet, comme la transmission de propriété, la naissance et l'extinction des obligations procèdent de causes nombreuses qui ont paru au législateur devoir donner lieu à la perception de droits différents, suivant qu'elles sont plus ou moins favorable, à titre gratuit ou à titre onéreux, il en résulte que la science de l'enregistrement suppose nécessairement toute la science d'un jurisconsulte ; il faut pour chaque acte soumis à l'impôt que le préposé connaisse les éléments constitutifs des contrats, afin de discerner si les parties, par erreur ou par fraude, n'ont pas dissimulé le véritable nom de leur transaction. D'Aguesseau, Dumoulin et d'autres jurisconsultes remarquables du droit coutumier ont posé les bases de l'enregistrement et s'en sont successivement occupés. Plus de 2,500 arrêts de la Cour de cassation, rendus sur des points aussi difficiles que délicats, attestent l'importance de la matière.

Les droits d'enregistrement, de greffe et d'hypothèque étaient portés sur le budget voté pour l'exercice 1850 à la somme de 259 millions.

SECTION PREMIÈRE.

OBJET DU DROIT D'ENREGISTREMENT.

Le droit d'enregistrement consiste, comme nous l'avons dit, dans la relation d'un acte civil ou judiciaire, ou d'une mutation de propriété sur un registre à ce destiné, moyennant le paiement d'un droit.

La formalité de l'enregistrement a un double caractère ou plutôt un double objet : 1° C'est d'abord un service public dans l'intérêt des citoyens et de la société en général ; 2° elle constitue un impôt dans l'intérêt de l'État.

§ 1. *Service public.* — Considéré comme service public, l'enregistrement produit des effets importants, suivant la nature des actes auxquels il est destiné à être appliqué :

1° *Actes sous seing privé.* — L'enregistrement leur donne date certaine et assure leur existence. Indépendamment de l'enregistrement, les actes sous seing privé acquièrent date certaine soit par la mort d'un signataire, soit par leur relation dans un acte authentique (Cod. Nap. art. 1328) ; mais il ne s'ensuit pas qu'ils soient exemptés, dans ces deux cas, de la formalité dont nous nous occupons, car l'enregistrement a pour but un impôt autant qu'un service public.

2° *Actes notariés.* — La loi de 1790 assurait l'existence et constatait la date des actes des notaires. S'il s'était écoulé dix jours de sa date, l'acte devant notaire ne pouvait valoir que comme acte sous seing privé. La loi du 22 frimaire an VII avait gardé le silence sur ce point, mais celle du 21 ventose an XI, déclare formellement que les officiers publics donnent date certaine aux actes publics qu'ils sont chargés de rédiger. L'enregistrement par rapport aux actes des notaires ne peut être considéré que comme mesure fiscale et comme complétant leur existence.

3° *Exploits et procès-verbaux.* — Au terme de l'art. 34 de la loi de l'an VII, l'exploit ou le procès-verbal non enregistré dans le délai prescrit est nul, et le contrevenant est responsable envers la partie.

4° *Jugements.* — Les jugements étant prononcés par des magistrats et écrits par un greffier ayant tous titre d'officiers publics, sont des actes authentiques, et ont par conséquent date certaine par eux-mêmes. L'enregistrement ne fait qu'assurer leur existence.

§ 2. *Impôt au profit de l'État.* — Considérés comme impôt, les droits d'enregistrement sont divisés par la loi de frimaire en deux grandes classes : les uns sont *fixes*, et par conséquent invariables, quelle que soit l'importance de l'acte ; les autres sont *proportionnels*, c'est-à-dire variant en raison des valeurs sur lesquelles ils sont assis. Cette division fondamentale se trouve dans les art. 4 et 5 de la loi de l'an VII dont les art. 68 et 69 établissent, le premier un tarif spécial et invariable pour chaque catégorie d'actes, et le second un tarif qui change, non-seulement suivant l'importance de la valeur imposée, mais encore, ainsi que nous le verrons, suivant la nature des choses transmises, le degré de parenté et l'espèce de libéralité.

Le droit fixe s'applique aux actes soit civils, soit judiciaires, ou extra-judiciaires qui ne contiennent ni obligation, ni libération, ni condamnation, collocation ou liquidation de sommes et valeurs, ni transmission de propriété, d'usufruit ou de jouissance de biens meubles ou immeubles (1). Ces actes, en effet, n'ont pas pour objet immédiat des valeurs qui puissent servir de bases à l'impôt : tels sont les actes de notoriété, les certificats de vie, les mandats, les acceptations et les répudiations de communauté, de legs ou de succession, et, en général, tous les actes qui, énumérés par l'article 68 de la loi, présentent un caractère purement *déclaratif*.

Le droit proportionnel est établi pour les obligations, libérations, condamnations, collocations ou liquidations de sommes et valeurs, et pour toute transmission de propriété d'usufruit ou de jouissance de biens meubles et immeubles, soit entre-vifs, soit par décès ; il est assis sur les valeurs (2). Ainsi tout fait ou toute convention qui a pour objet immédiat des valeurs ou des choses susceptibles d'évaluation est passible du droit proportionnel : tels sont les prêts d'argent, les ventes, les marchés, et, en général, tout fait *translatif* de propriété ou de droits analogues dont le tarif est déterminé par l'art. 69 de la loi de l'an VII.

Il y a deux espèces de droits fixes : les uns ont un taux invariable et s'appliquent aux actes qui n'ont pas été spécialement prévus par ce tarif de la loi et qui s'appellent, à cause de cette circonstance, actes *innomés* ; les autres ont un taux variant suivant les différentes catégories d'actes mentionnés

(1) Art. 3 de la loi de frimaire.
(2) Art. 4 de la loi de frimaire.

par la loi, et qui s'appellent actes *dénomés* ou *tarifés*.

Quant aux droits proportionnels, aucun droit ne peut être perçu qu'en vertu d'un acte ou d'une mutation expressément *dénomés* par la loi. Mais les tarifs établis par une loi doivent-ils s'appliquer même aux actes antérieurs à sa promulgation ? Assurément on devrait répondre négativement à cette question, si on ne consultait que la justice et la raison. Le principe fondamental de la non-rétroactivité de la loi, violé sous l'ancien régime, fut reconnu et proclamé par la loi de l'an VII, qui déclara que les lois antérieures continueront à être exécutées à l'égard des actes faits et des mutations par décès effectués avant sa propre promulgation. Plus tard, méconnue par la loi de l'an IX, la maxime dont nous venons de parler ne fut consacrée qu'en partie par le législateur du 28 avril 1816. La nouvelle loi fut, en effet, applicable même aux *actes* antérieurs, mais, d'un autre côté, elle ne régissait que les *mutations* à venir. Le législateur aurait mieux fait de revenir entièrement au principe équitable de non-rétroactivité, que de chercher à transiger avec les principes.

La perception du droit proportionnel suit les sommes et valeurs de 20 fr. en 20 fr. inclusivement et sans fractions, c'est-à-dire que la somme qui sert de base à la liquidation du droit doit être un multiple de 20. Si la somme exprimée dans un acte excède un multiple, d'une quantité si faible qu'elle soit, elle doit être portée fictivement au multiple supérieur. Ainsi, le droit exigible à raison d'une vente dont le prix est de 140 fr. et un centime, doit être perçu sur 160 fr. Il ne peut être perçu moins de 25 centimes pour l'enregistrement des actes et mutations qui ne produiraient pas 25 cent. de droit proportionnel (1).

On voit, d'après la distinction que nous avons faite, que

(1) L. 27 ventôse an IX, art. 3, 4.

le droit fixe s'applique aux actes, tandis que le droit proportionnel, au contraire, est établi pour le fait lui-même. Cette
différence motive la distinction des droits d'acte et des droits
de mutation, parce qu'elle s'attache au fait, indépendamment de l'acte destiné à le constater. A la vérité, ce n'est
que pour les transmissions entre-vifs de biens immeubles en
propriété, usufruit ou jouissance, et pour les mutations par
décès, pour toute espèce de biens, que la loi autorise la perception du droit proportionnel, lors même qu'il n'existe pas
d'acte qui le constate. Mais cette circonstance ne change pas
la nature des droits : à l'égard du droit fixe, l'acte est la
matière imposable; relativement au droit proportionnel, au
contraire, l'acte n'est qu'un moyen de preuve que la loi permet de suppléer, en ce qui concerne les mutations immobilières, par des preuves d'une autre nature ou par des présomptions déterminées. En effet, l'inscription du nom du nouveau
propriétaire ou usufruitier au rôle de la contribution foncière,
si cette indication est corroborée par des paiements qu'il a
faits d'après le rôle, les baux qu'il a passés et, en général,
tous les actes et toutes les transactions constatant sa propriété ou son usufruit, font présumer légalement la mutation,
et permettent à l'administration d'exiger le droit proportionnel. Il résulte néanmoins de ces faits que des présomptions
contre lesquelles de simples allégations seraient insuffisantes,
mais qui ne résisteraient pas à la preuve contraire. A défaut
d'actes, les parties doivent y suppléer par des déclarations
détaillées sur les registres de l'administration.

Observons d'ailleurs que ces sages dispositions, qui, en
frappant des droits proportionnels même les conventions
verbales, ont pour but d'empêcher les mutations secrètes ne
furent prescrites que par la loi du 27 ventôse an IX. En effet,
o législateur de 1790, confiant dans la probité des citoyens
n'avait soumis à l'impôt que les actes et mutations par décès;

il n'avait pas recherché les mutations secrètes, ce qui avait causé une perte considérable pour le trésor.

L'art. 10 de la loi de frimaire déclare que le paiement du droit auquel une convention est assujettie par la loi, affranchit toutes les obligations corrélatives qui constituent le contrat et toutes les dispositions qui n'en sont que les conséquences: ainsi le droit auquel est tarifée la vente s'ap-plique : 1° à l'obligation de livrer la chose vendue; 2° à l'obligation de payer le prix; d'ou il suit que l'obligation ou la quittance du prix n'est pas passible, indépendamment du droit perçu pour la transmission, du droit établi pour les obligations et pour les libérations. De même l'acte contenant quittance du montant d'une obligation et mainlevée de l'inscription hypothécaire prise pour en assurer le paie-ment, ne donne ouverture qu'au droit de la disposition principale. Mais lorsqu'un acte renferme plusieurs disposi-tions indépendantes ou ne dérivant pas nécessairement les unes des autres, il est dû, pour chacune d'elles, et selon son espèce, un droit particulier, quand même elles concerne-raient les mêmes parties. Ainsi l'acte par lequel une personne vend une chose et donne à l'acquéreur pouvoir de gérer ses affaires, renferme deux dispositions indépendantes, savoir: une vente et une procuration; l'acte portant vente d'une chose quelconque, et donation par le vendeur à l'acquéreur du prix stipulé, contient deux dispositions qui ne sont pas indépendantes mais, qui ne dérivent pas nécessairement l'une de l'autre; le premier acte est passible d'un droit propor-tionnel pour la vente et d'un droit fixe pour le mandat; le second, des deux droits proportionnels, l'une de vente l'autre de donation.

On ne peut diviser la perception de différents droits exigibles, à raison d'un acte, c'est-à-dire que les droits de toutes les dispositions doivent être acquités au moment où l'acte reçoit la formalité.

Pour mieux comprendre cette théorie, donnons encore quelques exemples. Ainsi, d'après l'art. 472 du code Nap., tout traité intervenu entre le tuteur et le mineur n'est valable que s'il a été précédé, dans les dix jours, d'un *récépissé* de l'ayant-compte, constatant la reddition des comptes de tutelle et la remise des pièces justificatives. Si on recherche l'esprit de cette disposition, on voit facilement que le récépissé dont parle notre article est nécessairement un acte dépendant du traité relatif à la tutelle; ces deux actes ne donnent par conséquent lieu qu'à la perception du seul droit. Il en est de même de la disposition de l'art. 918 du Code Nap., qui statue que la valeur en pleine propriété des biens aliénés, soit à charge de rente viagère, soit à fonds perdus à l'un des successibles en ligne directe, sera imputé sur la portion disponible, et que l'excédant sera reporté à la masse. Cette imputation et cette réduction, ajoute l'article, ne pourront être demandées par ceux des autres successibles en ligne directe qui auraient *consenti* à ces aliénations. Ici encore il est évident que l'acte portant ce consentement n'est que l'accessoire de celui qui contient l'aliénation et qui a pour but de faire cachée sous une vente apparente une donation réelle. Enfin nous donnerons la même décision à l'égard de l'art. 1431, en suivant un remarquable avis du Conseil d'État du 27 juin 1832.

SECTION II.

DES VALEURS SUR LESQUELLES LE DROIT PROPORTIONNEL EST ASSIS ET DE L'EXPERTISE.

La loi a admis, selon la nature du contrat, deux bases pour la liquidation du droit proportionnel : dans certains cas, le capital réel; dans d'autres, un capital fictif formé d'après le revenu locatif. Cette double assiette de l'impôt a été empruntée aux droits seigneuriaux ; les lods de ventes, dus pour les aliénations à titre onéreux, consistaient dans une partie du prix ; le droit de relief applicable aux échanges et aux aliénations à titre gratuit, était l'attribution au seigneur du revenu du fief pendant une année. Dans le système actuel, le droit des ventes est perçu sur le prix, celui des échanges des biens immeubles et des mutations à titre gratuit, soit entre-vifs, soit par décès, de biens de même nature, se liquide sur le revenu multiplié par 20 ou par 10, selon qu'il s'agit de la pleine propriété ou de l'usufruit.

Que décider s'il s'agit d'un échange avec soulte ? Nous croyons que le meilleur système est celui qui considère un pareil acte comme une opération mixte, comprenant une vente jusqu'à concurrence du montant de la soulte et un échange proprement dit pour le reste. Dans ce cas, on devra percevoir un droit d'échange, suivant la distinction que nous venons de faire.

Les transmissions de meubles corporels, de quelque manière qu'elles s'effectuent, sont passibles du droit sur la valeur vénale, à l'exception, cependant, des baux et locations dont le droit est liquidé, pour les meubles aussi bien que pour les immeubles, sur le prix annuel capitalisé pour le nombre d'années représentant l'année de la jouissance ; si la durée est illimitée, le prix est multiplié par 20 ; si la vie d'une ou de plusieurs personnes est prise pour l'expression de la durée du bail, la capitalisation du prix annuel se fait au denier 10. Nous rappelons qu'il ne s'agit ici que de liquidation et non du tarif.

Relativement aux meubles incorporels, c'est, en général, la valeur capitale qui sert de base à la liquidation ; il en est ainsi notamment pour les obligations, libérations, condamnations et collocations ; le droit de transport de créances se calcule sur le montant de l'obligation, et non sur la somme qui en forme le prix; celui des créations de rentes et celui de leurs transport et amortissement, sur le capital constitué; et, à défaut de capital exprimé, sur un capital formé de vingt fois la rente perpétuelle et de dix fois la rente viagère. L'usufruit mobilier, transmis à titre gratuit, s'évalue à la moitié de la valeur entière de l'objet. Si les sommes et valeurs ne sont pas exprimées dans un acte donnant lieu au droit proportionnel, les parties sont tenues d'y suppléer, avant l'enregistrement, par une déclaration certifiée et signée au pied de l'acte.

L'administration est autorisée à requérir l'expertise des biens immeubles, transmis à quelque titre que ce soit, s; les valeurs exprimées dans les contrats ou dans les déclarations, et qui doivent servir de base à la liquidation des droits, lui paraissent inférieures aux valeurs réelles. En matière de mutation à titre gratuit, il n'y a lieu de recourir à l'expertise qu'à défaut d'actes, et notamment de baux courants qui puissent faire connaître le véritable revenu des biens.

La demande en expertise est portée devant le tribunal de première instance de la situation des biens, ou, si les biens transmis sont situés dans plusieurs arrondissements, devant le tribunal du lieu où se trouve le chef-lieu d'exploitation, ou la partie des biens présentant, d'après la matrice des rôles, les revenus les plus considérables. L'administration fait connaître son expert; faute par la partie de désigner le sien, dans les trois jours de la sommation qui lui est faite à ce sujet, le tribunal le nomme d'office; en cas de dissentiment, les experts appellent un tiers expert, et s'ils ne peuvent en convenir, le juge de paix y pourvoit. Les experts doivent prêter serment devant un magistrat avant de procéder à l'accomplissement de leur mission; leur rapport est déposé au greffe et soumis à l'homologation du tribunal.

Les frais de l'expertise sont à la charge de la partie lorsque l'estimation excède d'un huitième, s'il s'agit d'une vente, le prix exprimé au contrat, et d'une somme quelconque, s'il s'agit d'un échange ou d'une transmission à titre gratuit, le revenu primitivement déclaré. La partie est tenue, en outre, d'acquitter le supplément d'estimation.

SECTION III.

TARIF DES DROITS FIXES ET DES DROITS PROPORTIONNELS.

L'application du tarif des droits fixes ne présentant pas de grandes difficultés, nous nous bornerons à en indiquer seulement la division générale et les principales dispositions.

Droits fixes. — Les droits fixes varient suivant l'importance des actes qui y donnent lieu, de 50 cent. à 25 fr.; les actes, jugements et arrêts de tutelle officieuse et d'adoption, et les autorisations de se faire naturaliser et de servir à l'étranger, sont même passibles du droit de 50 fr. et de 100 fr.; mais, parmi les actes ordinaires, ceux qui ne donnent pas ouverture aux droits proportionnels, et qui ne sont pas expressément tarifés à un droit fixe plus élevé, sont soumis au droit d'un franc, s'il s'agit d'actes judiciaires ou extra-judiciaires, et de deux francs, s'il s'agit de tous autres actes.

Sont tarifés à 3 fr., en général, les actes judiciaires et les jugements préparatoires ou interlocutoires des tribunaux de première instance, les prestations de serment des agents subalternes de l'autorité; à 5 fr., les actes qui unissent ou désunissent les intérêts, contrats de mariage, sociétés, cessions de créanciers, partages, etc. ; les jugements définitifs, les arrêts préparatoires des Cours d'appel, etc. ; à 10 fr., les arrêts définitifs; à 15 fr., les prestations de serment

autres que celles qui sont tarifées à 3 fr.; les jugements prononçant interdiction ou séparation de corps ou de biens; à
25 fr., les arrêts prononçant l'interdiction ou séparation, les
recours en cassation et les arrêts définitifs de la Cour de
cassation, etc.

Droits proportionnels. — Nous commençons maintenant
l'étude de la partie la plus importante de l'enregistrement.
Nous aurons l'occasion d'examiner, quant à l'application du
tarif des droits proportionnels, les rapports innombrables
qui existent entre la loi civile et la loi administrative.

Nous avons vu que la base des droits proportionnels se
trouve dans l'art. 4 de la loi de l'an VII, ainsi conçu : « Le
droit proportionnel est établi pour les obligations, libérations, condamnations, collocations ou liquidations de sommes
et valeurs, et pour toute transmission de propriété d'usufruit ou de jouissance de biens meubles et immeubles, soit
entre-vifs, soit par décès. Il est assis sur des valeurs.» Il s'a-
git maintenant d'appliquer à chacun de ces faits, frappés
par l'impôt, le tarif prévu par l'art. 69 de la même loi ; et,
à cet effet, nous nous demanderons, en premier lieu, si un
droit est exigible, c'est-à-dire s'il est dû, et, en cas d'affirmative, s'il est fixe ou proportionnel; en second lieu, nous
chercherons comment on doit faire la liquidation, c'est-à-
dire comment déterminer le montant de la somme due, conformément aux règles de la section précédente.

Nous suivrons, dans l'étude que nous allons entreprendre,
l'ordre des matières admis par le Code Napoléon, en com
mençant par les successions.

Successions. — Nous avons vu que l'impôt qui frappe les
mutations par décès remonte à l'époque féodale, et que, après
les différentes modifications qu'il a subies sous la royauté,
il fut définitivement organisé par la loi de frimaire an.VII et
compris dans un impôt unique connu sous le nom de droit
d'enregistrement.

Nous diviserons les développements de la matière en quatre parties différentes.

1° *Événement qui rend le droit exigible*. — Cet événement, c'est le décès naturel (la mort civile étant abolie par la loi du 31 mai 1854). S'il s'agit d'une déclaration d'absence, les héritiers, légataires et tous autres appelés à exercer des droits subordonnés au décès d'un individu dont l'absence est déclarée, sont tenus de faire, dans les six mois du jour de l'envoi en possession provisoire, la déclaration à laquelle ils seraient tenus, s'ils étaient appelés par l'effet de la mort, et d'acquitter les droits sur la valeur entière des biens ou droits qu'ils recueillent. En cas de retour de l'absent, les droits payés seront restitués, sous la seule déduction de celui auquel aura donné lieu la jouissance des héritiers. La régie ne pourrait pas être considérée comme l'une des parties intéressées, dont parle l'art. 115 du C. Nap., et provoquer la déclaration d'absence, car le législateur n'a nullement été préoccupé de cette idée quand il a rédigé la loi. D'ailleurs l'intérêt qu'ont les héritiers de jouir d'une portion des fruits des biens de l'absent suffit pour les déterminer à demander la déclaration d'absence.

S'il y a plusieurs décès successifs et immédiats, la régie percevra également plusieurs droits, c'est-à-dire un nouvel impôt lui sera dû à l'ouverture de chaque succession. Cependant il ne faut pas pousser ce principe jusqu'à ses conséquences les plus rigoureuses, car il deviendrait exorbitant et inique : ainsi, dans le cas où il y aurait plusieurs commourants (voy. C. Nap., art. 720 à 722), nous croyons que la régie devrait se contenter de la perception d'un seul droit.

2° *Quotité du droit à payer* (C. N., chap. 3, 4 des successions). — Occupons-nous d'abord des successions régulières. D'après la loi de frimaire, combinée avec celle du 25 mai 1850, qui a élevé l'impôt sur les meubles au taux fixé pour les immeubles, le droit à payer en ligne directe est de un franc pour 100. En ligne collatérale, pour le deuxième et le troisième degrés, on voit que, en combinant la loi du 21 avril 1832 avec celle de 1850, le droit à payer est de 6 fr. 50 cent. p. 100. Les parents du quatrième degré doivent payer 7 fr. p. 100, et les autres, jusqu'au douzième degré, 8 fr. p. 100. Le tarif, on le voit, est élevé en raison directe de la distance qui sépare le *de cujus* de l'héritier appelé à lui succéder.

En cas de retour légal, il n'y a pas de nouveau droit à percevoir (art. 747 C. N.).

Successions irrégulières. — Les enfants naturels, s'ils concourent avec des parents légitimes, paient le même droit que ceux-ci, proportionnellement à la part qui leur est dévolue ; quand ils viennent à la succession à défaut de parents légitimes, l'art. 52 de la loi du 28 avril 1816 le considère, quant à la quotité des droits à payer, comme des personnes non parentes. Or les personnes étrangères paient 9 fr. p. 0/0 sur la valeur de la succession à laquelle elles sont appelées.

Le conjoint survivant est assimilé, quant aux droits fiscaux, à l'enfant naturel.

3° *Acceptation et répudiation de la succession.* — Le droit de la régie existe indépendamment de l'acceptation ou de la répudiation de la succession, et l'héritier qui en est débiteur, à partir du moment du décès du *de cujus* et non de celui de l'acceptation, doit le payer dans le délai de six mois s'il accepte la succession.

L'acte d'acceptation et de répudiation est soumis à un simple droit fixe, car il ne contient aucune mutation d'un droit quelconque.

La Cour de cassation a décidé que les héritiers bénéficiaires sont tenus, pour le paiement du droit de mutation, personnellement sur leurs propres biens, et qu'ils ne peuvent pas opposer à la régie le bénéfice d'inventaire. La prudence engage donc les héritiers à ne pas accepter facilement les successions bénéficiaires. Toutefois l'héritier pourra exercer son recours contre la succession pour se faire rembourser le montant de la somme qu'il a payée. La perte résultant de ce recours retombera sur les créanciers.

Il ne faut pas croire que, en cas de succession vacante, aucun impôt ne doive être perçu par la simple considération qu'il n'y a pas d'héritiers; car, comme nous l'avons vu, le droit naît avec l'ouverture de la succession ; d'ailleurs, c'est l'Etat qui, étant ici héritier, doit acquitter la taxe. Le droit à payer, dans ce cas, est celui qui serait acquitté, si l'héritier n'avait pas renoncé à la succession.

Quant au retrait successoral, il ne donne lieu à la perception d'aucun droit ; car, lors de la vente primitive faite par l'héritier, le droit de mutation a déjà été perçu, et l'exercice du retrait ne constitue nullement une nouvelle aliénation , pourvu qu'il ait lieu dans le délai fixé par la loi. Si le retrait n'était exercé qu'après l'expiration de ce délai, il serait assujetti au droit proportionnel de 4 p. 100, parce qu'il est censé cacher une aliénation. Nous donnerons, par voie d'analogie, la même décision en cas de vente à réméré.

Quand l'un des héritiers rapporte ce qui lui a été donné par avancement d'hoirie, comme le droit proportionnel a été payé à la régie au moment de la donation, celle-ci ne pourra plus obliger les héritiers à comprendre dans la masse de la succession, pour le calcul des droits du fisc, les biens rapportés.

Du partage. — Le partage se fait ou purement et simplement, ou avec soulte, ou par licitation.

1°*Partage pur et simple.* — En appliquant le principe que le partage est déclaratif et non translatif de droits , la

loi de frimaire assujettit ce partage à un simple droit fixe de
3 fr., porté à 5 fr. par la loi de 1816. Mais la loi ajoute :
« pourvu qu'il soit justifié , » c'est-à-dire que l'existence
du partage soit sérieusement prouvée, que l'acte frappé du
droit fixe contienne la cessation de l'indivision par le par-
age, et non par une autre opération déguisée sous cette
forme ; peu importe d'ailleurs 'la forme de l'acte destiné à
mettre fin à l'indivision.

2. *Partages avec soultes* (art. 69, § 7 n° 5, et § 5, n° 7,
loi de frimaire).—La loi fiscale s'écarte ici des principes du
droit civil, et, considérant ce partage comme une aliénation
à titre onéreux, elle le soumet au droit proportionnel perçu
par la vente, 4 p. 100. Observons qu'aujourd'hui que la
transcription est exigée pour la régularité de l'acte, le droit
ci-dessus subira l'augmentation de 1 fr. 50 c., décrétée par
la loi de 1816. Dans l'ancien droit, il y avait controverse
sur le point de savoir si ce partage était déclaratif ou translatif de propriété. La régie, comme on vient de le voir, n'a
pas manqué d'adopter le système le plus avantageux au
Trésor.

3. *Partages avec licitation.* — La licitation est plutôt un
acte préliminaire de partage qu'un partage proprement dit.
C'est par la licitation qu'on parvient à partager une chose
impartageable, ou dont aucun des co-licitants ne veut. Ce
partage est considéré par la loi de frimaire comme une
aliénation et donne lieu au droit proportionnel quand même
l'un des co-héritiers se porte adjudicataire de la chose.
Dans la pratique antérieure à la réformation de la coutume
de Paris, on percevait le droit proportionnel de vente sur la
totalité du prix de licitation. Mais depuis le xv° siècle, et
surtout sous l'influence de Dumoulin, on n'alla plus si loin
et on reconnut que le co-licitant ne devait plus le droit proportionnel sur sa propre part, car il en était déjà proprié-

taire, mais seulement sur celle des autres copropriétaires qu'il acquérait en vertu de la licitation. Il est évident que si c'est un étranger qui se porte adjudicataire, le droit proportionnel sera perçu sur la totalité des biens.

Licitations successives. — Dans la pratique , il arrive souvent que les héritiers qui trouvent dans une succession plusieurs immeubles, au lieu de faire un simple partage procèdent par des adjudications successives. On se demande si, dans ce cas, il y a lieu à percevoir un simple droit fixe ou bien des droits proportionnels. Ainsi, en suppo-sant quatre immeubles de même valeur et quatre héri-tiers, qui, par suite des licitations successives, sont deve-nus chacun adjudicataire d'un immeuble en particulier, c'est-à-dire précisément de leur part héréditaire, faut-il voir là un simple partage ou plusieurs licitations succes-sives? Jusqu'en 1835 la régie avait admis que les droits proportionnels étaient dus, mais qu'ils ne seraient perçus que provioirement, car on ne savait pas si, à la fin du par-tage, les héritiers se trouveraient dans une situation parfaite-ment égale. En effet, disait-elle, quand la liquidation de la succession sera terminée, le partage deviendra définitif et l'é-galité sera rétablie; alors les héritiers pourraient réclamer la restitution du surplus des droits acquittés. En 1835, le tri-bunal de la Seine ayant décidé que la perception, effectuée pour chaque licitation est définitive, et non pas provisoire, la régie s'empressa de changer de jurisprudence. La cour de Cassation consacra cette dernière doctrine.

La régie alla même plus loin. Elle appliqua également la même théorie au cas où les héritiers lui présentent en même temps l'acte constatant les licitations partielles et celui qui contient le partage définitif. Mais la Cour de cassation, se fondant sur ce que le partage, dans cette hypothèse, est pur et simple, rejeta cette prétention de la régie. Nous croyons que la même raison de décider aurait dû déterminer cette cour à suivre la même doctrine dans le premier cas, car les licitations successives ne sont que des opérations préliminaires, préparant le partage définitif.

Donations entre-vifs et testaments. (Voy. Code N., chapitre 3). Ici, comme au cas de rapport, nous devons observer que la part réduite qui entre dans la succession ne doit pas être assujettie au droit de mutation, car ce droit a déjà été payé lors de la donation.

Donations entre-vifs faites hors mariage (chapitre 4, Code N.). — Examinons ici : 1° quelles sont les dispositions du tarif ; 2° quels sont les différents caractères qui constituent la donation.

1° *Le tarif pour les donations* a été successivement modifié par les mêmes lois qui ont réglé celui qui est relatif aux successions. En combinant ces diverses lois, nous arrivons à un tarif qui est presque identique à celui des successions : en ligne directe, le droit est de 2 fr. 50 c. p. 100, auquel il faut ajouter le droit additionnel de 1 fr. 50 c., ce qui fait en tout 4 fr. pour 100 fr. (à la différence du droit payé pour les successions et qui ne s'élève qu'à 1 fr. p. 100). En ligne collatérale, le droit est, pour le 2° et 3° degré, de 6 fr. 50 c. p. 100, y compris le droit de transcription ; pour le 4° degré, il est de 7 fr. p. 100 ; au-delà jusqu'au 12° degré, de 8 fr. p. 100 ; pour les personnes non parentes il monte à 9 fr. p. 100.

On s'est demandé si le droit additionnel de transcription devait être ajouté, quand il s'agit de donations de *meubles* faites en ligne directe. Le journal de l'enregistrement a prétendu que, quoique les donations de meubles ne soient pas susceptibles de transcription, le taux du droit à percevoir doit néanmoins être le même pour les meubles aussi bien que pour les immeubles, c'est-à-dire 4 p. 100, car le droit de transcription doit être compris, pour les meubles, dans le droit d'enregistrement. Dans une autre opinion on décide le contraire. On soutient qu'il n'y a pas fusion complète entre le droit d'enregistrement et le droit de transcription, même depuis la loi de 1816 : en effet la loi de 1850, qui s'occupe des droits perçus sur les donations de meubles, n'entend parler que du taux de 2 fr. 50 c. p. 100, et non de celui qui monterait à 4 fr. p. 100.

La même controverse s'est présentée sur les donations de meubles en ligne collatérale. La jurisprudence de la Cour de cassation, dans les deux cas, a consacré le premier système.

2° *Caractères de la donation.* — Ces caractères sont mentionnés dans l'art. 894 du C. N. qui s'exprime ainsi : « la donation entre-vifs est un acte par lequel le donateur se dépouille actuellement et irrévocablement de la chose donnée en faveur du donataire qui l'accepte. »

Nous allons étudier successivement, au point de vue fiscal, les caractères constitutifs de la donation :

La *donation est un acte....,* dit notre article. De là il résulte qu'elle n'est valable que lorsque son existence est constatée par un *acte dressé* à cet effet. Les donations verbales relatives à des meubles ou les dons manuels ne sont pas soumises au droit d'enregistrement. Cependant des difficultés se présentent dans la pratique à l'occasion de donations qui, faites primitivement en vertu de conventions verbales, venaient ensuite à être constatées par écrit. On distinguait, à cet égard, pour la perception des droits, si le nom du donateur et du donataire était ou non mentionné dans l'acte.

Pour trancher ces difficultés, la loi du 18 mai 1850, art. 6, décide que la déclaration des dons manuels, doit être considérée comme une donation ordinaire soumise au droit d'enregistrement.

Par lequel le donateur se dépouille... Il faut que le dépouillement soit réel pour donner lieu à la perception des droits. Ainsi la donation faite par un père à son fils par avancement d'hoirie constitue une véritable mutation à titre gratuit, soumise au droit proportionnel; mais l'acte notarié par lequel le père dispense ensuite son fils du rapport n'est passible que du droit fixe, car il ne contient aucune aliénation. Toutefois si l'acte contient en même temps une donation et une dispense de rapport, il sera frappé du droit fixe, et le bien dont il constate la mutation, du droit proportionnel.

Le donateur se dépouille actuellement..., c'est-à-dire ne se réserve pas la faculté de révoquer la donation. Ce caractère remarquable se trouve dans la donation à terme ou conditionnelle, et dans celle qui contient un droit qui ne sera exigible qu'à la mort du donateur, car le donateur, dans ces cas, devient immédiatement débiteur du donataire.

Quand la donation est faite sous condition suspensive, les droits ne seront perçus, à la différence du cas où la donation est à terme, qu'au moment de l'accomplissement de la condition.

Si la donation est alternative de biens meubles et immeubles, quel est le droit à percevoir? L'intérêt de la question se présente sous deux points de vue : 1° le droit additionnel de transcription n'est ajouté que pour les donations d'immeubles ; 2° quand il s'agit de meubles, on considère, pour la liquidation du droit, la valeur totale de l'objet donné, tandis que pour les immeubles, on multiplie le revenu par vingt. L'administration de l'enregistrement considérait cette donation comme donnant lieu au droit le plus élevé, mais comme on ne sait pas quel sera, en définitive, l'objet sur lequel tombera le choix du donateur, elle admettait que le droit ne serait perçu que provisoirement, sauf à régler le tout au moment où la donation sera exécutée. Cependant la Cour de cassation, en suivant Merlin, décida que la régie ne pourra percevoir que le plus faible droit, sauf à demander un supplément, s'il y a lieu.

Le donateur se dépouille irrévocablement..., c'est-à-dire que la donation faite sous condition potestative est nulle. La donation sous condition résolutoire, ne dépendant pas de la volonté du donateur, est valable, et le droit proportionnel sera immédiatement perçu. Ce droit ne sera pas sujet à restitution, lors même que la condition ne s'accomplirait pas, car le droit, une fois valablement perçu, n'est jamais sujet à restitution.

Mais une question délicate est celle de savoir si, au moment de l'accomplissement de la condition résolutoire, un nouveau droit devrait être perçu, sans tenir aucun compte de la fiction de la loi civile, qui considère cette donation comme n'ayant jamais existé. Il faut, à cet égard, distinguer les conditions résolutoires qui opèrent de plein droit, à l'insu des parties, et les conditions résolutoires qui opèrent par l'intermédiaire du juge. Dans le premier cas, aucun nouveau droit ne sera perçu, car la régie a déjà touché ce qui lui était dû au moment du contrat. Ce principe peut s'appliquer au cas de révocation d'une donation faite avec clause de retour, ou quand une donation est révoquée pour cause de survenance d'enfants. Dans le second cas, c'est-à-dire lorsque la résolution s'opère par l'intermédiaire du juge, comme par exemple, quand il s'agit de la résolution d'une donation pour cause d'inexécution des charges, ou de la résolution d'une vente pour défaut de paiement du prix, il faut faire une sous-distinction : si le donateur ou le vendeur sont encore en possession de la chose au moment de la résolution, aucun droit ne doit être perçu ; si, au contraire, les choses ne sont plus entières au moment de la résolution, il y a lieu à la perception d'un nouveau droit, quand la chose repassera entre les mains du donateur ou du vendeur (voy. art. 12 de la loi de ventôse an ix),

Toutefois une difficulté se présente en matière de donation. La régie a soutenu, en 1837, que lorsque le juge prononce la révocation d'une donation pour cause d'inexécution des charges, et que les choses ne sont plus entières, le droit à percevoir est un droit de donation. Ce système nous paraît peu conforme au droit et à l'équité, car, d'après lui, on arriverait à dire que la résolution d'une donation contient une nouvelle libéralité faite par le donataire au donateur. La Cour de cassation a décidé avec raison que la régie ne pourra réclamer qu'un droit fixé pour les conventions à titre onéreux, parce que la résolution a été prononcée pour cause d'inexécution des charges.

Dispositions testamentaires. — Il ne faut pas confondre l'enregistrement du testament qui doit se faire dans les trois mois à partir du décès du *de cujus*, et qui ne donne lieu qu'à un simple droit fixe, avec le droit proportionnel dû par les légataires qui doivent faire leur déclaration dans les six mois de l'ouverture de la succession.

Le tarif établi par la loi pour les successions testamentaires est le même que celui que nous avons vu pour les successions *ab intestat*, sauf une différence remarquable que nous ne saurions trop recommander à l'attention des conjoints. En effet, l'époux qui vient à la succession *ab intestat* est considéré comme une personne étrangère et doit payer 9 p. 100, tandis que s'il est appelé à la succession testamentaire, le droit qu'il doit acquitter n'est que de 3 p. 100.

L'enfant naturel qui vient à la succession testamentaire, avec d'autres légataires, est considéré comme non parent et paie 9 p. 100.

Que décider dans le cas où un père institue comme légataire universel son enfant naturel? La régie, se fondant sur la loi de 1816, demandait un droit de 9 p. 100. Les tribunaux de Versailles et de la Seine se prononcèrent en sa faveur, mais la Cour de cassation a décidé qu'on devait, au contraire, appliquer la loi de frimaire, d'après laquelle le légataire en ligne directe ne doit payer que 1 p. 100. Parmi les considérants de cette Cour, on en trouve un fort remarquable, basé sur l'analogie qui doit exister entre l'enfant naturel et l'époux survivant; en effet, le même motif qui a décidé la loi à diminuer le droit auquel l'époux est assujetti, quand il se présente dans une succession testamentaire, doit également militer en faveur de l'enfant naturel qui se trouve dans la même situation.

Si le legs est fait sous condition suspensive, c'est l'héritier qui paie provisoirement le droit proportionnel, mais le légataire devra restituer à l'héritier la somme avancée, si la condition vient à s'accomplir. Quand le legs est sous condition résolutoire, le droit est provisoirement payé par le légataire, car il entre immédiatement en possession.

Un avis du Conseil d'Etat, du 10 septembre 1808, décide que si le legs est d'une somme d'argent, la régie ne doit pas, en s'adressant à l'héritier, comprendre le legs dans la succession, pour le calcul de droits, et revenir ensuite réclamer du légataire un droit distinct pour son legs.

L'acceptation et même la répudiation du legs donnent lieu au droit fixe qui se perçoit pour l'enregistrement de l'acte qui les constate.

Si l'objet du legs est une chose qui ne se trouve pas dans la succession, le légataire ne doit payer aucun droit, car ce n'est que les choses comprises dans l'hérédité qui sont assujetties à l'impôt.

Partage fait par les ascendants entre les descendants. — L'article 3 de la loi du 16 juin 1824 statue que le droit à percevoir dans ce cas ne sera plus celui de donation, mais celui qui est réglé pour les successions en ligne directe, c'est-à-dire 1 fr. p. 100 fr. Le droit additionnel de 1 fr. 50 c. ne sera perçu, ajoute la loi, que lorsque la transcription en sera requise. Cette exception remarquable est avantageuse pour les ascendants, qui se garderont bien de requérir la transcription au bureau des hypothèques.

Nous croyons qu'il faut admettre cette réduction des droits, même dans le cas où un ascendant fait l'abandon de ses biens à son fils unique. Mais la jurisprudence a consacré l'opinion contraire, en se fondant sur ce que la loi, en admettant ce partage anticipé, a voulu éviter les difficultés qui pourraient avoir lieu entre les enfants du disposant ; or ce motif ne se présente pas, dit-elle, dans notre hypothèse, où il ne s'agit que d'un seul enfant.

Si le partage vient à être déclaré nul par suite de l'omission d'un héritier, la modération de droit ne doit pas moins être maintenue. La Cour de cassation a décidé que, quand même le partage ne serait pas effectif, et ne contiendrait pas une division matérielle, on doit jouir de la réduction des droits. S'il y a des soultes, l'art. 5 de la loi du 15 mai 1850 déclare qu'il faut appliquer le droit commun.

Donations faites par un non-conjoint, en faveur des époux, dans le contrat de mariage. — Si la donation est relative aux biens présents, le droit est immédiatement perçu, sauf modération. La donation des biens à venir présente un caractère éventuel ; le droit proportionnel sera réclamé au décès du donateur, s'il y a lieu. Quant aux donations de biens présents et à venir, le droit sera perçu sur les biens présents immédiatement, et sur les biens à venir au décès du disposant, comme nous venons de le voir.

Tarif de ces donations. — En ligne directe, le droit est égal à la moitié de celui qu'on paie pour les donations faites hors le contrat de mariage, c'est-à-dire 1 fr. 25 c. p. 100 fr., auquel il faut ajouter le droit additionnel pour la transcription. En ligne collatérale, pour le deuxième et le troisième degrés, le droit est de 4 fr. 50 c. p. 100 fr.; pour le quatrième degré, de 5 fr. p. 100; au-delà de ce degré jusqu'au douzième, de 5 fr. 50 c. p. 100 fr.. Si le donateur n'est pas parent du donataire, le droit est de 6 fr. p. 100. Le montant des droits est le même pour les donations d'immeubles aussi bien que pour les donations de meubles.

Donations entre époux faites par contrat de mariage. — Si la donation est relative aux biens présents ou aux biens à venir, on doit donner la même décision que pour les donations du paragraphe précédent. Le chiffre de ce droit est réduit à la moitié de celui auquel on est assujetti pour les donations ordinaires, c'est-à-dire à 1 fr. 50 c. p. 100 fr., auquel il faut ajouter le droit de transcription.

Donations entre époux faites pendant le mariage. — Ces donations, étant essentiellement révocables, n'ont pas d'effet actuel; on devrait dire par conséquent qu'il n'y a pas lieu de les soumettre, pour à présent, au droit proportionnel. Cependant la jurisprudence a admis le système contraire. Toutefois, cette règle ne s'applique qu'autant qu'il y aura donation de biens présents, car s'il ne s'agissait que de biens à venir, la perception du droit proportionnel serait nécessairement suspendue. Le tarif de ces donations n'étant pas réduit, le droit sera de 2 fr. 50 c. p. 100, plus 1 fr. 50 c. pour la transcription.

Les contrats. — Comparons les dispositions de la loi civile à celles de la loi fiscale. Mais d'abord demandons-nous quel est le droit proportionnel applicable aux dispositions qui ne rentrent dans aucune des prévisions du tarif. Nous avons vu que l'art. 4 de la loi de frimaire contient la liste des actes donnant lieu au droit proportionnel. La régie a soutenu que par cela seul qu'un acte constate l'existence d'une mutation de propriété, de jouissance, etc., le droit proportionnel s'ouvre en faveur du fisc, quand même la qualification de cet acte n'est pas comprise parmi les dénominations prévues par l'art. 4. Cette théorie doit être rejetée. Sans doute l'art. 4 est le programme des droits proportionnels, mais il peut arriver qu'il ne se suffise pas à lui-même. On ne doit pas se contenter de dire qu'une convention donne lieu à un droit proportionnel ; il faut, en outre, connaître la quotité de ce droit. Or l'art. 4 déclare que les tarifs sont fixés par l'art. 69. Si donc une convention échappe aux prévisions du tarif, aucun droit proportionnel ne peut être dû.

S'il s'agit, au contraire des droits fixes, la loi a fixé au taux de 2 fr. le droit que la régie doit percevoir pour les conventions *innomées*.

Expliquons maintenant les principales dispositions de la loi de frimaire, laquelle est ainsi conçue : « le droit proportionnel est établi pour les obligations, libérations, condamnations, collocations ou liquidations des sommes et valeurs....

I. *Droit d'obligation.* — Ce droit est porté à 1 fr. p. 100 par l'art. 93, § 9, n° 3. Il avait été réduit de moitié par la loi du 7 août 1850, mais il fut ramené à l'ancien chiffre par la loi du 5 mai 1855. — Ce numéro contient les différentes conventions spéciales soumises au taux que nous avons vu. Ses dispositions peuvent se résumer en trois idées principales :

1° Il faut que l'acte contienne obligation de sommes. On s'est demandé si le tarif des obligations de sommes est applicable aux choses fongibles. Quelques personnes soutiennent qu'un pareil contrat serait innomé et ne pourrait pas donner lieu à la perception d'un droit proportionnel. Mais nous croyons le contraire avec la pratique, en nous fondant sur l'art. 69, § 2, n° 2, qui soumet au droit proportionnel les actes portant libération de sommes et *valeurs*. L'expression *valeurs*, en effet, a un sens large et peut parfaitement comprendre les choses fongibles.

2° Il faut que l'obligation soit contractée sans libéralité ; par conséquent un acte par lequel le donataire se constitue débiteur envers le donataire serait soumis au droit proportionnel de donation, 9 fr. p. 100.

3° Il faut, enfin, que l'obligation ne soit pas le prix d'une transmission des meubles ou d'immeubles, car alors la régie devrait percevoir le droit de vente.

Nous pouvons résumer la pensée du législateur qui a rédigé ce numéro, en disant qu'il ne s'applique qu'aux prêts.

L'exception que la loi fait au principe que nous venons d'étudier est relative aux billets à ordre qui, dans l'intérêt du commerce, ne sont soumis qu'au droit de 50 cent. p. 100. Quant aux lettres de change, elles sont encore plus favorisées : la loi de frimaire les exemptait complétement de tout droit, l'art. 50 de la loi de 1816 les soumit à l'enregistrement, mais au taux modique de 25 cent. p. 100.

11. *Droit de libération* (voy. art. 69, § 2, n° 2). — Ce droit est de 50 cent. p. 100. On pourrait soutenir que l'écrit portant libération ne devrait être sujet qu'à un simple droit fixe, parce que l'acte juridique primitif, c'est-à-dire le prêt, a déjà été assujetti au droit proportionnel. Mais la loi fiscale voit dans la libération un acte indépendant et distinct qui constate un mouvement de valeurs, une nouvelle transmission opérée au moment de l'extinction de l'obligation, et elle s'empresse de la soumettre au droit proportionnel. Observons cependant que ce droit n'est dû que lorsqu'il présente les caractères que nous venons de signaler, car s'il ne s'agit que d'une simple décharge, c'est-à-dire, si le créancier ne fait que reconnaître qu'il n'a rien à réclamer

de son débiteur, ce fait ne donne lieu qu'au droit fixe. Ainsi quand le dépositaire rend au déposant la chose qui a été l'objet du dépôt, l'acte qui constate ce fait est une décharge, et non pas une quittance. Il faut en dire autant pour le cas où le mandataire ayant touché une somme due au mandant la remet à celui-ci. Cependant comme ici la porte est ouverte à la fraude, on voit de nombreux procès entre les particuliers et la régie, qui veut rechercher si ces actes sont ou non sincères.

III. *Condamnations , collocation ou liquidation de sommes et valeurs* (voy. art. 69, § 2, n° 9). — Un jugement peut donner lieu à la perception de deux droits : d'abord le droit de condamnation qui s'applique à tout jugement, et ensuite le droit *de titre* qui frappe le jugement en raison des conventions qu'il constate.

1° *Droit de condamnation.* — La loi de 1816 porte que tous les jugements doivent être enregistrés en minute. Le taux de ce droit perçu à l'occasion de cet enregistrement est de 50 c. p. 0/0, excepté pour les jugements relatifs aux dommages-intérêts, dont le chiffre est de 2 fr. p. 0/0. Le droit proportionnel est applicable même aux jugements rendus en pays étrangers et qui ne deviendront exécutoires en France qu'en vertu d'un jugement de tribunal français.

Mais dans quel cas y a-t-il jugement portant condamnation ? La régie a déclaré que le jugement qu'elle rend contre un contribuable ne peut avoir le caractère que l'on trouve dans les jugements contradictoires ou par défaut du juge de paix et des tribunaux en général. La Cour de cassation a décidé qu'un jugement de séparation de biens qui condamne le mari à restituer la dot de sa femme est un jugement de condamnation qui doit être soumis au droit proportionnel. La même Cour a également décidé que le jugement qui ne fait qu'autoriser la femme à poursuivre son mari pour la restitution de sa dot, ne doit donner lieu qu'à un simple droit fixe.

Le droit proportionnel peut être réclamé même à l'occasion d'une condamnation indéterminée, mais l'évaluation, dans ce cas, ne sera que provisoire.

Les jugements portant collocation ou liquidation de sommes et valeurs donnent lieu au droit proportionnel, quand même il n'y aurait pas de condamnation. Notre numéro ne parle que de collocations et liquidations qui ont lieu en justice, d'où nous devons conclure que celles qui se font à l'amiable ne sont soumises qu'à un simple droit fixe.

2° *Le droit de titre.* — Comme le jugement, outre le paiement du droit de condamnation auquel il donne lieu, constate l'existence d'un titre primitif à l'occasion duquel le procès a eu lieu, la régie perçoit encore un droit à l'occasion de ce titre, s'il n'a pas été déjà enregistré.

On se demande si ce droit doit être perçu même dans le cas où les conventions mentionnées dans le jugement ont été verbales. Notre numéro répond affirmativement. Cette rigueur de doctrine ne peut s'expliquer que par cette considération, qu'en définitive le jugement tient lieu de titre à la partie qui n'a pas eu le soin de s'en procurer un, et sert de garantie pour l'exécution de l'obligation verbale.

Le seul cas où il n'y ait à percevoir qu'un droit de condamnation, sans un droit de titre, est celui où il n'existe aucune convention écrite ni verbale, ce qui peut arriver lorsque le père intente une action à son fils pour réclamer des aliments.

Conditions des obligations (voy. C. N. chap. 2). — La théorie des nullités, appliquée au droit d'enregistrement, a donné lieu à de grandes difficultés. Nous devons, à cet égard, résoudre deux questions fort importantes : 1° L'acte nul est-il sujet à l'impôt? 2° le jugement ou la convention qui proclame la nullité sont-ils soumis au droit d'enregistrement ?

1° L'acte nul est-il soumis au droit proportionnel ? Pour bien comprendre cette question, dégageons-la des points qui n'offrent aucune difficulté. Voici deux propositions remarquables, admises par une jurisprudence constante et sur lesquelles le moindre doute ne peut se présenter : 1° l'acte imparfait ou radicalement nul n'est pas susceptible du droit d'enregistrement. L'acte imparfait est celui qui n'est pas régulier dans sa forme extérieure: tels sont les actes notariés dont les formalités requises par la loi n'ont pas été observées et qui, par conséquent, n'ont qu'une existence apparente. 2° La nullité relative ne soustrait pas l'acte à l'impôt proportionnel ; la convention annulable, quoique affectée d'un vice, existe, en effet, tant que l'action en nullité ou en rescision n'est pas intentée. Si la nullité vient à être prononcée, les droits ne sont pas restitués, conformément à cette règle célèbre, que les droits valablement perçus ne sont pas sujets à restitution.

Mais *quid* si la nullité est absolue ? Sur ce point difficile la jurisprudence a souvent varié. Exposons rapidement les deux systèmes qui sont en présence.

1er *système*. Dans ce système, qui est plus généralement admis, on décide que l'acte nul est sujet à l'impôt. En effet, dit-on, cet acte est valable quant à sa forme extérieure ; la nullité de fond est, il est vrai, absolue, mais elle ne peut pas être appréciée par le receveur de l'enregistrement ; l'acte est censé être valable à ses yeux. L'art. 34 de la loi de frimaire déclare que lorsqu'un huissier n'a pas présenté l'exploit à l'enregistrement, cet acte, quoique nul, n'en est pas moins soumis à l'impôt. Enfin l'art. 40 de la même loi statue que toute contre-lettre qui tend à modifier une convention principale, est absolument nulle, mais qu'elle donne lieu cependant à la perception d'un triple droit.

2ᵉ *système*. L'acte nul ne doit pas être frappé du droit proportionnel. La distinction entre les actes nuls dans la forme et ceux qui sont nuls au fond est tout à fait arbitraire. Si, en effet, dès que les formalités requises pour la validité d'une convention ne sont pas observées, l'acte est déclaré nul, pourquoi ne pas dire la même chose, lorsqu'une convention est entachée d'une nullité radicale ? Si elle est nulle en droit civil, pourquoi ne le serait-elle pas également en droit fiscal ? On objecte que les receveurs de l'enregistrement ne sont pas des jurisconsultes pour apprécier la nature et la valeur des actes qui leur sont présentés ; mais cette prétention est inexacte, car tous les jours ces agents interprètent le véritable sens des actes sujets à l'impôt, sauf recours de la partie intéressée aux tribunaux, s'il y a contestation. Si on lit attentivement les articles 34 et 40 de la loi de frimaire, on restera convaincu qu'ils fournissent plutôt un argument en notre faveur. Le législateur ne fait en effet que mesurer le montant de l'amende qu'il prononce contre les huissiers sur le taux du droit qui aurait été perçu si l'acte était valable. Ce système nous paraît plus juste.

2° Le jugement qui proclame la nullité est-il soumis au droit d'enregistrement ? L'art. 68, § 3, n° 7, répond négativement et assujettit au droit fixe de 3 fr. les jugements portant résolution de contrat ou de clauses de contrat pour cause de nullité radicale.

Mais que décider si un acte purement volontaire constate l'existence de la nullité radicale ? Cet acte est-il soumis au droit fixe ou bien au droit proportionnel ?

Dans un premier système, on dit que la loi n'exempte du droit proportionnel que les jugements et ne s'occupe nullement des actes volontaires. Si on voulait affranchir ces actes, on ouvrirait nécessairement une porte à la fraude, car les parties s'empresseraient de faire des actes de rétrocession déguisés sous l'apparence d'actes volontaires qui proclament l'existence d'une nullité.

Dans un second système que nous adoptons, on peut soutenir avec raison que la loi ne voit nullement, dans un pareil acte, une rétrocession cachée. Il serait absurde de croire que la loi ordonne la perception d'un droit fixe, quand il s'agit d'un jugement, et celle d'un droit proportionnel, dans le cas d'un acte purement volontaire fait par les parties, du moment que ces deux sortes d'actes se proposent le même but. S'il en était autrement, les parties seraient forcées de simuler un procès pour obtenir un jugement. La loi ne s'est occupée, dans notre article, que des jugements, parce qu'elle en a parlé occasionnellement; elle n'a pas entendu exclure de cette faveur la convention des parties. Quant aux dangers que présente la fraude, la régie devra employer, pour les prévenir ou au moins pour les rendre plus rares, les moyens dont elle se sert ordinairement en pareille circonstance. On ne peut pas, d'ailleurs, fonder un argument sérieux sur une présomption de fraude.

Mais qu'est-ce que la loi entend par *nullité radicale?* Y a-t-il nullité radicale lorsqu'un jugement prononce la rescision d'un contrat? Dans l'ancien droit, la nullité radicale n'était pas synonyme de la nullité absolue; elle consistait dans un vice qui infecte une convention dès l'origine, mais qui ne la rend pas complétement nulle. La Cour de cassation consacra cette doctrine et donna comme exemple d'une pareille nullité les cas de dol, d'erreur, de violence et d'incapacité. Cependant la jurisprudence n'est pas parfaitement constante, et plusieurs tribunaux ont décidé que par nullité radicale la loi n'entend parler que de la nullité absolue, c'est-à-dire de celle qui fait que l'acte qui en est entaché n'a aucune existence réelle; ils ont en conséquence ordonné que les actes frappés d'une nullité simplement relative seraient soumis au droit proportionnel.

Effets des obligations. — Lorsqu'une convention est régulièrement formée, comme une vente, par exemple, le droit proportionnel d'enregistrement doit être perçu ; mais si, la chose n'étant pas livrée ni le prix payé, les parties font un nouvel acte par lequel elles anéantissent la convention primitive, cet acte est une nouvelle vente qui doit être soumise à un nouveau droit, parce que le premier contrat avait immédiatement transmis la propriété, qui, en vertu de la convention postérieure, revient entre les mains du vendeur. Autrement, on laisserait aux parties un moyen facile de frauder la loi.

L'art. 43, n° 20, de la loi du 28 avril 1816, contient une exception à ce principe et déclare que les résiliements purs et simples faits par actes authentiques, dans les 24 heures des actes résiliés, sont soumis à un droit fixe de **2 fr.** Cette exception remarquable vient de l'ancien droit qui reconnaissait que, dans le cas où la nouvelle convention était faite dans un bref délai, les choses étaient encore entières ; *rebus integris,* un nouveau droit ne devait pas être perçu.

Cette disposition exceptionnelle doit être limitée au cas prévu par la loi et réunir les conditions qui y sont prescrites. Ces conditions sont au nombre de trois :

1° Un délai de 24 heures. Les heures comptent du moment de la signature de la première convention.

2° L'acte qui contient la résiliation du premier contrat doit être authentique. L'acte sous seing privé ne pourrait pas jouir de cette faveur.

3° La résiliation doit être pure et simple, d'où il suit que si le prix est changé dans le second acte, on devrait y voir une nouvelle vente.

On s'est demandé si l'exemption s'applique en même temps à l'acte principal et à celui qui contient la résiliation. On devrait admettre l'affirmative, en suivant sur ce point la doctrine de l'ancien droit et la saine raison. Du moment, en effet, que la nouvelle convention, qui réunit les conditions voulues n'est pas une rétrocession, il est évident que l'acte principal n'a pu contenir une cession. Cependant la Cour de cassation a admis le système contraire.

Des dommages-intérêts. — L'art. 69, § 5, n° 8, de la loi de frimaire, décide que les jugements qui prononcent des dommages-intérêts, donnent lieu à un droit proportionnel de 2 fr. p. 100. Dans quel cas y a-t-il dommages-intérêts au point de vue fiscal ? Il ne faut pas confondre les dommages-intérêts avec les indemnités, qui ne sont soumises qu'à 50 c. p. 100. L'indemnité ne présuppose pas l'idée d'une faute comme les dommages-intérêts : ainsi, dans le cas prévu par l'art. 555 du C. N., le constructeur de bonne foi reçoit une *indemnité*, et le droit qui est dû au fisc est de 50 c. p. 100.

Diverses espèces d'obligations.—Obligations conditionnelles. — Si la condition est suspensive, le droit sera perçu au moment où elle aura été accomplie. On fait cependant une exception pour certaines conditions tacites, comme, par exemple, pour celle qui est sous-entendue dans le cas de mariage : *si nuptiæ sequantur.* Dans ce cas, le droit devrait être perçu au moment où le mariage est consommé ; mais, en pratique, on le perçoit avant cette époque, au moment où l'acte de mariage est présenté à la régie. — Si la condition est résolutoire, le droit est dû immédiatement, car la propriété est transférée par la convention elle-même ; et si la condition vient à se réaliser, le droit, ainsi que nous l'avons dit, ne sera pas restitué, quoique les choses soient mises dans l'état où elles étaient au moment de la conclusion du contrat.

Pour l'obligation à terme, le droit est acquitté immédiatement.

Pour l'obligation alternative, le droit est acquitté sur l'objet de moindre valeur, sauf le paiement d'un supplément de droit, s'il y a lieu.

Quant à l'obligation solidaire, elle ne donnera lieu qu'à un seul droit, car nous n'avons là qu'une seule obligation, *una res vertitur.*

Extinction des obligations. — Le paiement donne lieu à un droit proportionnel de libération, qui est de moitié moindre que le droit d'obligation, c'est-à-dire 50 c. p. 100.

La novation suppose la création d'une obligation nouvelle, elle donne lieu à un droit de 1 fr. p. 100.

La remise de la dette, si elle est à titre onéreux, n'est passible que du droit de quittance de 50 c. p. 100, tandis que si elle est à titre gratuit, elle est soumise au droit de donation.

La compensation conventionnelle donne ouverture au droit de quittance, car il y a là une libération. Quant à l'acte constatant une compensation opérée de plein droit, nous croyons qu'il n'est assujetti qu'à un droit fixe. *

Preuves. — En général, la preuve du fait juridique sujet à l'impôt doit être écrite. Toutefois la loi se contente quelquefois de la preuve verbale et même des présomptions, pour établir la perception du droit. (Voy. art. 4 L. du 27 vent. an IX, et art. 12 et 13 de la loi de frimaire.)

Contrat de mariage. — Ce contrat contient des transmissions du droit de propriété ou de jouissance en faveur des époux ou de la communauté.

Dans l'ancien droit, le contrôle frappait ce contrat d'un droit proportionnel, si les apports étaient estimés, et d'un droit déterminé suivant la qualité des personnes, s'il n'y avait pas d'estimation, ce qui était très arbitraire. La loi de 1790 décida que, dans cette dernière hypothèse, on percevrait le quinzième du revenu des apports mis en communauté.

La loi de frimaire, voyant que les époux s'obstinaient de faire des évaluations pour ne pas être très obérés par un impôt excessif, affranchit complétement leurs apports de la perception du droit proportionnel (1).

Cependant toutes les donations faites aux époux par contrat de mariage restèrent assujetties à un droit proportionnel, quoique plus modique ; ce droit est perçu, comme nous l'avons dit, non pas au moment de la célébration du mariage, mais dès que le contrat de mariage est présenté à la régie. On se demande ce qu'on doit décider, si le mariage vient à manquer. Pour être conséquent avec la fameuse maxime que nous connaissons, nous devrions dire que ces droits, étant régulièrement perçus, ne seront pas restituables. Cependant la Cour de cassation a décidé le contraire, à cause de la faveur que mérite le mariage.

Pour rembourser aux contribuables le montant des sommes payées, la régie avait pris l'habitude d'exiger un acte de résiliement qui prouve la non-célébration du mariage. La Cour de cassation, pour ne pas susciter aux époux de nouveaux embarras, décida que l'administration devrait se contenter de la déclaration faite par le conjoint.

La demande en restitution doit être faite en temps utile, c'est-à-dire dans un délai de deux ans. Mais quel est le point de départ de ce délai ? Quelques personnes ont prétendu que cette prescription ne peut courir que du jour où le droit est né, c'est-à-dire du jour où le projet de mariage, étant abandonné, l'époux vient déclarer à la régie qu'il ne veut pas réaliser son projet. Mais on a répondu que, dans cette opinion, il dépend de l'époux de faire durer la prescription tant qu'il voudra. La Cour de cassation a décidé que le délai courra à partir du jour où le droit a été perçu par la régie.

(1) Voy. le Rapport de M. Duchâtel au conseil des Cinq-Cents.

Communauté légale. — Cette matière a présenté quelques difficultés relativement aux remplois. La clause de remploi insérée dans l'acte d'acquisition ne donne pas lieu à la perception d'un nouveau droit. Le remploi fait par le mari peut être accepté par la femme, soit pendant la communauté, et il n'est payé alors d'aucun droit, soit après la communauté, quand un droit proportionnel est dû à la régie. Si le mari fait un remploi pour s'acquitter d'une dette envers sa femme il doit payer un droit proportionnel, car l'opération ici consiste dans une dation *in solutum*

L'acte d'acceptation ou de répudiation de la communauté doit être soumis, d'après les principes généraux, à un droit fixe, parce qu'il n'emporte pas l'idée de mutation. Mais la renonciation doit être pure et simple, car, si elle était le prix de quelque bénéfice que la femme renonçante obtient du mari ou de ses héritiers, il y aurait une vente indirecte, susceptible de la perception d'un droit proportionnel.

On s'est demandé si le mari, étant légataire universel de sa femme, pouvait renoncer à la communauté pour venir ensuite, comme légataire, réclamer les mêmes biens qui, à la suite de sa renonciation à la communauté, sont entrés dans la succession de sa femme ; en d'autres termes, il s'agit de savoir si le mari sera exempt du droit proportionnel en sa qualité de commun pour n'y être assujetti qu'une seule fois, comme légataire de sa femme. Pour la négative on a dit que la renonciation à la communauté n'a été créée par la loi qu'en faveur de la femme et de ses héritiers, comme un moyen de contrebalancer le pouvoir exorbitant dont le mari dispose, comme chef de la communauté ; et que, par conséquent, une pareille répudiation de la part du mari n'a pour but que de frauder le fisc.

Pour l'affirmative on soutient avec raison qu'une simple

supposition de fraude ne suffit pas pour enlever au mari une faculté dont il peut user, comme héritier de sa femme, de la même manière et dans les mêmes conditions que les héritiers ordinaires de celle-ci. La Cour de cassation a consacré ce système en cassant un jugement rendu dans le sens contraire par le tribunal de la Seine en 1853.

Partage de la communauté. — Nous appliquerons ici les principes que nous avons établis pour le partage des successions.

Renonciation à la communauté. — L'abandon de la communauté fait par le mari à la femme, pour la couvrir de ses reprises et prélévements, donne lieu à un droit proportionnel, car cette *dation in solutum* contient une véritable mutation de propriété. Cependant la Cour de cassation, en suivant l'ancienne doctrine, a décidé le contraire.

Communauté conventionnelle; clause d'ameublissement. — En cas d'ameublissement, surtout quand il est déterminé, la propriété de l'immeuble est transférée à la communauté; toutefois, pour encourager le mariage, la loi dispense les époux du paiement d'un droit proportionnel. Cette exemption peut également avoir lieu, même après la dissolution de la communauté, quand l'immeuble tombe dans le lot de l'époux propriétaire. Mais *quid* s'il échoit à l'autre conjoint ? Quelques tribunaux voient là une mutation qui doit nécessiter le paiement de l'impôt. Mais nous repoussons ce système, parce que l'immeuble appartenait à la communauté et l'époux l'acquiert comme tout autre bien qui lui revient de la masse commune en vertu du partage.

La clause de préciput ne donne pas lieu à la perception du droit proportionnel, quand même elle serait stipulée par la femme pour le cas où elle renoncerait à la communauté. Cette décision est dictée toujours par la faveur dont la loi entoure le mariage.

Les autres clauses qui peuvent être stipulées dans le contrat de mariage ne présentent pas de difficultés.

Régime dotal. — Quelques difficultés se sont présentées relativement à l'estimation des biens dotaux. Le droit proportionnel n'est dû que lorsque l'estimation des immeubles est faite avec la clause qu'elle vaudra vente. Quant aux meubles, comme leur estimation vaut vente, la régie réclamait un droit proportionnel. Mais la Cour de cassation a rejeté avec raison cette prétention. La loi, en déclarant que l'estimation des meubles vaut vente, n'a eu, en effet, pour but que de déterminer le montant de la somme que le mari devra payer à la femme dans le cas où les meubles viendraient à périr par sa faute.

Quand le mari a l'administration des biens paraphernaux, il n'est soumis à aucun droit lorsqu'il se trouve constitué par un acte quelconque débiteur envers sa femme, car il n'est que le mandataire de celle-ci, et nous savons que le mandat ne contient aucune mutation, sauf le cas où un pareil acte cache un véritable prêt.

Vente. — Nous diviserons les développements relatifs à cette matière en quatre parties : 1° vente des biens immeubles; 2° vente des biens meubles; 3° vente des créances; 4° vente des offices ministériels.

I. *Vente des immeubles.* — Les textes à consulter en cette matière sont : l'art. 69, § 7, n° 1, et l'art. 52 de la loi de 1816, qui a fondu ensemble le droit d'enregistrement et le droit de transcription.

Nous nous occuperons, quant à la vente des immeubles : 1° des actes soumis au droit proportionnel; 2° de la nullité ou la résolution de la vente d'immeubles; 3° de la déclaration de command ou d'ami.

1° *Actes soumis au droit proportionnel de vente.* — L'article 69, § 7, n° 1, déclare que les ventes, reventes, cessions,

rétrocessions, et tous autres actes civils et judiciaires trans-
latifs de propriété et d'usufruit de biens immeubles, sont soumis au droit proportionnel de 4 fr. p. 100.

Les adjudications qui n'offrent pas ce caractère translatif
de propriété, ne donnent pas lieu à la perception du droit
proportionnel, ce qui peut arriver quand l'adjudication est
faite au profit d'une personne qui était déjà propriétaire de
l'immeuble vendu. Ainsi l'héritier bénéficiaire qui se rend
adjudicataire des biens de la succession n'est soumis à aucun
droit. Ce point ne faisait pas plus de doute dans l'ancien
droit que de nos jours. Nous devons donner la même décision quand l'adjudication est faite au profit de l'acheteur
d'un immeuble hypothéqué, sauf le paiement d'un supplément de droit pour le surplus du prix, s'il y a lieu.

Quant à la mutation de l'usufruit, le droit à percevoir est
établi sur le pied du prix de vente. S'i' s'agit de la vente de
la nue-propriété, le droit sera évalué non pas seulement sur
le prix de la nue-propriété, mais sur la moitié de tout ce qui
forme le prix du contrat, c'est-à-dire de la pleine propriété,
et le droit sera perçu sur le total, par anticipation pour le cas
où l'usufruit se réunira à la nue-propriété. Cette décision est
rigoureuse, mais la loi est expresse. Toutefois il ne sera dû
aucun droit pour la réunion de l'usufruit à la nue-propriété ;
cependant si cette réunion s'opère par un acte de cession, et
que le prix soit supérieur à l'évaluation qui en aura été faite
pour régler le droit de la translation de propriété, il est dû
un droit par supplément sur ce qui se trouve excéder cette
évaluation. Dans le cas contraire, l'acte de cession est enregistré pour le droit fixe.

Si, l'usufruit ayant été vendu, l'acheteur le revend plus
tard au vendeur, quelques auteurs soutiennent que le droit
de rétrocession n'est pas dû, car il y a là extinction plutôt
que transmission de l'usufruit. Mais nous déciderons le con-

traire. Il est si vrai, en effet, que la revente de l'usufruit contient une transmission, que les hypothèques consenties par le second vendeur ne s'éteindront pas après la revente. Il n'y a aucune analogie, d'ailleurs, entre ce cas et l'hypothèse précédente.

Expliquons maintenant l'art. 52 de la loi du 28 avril 1816.

Nous savons que, d'après la loi de frimaire, l'acheteur devait payer, outre le droit d'enregistrement, un droit de transcription de 1 fr. 50 p. 100, quand il faisait faire la transcription de l'acte de vente. Comme la plupart des acheteurs, voulant se soustraire au paiement d'un impôt excessif, se refusaient à faire transcrire l'acte qui constatait la mutation, la loi de 1816 fondit ensemble le droit d'enregistrement et celui de transcription. Elle décida, en effet, que le droit d'enregistrement des ventes d'immeubles sera fixé à 5 1/2 p. 100; mais elle ajouta que la formalité de la transcription au bureau de la conservation des hypothèques ne donnera plus lieu à aucun droit proportionnel. Cette théorie est confirmée par l'art. 12 de la loi d 1855 sur la transcription.

On se demande si les ventes verbales doivent être soumises au droit de transcription. La raison de douter est que la transcription suppose l'existence d'un acte qui constate le contrat, et nous n'avons dans notre cas qu'une convention verbale. La régie soutient que ce droit lui est dû parce que l'art. 52 ne distingue pas. D'ailleurs, ajoute-t-elle, ces ventes sont le plus souvent constatées par des écrits que les parties ne veulent pas produire.

Le droit de transcription est-il dû quand il s'agit de l'adjudication des biens de la succession au profit de l'héritier bénéficiaire? Quelques personnes admettent la négative. Elles raisonnent ainsi : le droit de transcription étant additionne' ne doit être établi que dans le cas où le droit principal existe ; or, comme dans notre hypothèse aucun droit principal n'est perçu, ainsi que nous l'avons dit, le droit de transcription ne peut pas non plus être exigé. Mais le système contraire a prévalu dans la pratique, parce que, a-t-on dit, l'acte d'adjudication est de nature à être transcrit et que la transcription est d'ailleurs d'une grande importance pour l'adjudicataire.

Les ventes d'usufruits sont aussi soumises au droit additionnel. L'acte de renonciation de la part de l'usufruitier au profit du nu-propriétaire doit donner lieu à la perception du droit de transcription, car il n'est pas extinctif, mais bien translatif du droit d'usufruit.

S'il s'agit de la vente de la nue-propriété, le droit de transcription sera perçu suivant les mêmes distinctions que nous avons faites à l'occasion de la perception du droit d'enregistrement.

11. *Théorie sur la nullité de la vente et sur la condition suspensive ou résolutoire qui affecte ce contrat.* — Nous renvoyons le lecteur, en ce qui touche cette matière, aux développements que nous avons donnés quand nous avons traité des contrats en général. Bornons-nous seulement à dire ici que l'adjudication faite sous la condition qu'elle n'emportera transmission de propriété qu'autant que la consignation des deniers sera faite chez le notaire dans les vingt-quatre heures, ne donne lieu à la perception d'aucun droit, si la condition n'est remplie qu'après le délai fixé par les parties.

Parlons maintenant de la condition résolutoire tacite résultant du défaut de paiement du prix. Ce pacte commissoire n'existait pas plus chez les Romains que dans l'ancien droit français ; mais peu à peu, Domat et Pothier réussirent à le faire admettre dans la pratique. Sous l'ancien régime, on décidait qu'un nouveau droit devrait être perçu dans le cas où, une vente ayant été conclue, le vendeur convenait ensuite avec l'acheteur de lui remettre le prix et d'en recevoir la chose vendue ; car, disait-on, cette nouvelle convention n'était qu'une pure rétrocession ; mais si les choses étaient encore entières *rebus integris*, le nouveau contrat n'était passible d'aucun droit. Mais la condition résolutoire était-elle considérée, au point de vue fiscal, comme une convention donnant lieu à la perception d'un nouveau droit ? Et fallait-il, à cet égard, distinguer si les choses sont ou non encore entières ? La loi de frimaire garde un silence absolu sur ces questions, mais la Cour de cassation se prononça pour l'affirmative. C'est alors que la loi du 27 ventôse an ix consacra la distinction que nous venons de voir en décidant que le jugement portant résolution de vente pour défaut de paiement du prix, n'est pas soumis au droit proportionnel, si l'acheteur n'est point entré en jouissance.

On se demande si cette loi est encore en vigueur. M. Championnière, soutient avec raison qu'elle est abrogée par les art. 1184 et 1654, qui sous-entendent la condition résolutoire tacite dans tous les contrats synallagmatiques, sans distinguer si les choses sont ou non entières au moment où elle produit son effet. Or la condition résolutoire tacite remet les choses dans leur premier état, ce qui ne peut nullement motiver la perception d'un nouvel impôt. Mais la jurisprudence s'est prononcée dans le sens contraire. Elle prétend qu'on ne peut, par une interprétation forcée de dispositions du droit civil, méconnaître le texte formel de la loi fiscale qui se trouve dans l'art. 12 de la loi de l'an ix. Ainsi la jurisprudence suppose que les parties pourraient s'entendre et déguiser une rétrocession sous les formes d'une résolution. Elle présume donc la fraude, et ne tient nul compte des garanties extérieures qu'offre la justice. Les vrais principes exigeraient que le droit fiscal fût subordonné au droit civil ; les tribunaux auraient à statuer ensuite sur la sincérité des motifs de la résolution, s'il y a lieu.

La même difficulté peut se présenter dans cette hypothèse, quant au droit additionnel de transcription.

Folle enchère (voyez l'art. 733 du Code de proc.). — Dans l'ancien droit, des difficultés se présentaient sur la folle enchère à l'occasion des droits qui devaient être perçus au profit des seigneurs. Quelques jurisconsultes prétendaient qu'elles donnait naissance à la perception d'un double droit, parce qu'il y avait deux mutations, tandis que d'autres soutenaient, au contraire, qu'on devait se contenter d'un seul droit, parce qu'il y avait unité de mutation. L'art. 69 § 7, n°1 , al. 2, fut rédigé dans un système mixte. Loin de permettre le cumul du droit, il déclare que les adjudications à la folle enchère, des biens immeubles sont assujetties au droit proportionnel, mais seulement sur ce qui excède le prix de la précédente adjudication, si le droit en a été acquitté.

La surenchère (voy. les art. 2185 C.-N. et 708 et 709 C. de proc.). — En droit fiscal, la surenchère n'est pas l'objet d'une disposition spéciale de la loi, mais comme le caractère de cette opération ressemble beaucoup à la folle enchère, on lui applique les dispositions relatives à cette matière.

Deux hypothèses sont possibles, quant à la surenchère.

1° Si le nouveau propriétaire est dépossédé par le surenchérisseur, nous appliquons la règle prescrite par la loi, c'est-à-dire que le droit sera perçu sur le surplus du prix, ce qui arrive ordinairement quand il y a une seconde vente. Nous disons ordinairement, car il se peut que le nouveau prix de vente soit inférieur au prix de la première aliénation. Ainsi, lorsqu'un étranger est devenu acquéreur d'un im-

meuble dont la surenchère est plus tard faite au profit d'un
cohéritier, celui-ci ne paiera, comme nous l'avons vu, le
droit proportionnel que sur les parts de ses cohéritiers, déduction faite de la sienne. Quelques tribunaux ont décidé que
dans ce cas, la régie devra restituer le surplus du droit au
premier acquéreur, mais la Cour de cassation déclara que
ce droit étant légalement perçu n'est pas sujet à restitution.

2° Si c'est l'acheteur ou le donataire qui demeure, en définitive, adjudicataire, doit-il payer le surplus du droit? Un
auteur a soutenu la négative, se fondant sur ce que l'adjudication n'ayant pas, dans ce cas, un effet translatif de propriété, l'adjudicataire ne fait que consolider son droit. Mais
la Cour de cassation s'est prononcée avec raison pour l'affirmative, parce que l'adjudication a fait voir la valeur véritable, le prix réel de la chose vendue qui ne doit pas échapper à l'impôt fixé par la loi.

Si l'adjudicataire était donataire de l'immeuble, il
est évident qu'il ne doit pas payer un autre droit de
mutation, car il s'en est déjà acquitté en qualité de donataire. Comme le droit perçu pour les donations est supérieur à celui que l'on paie pour les ventes, on se demande
si le surplus du droit sera payé sur le taux de la donation ou
sur celui de la vente. Dans ce premier système, on se prononce pour le taux fixé pour la vente, parce que l'acquéreur
devient propriétaire définitif en vertu de la vente, et non pas
de la donation. Dans un second système, on veut s'en tenir
au taux des donations, parce que dit-on, l'adjudication ne
fait que consolider sur la tête de l'acquéreur la qualité de
propriétaire dont il était déjà revêtu en vertu de la donation.

La Cour de cassation a décidé qu'en cas de surenchère,
la régie ne pourrait pas provoquer une expertise afin d'é-

tablir la fraude des parties et de percevoir un double droit, car la surenchère fait disparaître les premières déclarations des contractants.

Quand l'acquéreur d'un immeuble hypothèqué ne paie pas les créanciers, ceux-ci peuvent saisir et faire vendre le bien (art. 2169 C. N.). Dans ce cas, à la différence de ce que nous avons dit pour la surenchère, un nouveau droit est exigible, car il y a une nouvelle vente.

Vente à réméré. — Cette vente, étant faite sous condition résolutoire, transfère immédiatement la propriété et donne lieu à la perception d'un droit proportionnel de vente. Si le réméré est exercé dans le délai stipulé, la régie ne percevra qu'en simple droit de quittance de 50 c. p. 100. Dans le cas contraire, comme il y a une nouvelle translation de propriété, elle percevra un droit de vente.

Déclarations ou élections de command ou d'ami. — On appelle command celui pour le compte duquel on achète une chose, et qu'on se réserve de désigner plus tard. Dans notre cas, celui qui achète diffère du mandataire en ce que celui-ci n'est que l'instrument du mandant, tandis que le premier reste directement obligé envers le vendeur, s'il ne fait pas la déclaration de la personne pour le compte de laquelle il achète, ou si cette personne n'accepte pas le contrat. Cette espèce de convention fut employée sous l'ancien régime dans le but d'échapper, dans notre hypothèse, au paiement d'un double droit en faveur des seigneurs; un second motif qui donna naissance à ce contrat se trouve dans la crainte des personnes qui éveilleraient une concurrence ardente, si elles se présentaient aux enchères.

Comme cette institution donne lieu à beaucoup de fraudes, la loi de frimaire prit de grandes précautions pour les prévenir. Elle déclare, à cet effet, dans l'art. 67, 7, n° 3, que, si la déclaration de command ou d'ami est faite après les vingt-quatre heures de l'adjudication ou du contrat, ou lorsque la faculté d'élire un command n'y a pas été réservée, la régie y verrait un véritable acte translatif de propriété qui motivera la perception d'un droit proportionnel de 4 fr. p. 100.

On n'est affranchi, comme on le voit, de la perception du droit qu'à trois conditions :

1° Il faut que l'acquéreur se réserve dans le contrat la faculté d'élire un command; autrement, en effet, il est évident qu'il achète pour lui-même et que, quand il se fait plus tard remplacer par une autre personne, il fait une seconde aliénation qui échapperait ainsi à l'impôt.

2° Il faut que la déclaration soit faite dans les vingt-quatre heures de l'adjudication. Ici nous examinerons à quel titre, dans quelles formes, dans quelles conditions et dans quel délai la déclaration doit se produire.

A quel titre ? La déclaration doit être faite à titre gratuit : ainsi celui qui achète un immeuble pour 100 doit le livrer à son command pour la même somme. Si on objecte que le mandat peut être salarié, et que par conséquent le mandant peut accepter l'immeuble à un prix supérieur, nous répondons qu'alors le contrat de command n'est qu'un prétexte pour cacher une véritable aliénation.

Dans quelles formes ? La déclaration doit être faite dans un acte public. Cette déposition sert à empêcher les fraudes. L'acte sous seing privé, enregistré dans les vingt-quatre heures, ne satisferait pas aux prescriptions de la loi.

Dans qu'elles conditions ? La déclaration doit être exempte de toute idée de spéculation ; la personne désignée doit être substituée à l'acheteur primitif, sans qu'il y ait aucun changement dans la situation des parties. De là il suit, comme nous l'avons dit, que le prix ne doit pas être changé, et que la déclaration ne doit pas être suspensive ou résolutoire. Cependant l'acheteur qui s'est réservé le droit d'élire un command, peut comprendre dans sa déclaration plusieurs personnes différentes, qui lui seront substituées chacune pour une portion déterminée dans la propriété de l'immeuble.

Le délâi dans lequel doit se faire la déclaration, est de vingt-quatre heures, à partir de l'adjudication.

3° Il faut que la déclaration soit notifiée par l'acheteur, d'un côté au vendeur, et de l'autre à la régie, envers lesquels il reste désormais définitivement déchargé.

II. *Vente de meubles.* — L'art. 69, § 5, n° 1, assujettit les meubles au droit proportionnel de 2 fr. p. 0/0.

Il y a trois différences entre la vente des immeubles et celle des meubles :

1° Pour la vente d'immeubles, fût-elle verbale, le droit est dû immédiatement; la preuve dans ce cas peut en être faite même par des présomptions; tandis que pour les ventes mobilières, le droit n'est exigible que sur la présentation volontaire de l'acte qui la constate, à moins que la partie n'en fasse usage soit en justice, soit dans un acte public. S'il en était autrement, les ventes mobilières seraient entravées par la perception de l'impôt.

2° La vente d'immeubles doit être enregistrée dans les trois mois de la date du contrat, tandis que la vente de meubles n'est pas soumise à cette condition.

3° Le taux du droit pour les immeubles est de 5 francs 50 p. 0/0; il n'est que de 2 francs pour 100 francs pour les meubles.

Les actes soumis au droit proportionnel de 2 p. 0/0, sont mentionnés par l'art. 69, § 7, n° 1; ce sont : les adjudications ventes, reventes, cessions, rétrocessions, etc., translatives de propriété à titre onéreux.

Il est important de savoir si tel acte est une vente, un marché ou un louage, afin de pouvoir déterminer quel est le droit qu'il faut percevoir. Ainsi, le mécanicien qui s'oblige à fournir la matière et le travail fait une vente.

Quant à la nullité ou la résolution de la vente des meubles, de même que pour la déclaration de command ou d'ami, nous devons appliquer les principes relatifs à la vente des immeubles.

La loi du 22 pluviôse an VII prescrit les formalités requises pour la vente des meubles. Les meubles ne peuvent être valablement vendus qu'en présence des officiers publics et par leur ministère ; cette règle a pour but d'empêcher les fraudes qui pourraient se produire. Les officiers publics doivent préalablement faire une déclaration au bureau de l'enregistrement.

Cession de créances et délégation. — La loi de frimaire, dans l'art. 69, § 3, n° 3, soumet les cessions de créances au taux de 1 fr. p. 0/0. La cession du rang hypothécaire entre créanciers ne donne pas lieu au droit proportionnel, car il n'y a là qu'un changement du rang de l'hypothèque, et non pas une cession de créance. Le ministre des finances a décidé que, dans le cas où une personne consentait à être mal colloquée en faveur d'une autre personne qui le serait utilement à sa place, un droit proportionnel devrait être perçu. Mais nous ne croyons pas que l'on puisse voir dans cette opération l'idée d'une véritable cession de créance.

Délégation à terme. — La délégation est l'acte par lequel le débiteur, pour s'acquitter envers le créancier, lui présente une tierce personne qui s'oblige à sa place et que le créancier accepte comme débiteur. Il faut que, dans la délégation, il y ait le concours de trois volontés.

Pour que le droit soit exigible, faut-il le concours du délégataire ? l'acceptation de celui-ci est-elle nécessaire ?

Pour l'affirmative on dit que la loi fiscale, n'ayant pas défini la délégation, on doit s'en tenir à la loi civile qui exige cette acceptation. Pour soutenir la négative, on se fonde avec raison sur l'art. 68, §1, n° 3, qui décide que les acceptations de délégations de créances à terme, faites par actes séparés, lorsque le droit proportionnel a été acquitté pour la délégation, ne sont soumises qu'à un droit fixe. Il résulte évidemment de cette disposition que le droit peut être acquitté, même avant l'acceptation du délégataire, et sans le concours de celui-ci.

L'art. 69, § 3, n° 3, assujettit au droit de 1 f. p. 100 fr. les délégations du prix stipulées dans un contrat, pour acquitter des créances à terme envers un tiers. La loi a voulu établir ici le droit non pas sur la délégation, mais sur les créances au paiement desquelles la délégation est employée. Elle y voit une sorte de cession de créance. Pour qu'il y ait affranchissement du droit proportionnel, il faut que les créances qui servent à la délégation aient été enregistrées.

IV. *Ventes d'offices ministériels.* — La Constituante abolit les anciennes charges, mais la loi du 28 avril 1816 consacra le droit qui consiste à permettre à l'officier public de présenter son successeur à l'agrément du gouvernement. La loi de frimaire ne pouvait tarifer des cessions qui étaient illégales à cette époque, mais, comme en pratique on faisait souvent des traités sur les offices ministériels, on se demandait quel serait le droit à percevoir. Les uns considéraient les offices comme des biens meubles et voulaient appliquer le tarif de 2 fr. p. 100; d'autres considéraient la clientelle comme un bien incorporel, pour lequel la régie ne percevrait qu'un droit de créance. La loi du 21 avril 1832 combla cette lacune et décida que l'on percevra sur le montant du cautionnement un droit de 10 fr. p. 100 fr. La prétention de la régie qui exigeait, en outre, un droit proportionnel fut repoussée par les tribunaux, qui déclarèrent que la loi avait eu pour but, en créant ce nouveau tarif, de la substituer à celui du droit proportionnel. Cependant le taux fixé par la nouvelle loi amena des inégalités fâcheuses, car le chiffre du cautionnement est bien le même pour tous les offices, de même ordre, mais les profits de chaque office varient suivant l'importance de la clientelle.

La loi du 25 juin 1851 abolit comme arbitraire le droit sur le cautionnement et établit l'impôt sur la valeur des offices. Les transmissions à titre onéreux furent soumises au droit de 2 fr. p. 100; celles à titre gratuit, au droit de donation ordinaire. Si la transmission a lieu à titre héréditaire, le droit sera de 2 fr. p. 100 fr. du prix estimé par le traité qui intervient entre les héritiers, lorsque l'office passe à l'un deux. Mais si l'office est cédé par l'héritier ou les héritiers à un tiers, le droit ordinaire peut être perçu sans préjudice du droit de succession.

La loi décide qu'en cas de fraude faite au détriment du trésor, il sera perçu, à titre d'amende, un droit en sus de celui qui sera dû sur la différence du prix d'évaluation.

En cas de création nouvelle de charges ou offices ou de nomination de nouveaux titulaires sans présentation, il sera perçu un droit de 20 p. 100 sur le montant du cautionnement. Si le gouvernement supprime un office, l'indemnité qu'il paiera au titulaire sera soumise à un droit de 2. p. 100. Les droits perçus seront restitués toutes les fois que la transmission n'aura pas été suivie d'effet (voy. les art. 11 à 14 de la loi de 1841).

Échange. — Dans l'ancien droit, les édits royaux fixaient pour l'échange le même droit que pour la vente, mais le droit de centième denier était perçu sur les deux immeubles. La Constituante, dans le but d'encourager l'agriculture en facilitant la réunion en un tout de plusieurs parcelles de terrain morcelées, établit pour l'échange un droit de moitié moindre de celui fixé pour la vente, et décida qu'il ne serait perçu que sur un seul immeuble. La loi de frimaire confirma ce système, et fixa le droit à 2 fr. p. 100 fr. Mais elle soumit la soulte au droit de vente. Observons qu'il faut ajouter au droit proportionnel perçu sur l'échange le droit de transcription établi par l'art. 54 de la loi de 1816. — La Restauration, voulant favoriser davantage les échanges, fit rendre la loi du 16 juin 1816, qui réduit le droit proportionnel à 1 fr. p. 100, et qui décide que l'échange fait entre des terres voisines à l'effet de s'arrondir, ne donnera lieu qu'à la perception du droit fixe. L'opposition attaqua dans les chambres cette loi comme tendant à ramener la grande propriété. En pratique on eut recours à la fraude pour échapper au droit de vente; ainsi un propriétaire acquérait une petite parcelle de terre qu'il échangeait ensuite contre une terre de grande importance. La loi du 24 mars 1834 abrogea la seconde partie de la loi précédente, de sorte que le droit proportionnel fut fixé à 1 fr. p. 100, sans le droit de transcription.

S'il s'agit de l'échange d'un meuble contre un immeuble la régie perçoit un droit de vente, car la loi n'a pas prévu ce cas. Quant à l'échange de meubles entre eux, comme la considération de faveur, dont nous avons parlé, ne se présente pas, le droit sera de 2 fr. p. 100 comme pour la vente de meubles.

Le louage. — Nous savons qu'il y a deux espèces de louages : 1° louage de choses ; 2° louage d'ouvrage.

I. *Louage de choses.* — Ce contrat est soumis au droit proportionnel par l'art. 4 de la loi de frimaire.

Sous l'ancienne monarchie, dès qu'un bail avait la durée de trois ans, il était passible du même droit que la vente.

Mais les jurisconsultes de l'époque réussirent à faire admettre la distinction juste et naturelle qui existe entre ces deux contrats. Ce furent d'abord les baux de neuf ans et plus tard ceux qui dépassent même ce terme qui jouiront de la faveur fiscale. Les baux à longue durée restèrent seuls assimilés à la vente. Cette jurisprudence fut consacrée par la loi de frimaire.

Il importe de distinguer les baux de meubles des baux d'immeubles. En effet, pour les meubles, le droit de bail est un droit d'acte. C'est pourquoi l'existence de la convention, lorsqu'elle sera faite verbalement, ne sera jamais recherchée, et, si elle suppose un écrit, cet acte ne sera imposé que sur la présentation volontaire ou par suite de l'usage qui en sera fait. Le droit de bail pour les immeubles est, au contraire, un droit de mutation. Mais la règle d'après laquelle le droit de mutation d'usufruit et de propriété est exigible, même dans le cas où les nouveaux possesseurs prétendent qu'il n'existe pas de convention écrite, n'est pas applicable à la mutation de jouissance, qui continue d'être régie par l'art. 13 de la loi de frimaire. Par conséquent, la location verbale des meubles ne pourra pas être prouvée par la régie. Quant aux mutations écrites de meubles, l'administration ne pourra jamais en prouver l'existence, tandis qu'elle aura le droit de prouver celle des immeubles.

Une autre différence, au point de vue fiscal, entre les meubles et les immeubles existe relativement aux délais de l'enregistrement : les baux de meubles peuvent être enregistrés sans délai, tandis que ceux d'immeubles le seront dans les trois mois à partir du jour du contrat.

1° *Baux ordinaires dont la durée est limitée.* — Ces baux sont prévus par l'art. 69, § 3, n° 2. La loi prend pour base du droit à percevoir le montant du prix cumulé de toutes les années, suivant la durée des baux. Ils sont tarifés à

1 fr. p. 100 fr.; mais la loi du 16 juin 1824, pour faciliter ces conventions si utiles à l'agriculture, réduisit le tarif à 20 centimes pour 100 fr.

Il est important de distinguer, au point de vue fiscal, si tel contrat est une vente de meubles ou un louage : ainsi quand un propriétaire vend la récolte sur pied, le droit est de 2 fr. p. 100, tandis que s'il afferme sa terre, le droit ne monte qu'à 20 cent. pour 100 fr. Ce qui caractérise le louage, c'est que le bailleur confère au fermier le droit d'employer son travail à l'exploitation de la terre.

Quoique la loi de 1824 ne s'occupe pas des sous-baux, cessions et subrogation de bail, nous croyons devoir appliquer à ces contrats qui ne sont, au fond, que des baux proprement dits, le même tarif modéré par cette loi.

Le droit de cautionnement des baux ordinaires sera égal à la moitié de celui fixé par la loi pour ces contrats, c'est-à-dire de 10 cent. p. 100 fr.

La transmission par décès du droit de bail donne-t-elle lieu à un droit de mutation par décès ou à un droit de jouissance? La loi de frimaire n'ayant pas prévu ce cas, les héritiers du preneur ne sont passibles d'aucun droit, conformément au principe que les contrats innomés ne sont sujets à aucun impôt proportionnel.

2° *Baux extraordinaires ou de longue durée.* — Ces baux sont tarifés par l'art. 69, §.7, n° 2, à un droit de 4 fr. p. 100, comme la vente, car il est impossible de connaître le nombre des années de jouissance pour calculer le droit d'après la règle prescrite en matière de baux ordinaires.

Le bail emphytéotique est-il de longue durée? Cette question, débattue en droit civil, est bien plus importante en droit fiscal, où il faut déterminer le montant du droit à percevoir.

1er *système.* Le bail emphytéotique ne diffère principalement des autres baux ordinaires que sous le rapport de la durée. C'est d'ailleurs un bail limité qui, dans le silence de la loi, ou plutôt conformément à la loi, doit être soumis au droit de 20 cent. pour 100.

2° *système*. Ce bail est bien différent des autres: il engendre un droit réel susceptible d'hypothèque ; l'emphytéote a un droit réel. La conséquence est qu'il doit être soumis aux dispositions du tarif relatives aux mutations immobilières. La régie, qui avait adopté d'abord le premier système, l'a abandonné depuis 1834 pour se rejeter sur l'autre, qui a été consacré par la Cour de cassation. Ce bail est donc soumis au droit de 5 1/2 p. 100.

II. *Louage d'ouvrage.* — La loi fiscale ayant tarifé certaines conventions comprises dans ce louage, on se demande ce que l'on doit décider pour celles qui n'y sont pas prévues.

L'art. 69, § 3, n° 1, soumet au droit proportionnel de 1 fr. p. 100 les adjudications au rabais, marchés pour constructions et réparations et tous autres objets mobiliers susceptibles d'estimation qui ne contiennent pas vente.

Des difficultés peuvent se présenter sur le point de savoir si telle convention est plutôt une vente qu'un louage d'ouvrage. Il est, en effet, important de connaître si le droit à percevoir est de 1 fr. ou de 2 fr. p. 100. Nous devons, à cet égard, adopter les distinctions faites par le droit romain. Ainsi le contrat par lequel un orfévre s'oblige à faire avec sa matière un objet d'art est plutôt une vente qu'un louage d'ouvrage, tandis que nous aurons un louage d'ouvrage dans le cas où un architecte s'engage à faire telle construction avec les matériaux du propriétaire. Une compagnie de chemin de fer, s'étant obligée à transporter les matériaux nécessaires à une grande entreprise manufacturière, soutenait que son engagement, n'étant pas tarifé par la loi, est exempt du droit proportionnel ; mais la Cour de cassation décida qu'elle devait payer le droit de 1 fr. p. 100, parce que cette obligation rentrait dans l'expression *marché*, qui est employée par la loi et qui doit être prise dans une acception très large.

Le cheptel est soumis au même droit que les baux de meubles.

Sociétés. — Nous examinerons ici :

1° Les actes contenant formation ou dissolution de la société. L'art. 68, § 3, n° 4, déclare que les actes de société ne portant ni obligation, ni transmission de biens meubles ou immeubles entre les associés ou autres personnes, ne sont soumis qu'au droit fixe de 3 francs. Mais cette disposition, prise à la lettre, n'anéantit-elle pas la faveur que ia loi paraît accorder aux sociétés ? Non, la loi a voulu seulement dire que toutes les fois que l'acte de société ne contient que les clauses relatives à ce contrat, il n'est soumis qu'au droit fixe: ainsi l'apport que les associés font soit en numéraire, soit en immeubles, est complétement affranchi de tout droit proportionnel. Mais alors dans quelle hypothèse les clauses insérées dans ce contrat emportent-elles transmission de propriété ? C'est quand un associé fait à la société un apport de biens immeubles et qu'il en reçoit le prix, car alors il y a une véritable vente frappée du droit proportionnel.

L'acte de dissolution de la société n'est passible que d'un droit fixe.

Quant au partage de la société, quelques personnes le considèrent comme simplement déclaratif et ne donnant par conséquent lieu qu'au droit fixe. De là il résulte que si l'immeuble qui appartenait à un associé au moment de la formation du contrat tombe, par l'effet du partage, dans le lot d'un autre associé, il est exempt du droit proportionnel. Dans un autre système on dit : sans doute l'impôt n'est pas dû au moment de la formation du contrat, parce qu'on suppose que chaque associé est resté propriétaire de son apport immobilier où mobilier, mais cette supposition s'évanouit par le partage qui peut faire entrer l'immeuble d'un associé dans le lot d'un autre associé. Or cette opération est une aliénation qui doit être sujette au droit proportionnel.

2. *Les cessions d'actions mobilières des compagnies.* — Elles étaient soumises, par faveur pour la société, à la moitié du droit qui frappe les cessions de créances, c'est-à-dire à 50 cent. p. 100. Ce droit, déterminé par la loi de frimaire, fut remplacé par un droit de timbre élevé au même taux par la loi du 5 juin 1850.

Prêt à usage. — Le commodat n'étant pas tarifé par la loi de frimaire, est un contrat innomé, qui, d'après les principes généraux que nous avons exposés, ne donne ouverture qu'à un droit d'acte.

Prêt à intérêt. — Ce contrat est tarifé au droit proportionnel d'obligation de 1 fr. p. 100. Nous avons examiné, quand nous avons traité des contrats en général, la question de savoir si le prêt ayant pour objet des choses fongibles, doit être placé sur la même ligne que le prêt à intérêt, quant à la perception des droits fiscaux.

Il ne faut pas confondre le prêt proprement dit avec la promesse du prêt, qui s'appelle en pratique *ouverture de crédit*, et qui a lieu entre le créditeur et le crédité pour une somme, à charge de remboursement. Ce contrat, d'après quelques personnes, doit être soumis au droit proportionnel, car il comprend une obligation de sommes. Mais en nous référant à l'esprit de la loi, nous croyons que le droit proportionnel ne doit pas être exigé, car notre article, en parlant des obligations de sommes, suppose un prêt effectué, et non une simple promesse qui, n'étant pas tarifée, échappe à l'impôt. Toutefois si plus tard le prêt est réalisé, il sera soumis au droit proportionnel.

Constitution de rente. — Il faut soigneusement distinguer

ce contrat du prêt à intérêt, car, en droit fiscal, la rente constituée est considérée comme une vente et tarifée par l'art. 69, § 5, n° 2, au taux de 2 fr. p. 100, tandis que le prêt n'est soumis qu'à un droit de moitié moindre.

Si le débiteur d'une rente s'oblige à restituer le capital à une époque quelconque, quelques auteurs voient dans cette convention une novation, qui, en créant une nouvelle obligation, donne lieu à la perception du droit proportionnel. D'autres soutiennent le contraire, en disant que la novation ne doit pas se présumer. Une instruction du ministre des finances de 1811 se prononça en faveur de cette opinion. Mais une nouvelle instruction ministérielle de 1821 fait cette distinction : si le rachat est devenu forcé (ce qui arrive quand le débiteur ne paie pas régulièrement les arrérages), le nouveau contrat n'est pas une novation ; mais si le rachat est purement volontaire, il constitue une novation passible du droit proportionnel. En 1833 l'administration fit une nouvelle concession, car elle n'admit plus la distinction faite par le ministre. Elle déclara que le débiteur est libre de s'acquitter envers son créancier sans alternative, en lui remboursant soit les arrérages, soit le capital de la rente, sans que cette restitution donnât lieu au droit proportionnel. La Cour de cassation rejeta plus tard une prétention de la régie qui voulait revenir à l'ancien système.

La loi de frimaire soumet au tarif de la rente les transports, cessions et délégations de rente.

Dépôt. — Il peut être fait soit chez les officiers publics, soit chez les particuliers.

1° *Dépôt de sommes chez les officiers publics.* — L'acte qui constate la formation ou la restitution de ce dépôt ne donne lieu qu'à un simple droit fixe, car il n'emporte aucune transmission (voy. art. 68, § 1, n° 27).

2° *Dépôt chez les particuliers.* — On devrait donner ici

la même décision, car la nature du contrat est la même. Cependant l'art. 67, § 3, n° 3, craignant que ce dépôt ne cache au fond un contrat du prêt, le soumet au droit proportionnel de 1 fr. p. 100. C'est là une présomption légale de fraude. La même crainte ne peut avoir lieu relativement aux officiers publics, car ils inspirent plus de confiance. Cette loi est, il faut en convenir, excessivement rigoureuse.

Quant à l'acte qui constate la restitution du dépôt, quelques personnes prétendent que, n'étant pas prévu par la loi, il n'est soumis qu'à un droit fixe; il ne faut pas, ajoutent-elles, étendre à d'autre cas une disposition rigoureuse de la loi. Mais nous croyons qu'on doit, par voie d'analogie, donner la même décision dans notre cas, en la limitant cependant à l'hypothèse prévue par la loi, c'est-à-dire au cas où il s'agit du dépôt d'une somme d'argent.

Si les parties conviennent par une novation de changer le dépôt en un prêt à intérêt, nous croyons que cette convention ne doit plus être soumise à l'impôt proportionnel qui a été déjà perçu lors de la formation du dépôt.

Contrats aléatoires. — La rente viagère à titre gratuit est tarifiée par l'art. 69, § 5, n° 2, à un droit de 2 fr. p. 100 fr. Si elle est à titre onéreux, elle est considérée comme une vente pure et simple.

Mandat. — Ce contrat n'est passible que d'un simple droit fixe en vertu de l'art. 68, § 1, n° 36, s'il ne contient aucune stipulation donnant lieu au droit proportionnel. Nous savons que le mandataire est obligé de remettre au mandant les sommes qu'il a touchées en son nom. L'acte qui constate cette opération ne doit pas être soumis au droit proportionnel, car ce serait méconnaître la nature de ce contrat. Nous avons vu, en effet, que cet acte ne contient qu'une pure décharge.

Le mandat est souvent employé comme moyen de frauder

la loi. Ainsi les spéculateurs d'immeubles, pour ne pas payer le droit proportionnel, prennent le titre de mandataires vis-à-vis de ceux qui ne sont en réalité que de véritables acheteurs. D'autres, en prenant le même masque, s'obligent envers le mandant de lui remettre un objet quelconque à la place du prix de la chose qu'ils ont vendue en qualité de mandataires : c'est ce qu'on appelle en pratique vente de la chose du mandant aux risques et périls du mandataire. Enfin il arrive quelquefois que le mandant s'interdit la faculté de révoquer le mandat et déclare, dans le contrat, que le surplus du prix de l'objet vendu appartiendra au mandataire. Toutes ces opérations détournées cachent de véritables ventes.

Il importe, en droit fiscal, de distinguer le mandat du louage de service, car le premier de ces contrats n'est assujetti qu'au droit fixe, tandis que le second est passible du droit proportionnel. Nous renvoyons à cet égard le lecteur à la controverse qui existe sur ce point en droit civil. Observons seulement ici que le système qui considère, sans aucune distinction, les professions libérales et les arts mécaniques comme de simples louages de service, tend de plus en plus à prévaloir dans la pratique. Ainsi la régie perçut un droit proportionnel à l'occasion de l'enregistrement d'une convention par laquelle M. Alex. Dumas s'était engagé à écrire des romans dans le feuilleton du journal le *Constitutionnel*.

L'acte qui constate le remboursement d'avances faites par le mandataire est soumis au droit proportionnel, car il contient un transport de valeurs.

Cautionnement. — L'art. 69, § 2, n° 8, assujettit ce contrat au droit de 50 cent. p. 100 fr. Mais l'obligation principale que le cautionnement a pour but de garantir est, de son côté, passible du droit proportionnel de 1 fr. p. 100.

Nous avons vu qu'en cas de bail, le cautionnement n'est soumis qu'à 10 cent. p. 100 fr.

L'acte qui constate l'obligation d'un certificateur de caution n'est sujet qu'au droit fixe.

Nous avons vu que la loi considère le cautionnement, au point de vue fiscal, comme une convention indépendante de l'obligation principale ; de là il suit qu'il faut distinguer le contrat qui constate la convention principale et l'engagement accessoire de celui qui est relatif à la solidarité. Le premier, en effet, est passible de deux impôts, tandis que le second n'est soumis qu'à un seul droit proportionnel. C'est que, dans le premier cas, il y a plusieurs dettes, tandis que, dans le second cas, il n'y en a qu'une seule.

Notre article déclare que le droit perçu sur le cautionnement ne doit pas excéder celui qui est payé à l'occasion de l'obligation principale. Mais *quid* si cette dernière obligation est exempte de tout droit, comme cela arrive, ainsi que nous l'avons vu, pour le contrat de mariage ? Nous croyons, malgré la prétention contraire de la régie, que le cautionnement lui-même doit jouir de cette faveur.

Il y a de grands débats dans la pratique sur la question de savoir si tel acte contient un cautionnement ou une solidarité. Aucun doute ne se présente pour le cas où plusieurs personnes sont débitrices de parts égales, dans la dette commune, envers une autre personne : l'obligation est purement solidaire. Mais si les parts sont inégales, la régie a prétendu que, pour l'excédant, les débiteurs ne sont que de simples cautions, ce qui motive la perception du droit proportionnel. Cette opinion est inexacte, car malgré l'inégalité des parts, il n'en est pas moins vrai de dire que les débiteurs sont solidairement tenus envers le créancier ; aucun droit ne doit par conséquent être perçu pour le prétendu cautionnement. Nous allons même plus loin : il y a simple solidarité, même dans le cas où plusieurs personnes se sont engagées sous cette modalité dans l'intérêt exclusif de l'une d'elles.

Le cautionnement peut se joindre non-seulement au prêt à intérêt, mais encore à la vente, ce qui a lieu quand une personne se porte caution du vendeur. Dans ce cas on percevra un droit pour la vente et un autre droit pour le contrat accessoire qui l'accompagne.

Dans la pratique la femme ne se présente pas comme caution du mari, mais bien comme solidairement obligée avec lui. Que faut-il décider dans le cas où une chose appartenant au mari est vendue à un tiers par les deux époux qui s'obligent solidairement envers lui ?

1er *système*. — Le droit proportionnel de cautionnement n'est pas dû. Il est bien vrai que la femme n'est qu'une simple caution vis-à-vis du mari (art. 1431, C. N.), mais elle est solidairement tenue à l'égard des tiers.

2e *système*. — Le droit de cautionnement est dû. Sans doute quand il s'agit du contrat de prêt, il est difficile de savoir dans l'intérêt de qui il est conclu, mais dans notre cas il est évident que le véritable débiteur c'est le mari et que la femme n'intervient que comme caution. L'administration suivit d'abord le premier système, mais, à la suite d'une instruction ministérielle de 1831, la régie voulut appliquer le second système. Ce changement de jurisprudence souleva de vives réclamations et le conseil d'État, consulté sur la question, déclara que, quoique, en principe, le droit de cautionnement soit dû, cependant, eu égard à une pratique de 30 ans et à l'opposition des tribunaux, il y aura une suspension provisoire du droit proportionnel de cautionnement. Nous croyons que la même faveur doit être appliquée au cas où il s'agit de personnes non conjointes, car l'hypothèse est identiquement la même.

On controverse également la question de savoir si le droit

de cautionnement est exigible quand la caution est solidairement tenue envers le créancier.

Transactions. — L'art. 68, § 1, n° 45, soumet à un droit fixe les transactions, en quelque matière que ce soit, qui ne contiennent aucune stipulation de sommes et valeurs, ni dispositions soumises par la loi à *un droit plus fort*, c'est-à-dire à un droit proportionnel d'obligation ou de mutations immobilières suivant les cas.

La loi de frimaire, ainsi que le Code Nap., considère la transaction comme déclarative de propriété quant aux choses litigieuses, et translative de propriété quant aux objets que les parties sacrifient à l'effet d'obtenir le bénéfice de la transaction.

De graves difficultés se sont présentées sur cette matière, car il importe de savoir si telle transaction donne lieu à un droit fixe insignifiant ou à un droit proportionnel qui peut monter à un chiffre considérable. Examinons donc les trois systèmes qui sont en présence sur ce point.

1° Système admis d'abord par la régie et consacré par la Cour de cassation. La transaction donne lieu à la perception tantôt d'un droit fixe, tantôt d'un droit proportionnel, suivant que la chose qui est l'objet de ce contrat est restée entre les mains de son ancien possesseur ou a passé entre celles de l'autre partie. Ainsi, lorsque le légataire universel saisi, qui n'est point en concours avec un réservataire, transige avec un héritier non saisi, il y aura lieu au paiement d'un droit fixe ou proportionnel, suivant que les biens de la succession resteront ou non entre les mains du légataire. Ce système, inspiré par la crainte des fraudes qui pourraient être commises, a quelque chose d'arbitraire et d'exorbitant, parce qu'il ne s'attache qu'à la possession apparente.

2° Système admis en définitive par la régie. La transaction est toujours passible d'un droit proportionnel, sans distinguer si la chose litigieuse est ou non restée entre les mains de son possesseur. Ce système n'est pas sans doute inconséquent et n'amène pas les bizarreries de celui que nous venons d'exposer, mais il a cependant le tort de violer la loi, qui décide que la transaction est simplement déclarative quant aux objets litigieux.

3° Système que nous adoptons. La transaction est purement déclarative, quant aux choses litigieuses, et translative de propriété, quant aux choses non litigieuses que les parties sacrifient pour obtenir le bénéfice de ce contrat. Dans le premier cas, elle est passible d'un droit fixe, tandis que dans le second elle donne lieu à un droit proportionnel. Si on nous objecte qu'avec ce système on peut éluder la loi et consentir des aliénations sous la forme d'une transaction, nous répondrons que la fraude ne doit jamais être établie par une présomption légale. Ajoutons que les rédacteurs du Code Napoléon ont toujours cherché à diminuer autant que possible le nombre des procès ; or, avec les systèmes précédents, ce but ne pourrait nullement être atteint dans la pratique. Nous dirons enfin que toutes les fois que la loi fiscale ne donne pas une définition, il faut l'emprunter au droit civil, auquel on doit avoir recours comme au droit commun.

Nantissement. — Le gage donné par le débiteur au moment de l'obligation est un fait accessoire, une condition dépendante de la convention principale ; il ne donne lieu, d'après l'art. 11 de la loi de frimaire, à la perception d'aucun droit. Il faut dire la même chose pour le cas où le gage serait remis au créancier postérieurement à l'obligation principale, parce que le débiteur qui s'oblige donne par cela même au créancier un gage commun sur tous ses biens, et les parties, dans notre hypothèse, ne font qu'exécuter partiellement cette convention accessoire, qui n'est passible d'aucun droit proportionnel. D'ailleurs, la loi de frimaire no prévoyant pas les deux cas dont nous avons parlé, on peut dire que le gage donné par le débiteur est un contrat innomé, qui ne motive par conséquent la perception d'aucun droit.

Lorsque, au contraire, le gage est fourni par un tiers, quelque chose est ajouté à l'obligation; il y a en quelque sorte un autre débiteur, quoique le propriétaire de la chose engagée ne soit pas personnellement obligé. Cette convention doit donc tomber sous le coup de l'art. 69, § 2, n° 8, qui la tarife à 50 cent. p. 100.

L'antichrèse est soumise par l'art. 69, § 5, n° 5, au droit de 2 fr. p. 100; la loi l'appelle *engagement de biens immeubles.*

Hypothèque. — La constitution d'hypothèque n'est point tarifée par la loi de frimaire. Est-ce un oubli de la part du législateur? Non, car ce contrat accessoire est très fréquent dans la pratique. La cause de ce silence vient de ce que l'hypothèque avait été réservée pour être soumise plus tard à un impôt particulier, qui, en effet, fut établi sous le nom de droit d'inscription. L'hypothèque conventionnelle est, comme le gage, une conséquence du contrat qui la confère. Le débiteur est tenu sur ses biens présents et à venir par le fait même de son obligation (art. 2092, C. N.); l'hypothèque qu'il donne ne change donc rien à sa position; l'effet qu'elle produit ne concerne que le créancier à l'égard des tiers. Elle ne lui donne pas un nouveau débiteur. En conséquence, elle ne peut pas engendrer un droit particulier. D'ailleurs, les droits proportionnels ne doivent être perçus qu'autant qu'ils sont prévus par les lois; or, la loi n'en parle pas. La Cour de cassation a donné, avec raison, la même décision pour le cas où l'hypothèque serait conférée par le débiteur postérieurement au contrat principal.

Si l'hypothèque est consentie par un tiers, la régie, se

condée par la jurisprudence de la Cour de cassation, soutient que le tiers est une véritable caution, et qu'on doit par conséquent appliquer l'art. 69, § 1, n° 2. Le mot *cautionnement* dont se sert cet article doit être pris, ajoute-t-elle, dans une acception large, et cela est si vrai que la loi l'emploie pour désigner la somme déposée par un comptable pour garantie de sa gestion. Cette prétention, équitable au fond, est contraire aux principes. On ne saurait considérer l'hypothèque comme une garantie mobilière ou comme un cautionnement, avec lesquels on peut lui trouver quelque ressemblance, mais dont elle diffère essentiellement. L'hypothèque en effet est un droit réel sur un immeuble, tandis que le cautionnement n'engendre qu'un droit personnel. Donc le droit proportionnel ne doit pas être perçu.

Que faut-il décider dans le cas où l'hypothèque est donnée par le débiteur pour sûreté d'une lettre de change ou d'un billet à ordre? La Cour de cassation a d'abord décidé qu'on doit voir dans cette hypothèse une novation en vertu de laquelle l'obligation, purement commerciale, devient une obligation civile et donne lieu au droit proportionnel de 1 fr. p. 100. Plus tard la jurisprudence de cette cour s'est définitivement arrêtée à un second système d'après lequel il faut reconnaître, dans la question qui s'agite, deux obligations, l'une commerciale, l'autre civile, qui donnent naissance à la perception d'un double droit. L'un et l'autre système nous paraissent arbitraires et fondés sur une interprétation forcée. Il ne s'agit, dans notre hypothèse, que d'une obligation commerciale garantie par un moyen de sûreté civile qui, n'étant pas tarifé par la loi de frimaire, doit échapper à la perception du droit proportionnel.

SECTION IV.

ACTES ENREGISTRÉS EN DEBET, GRATIS ET CEUX QUI SONT EXEMPTS D'ENREGISTREMENT.

1° L'enregistrement *en debet* a lieu sans consignation immédiate des droits, qui sont recouvrés ultérieurement, s'il y a lieu, sur les parties. Sont enregistrés en debet : en général les actes auxquels les juges de paix procèdent d'office, tels que les appositions, reconnaissances et levées de scellés, et les nominations de tuteurs et subrogés-tuteurs ; les procès-verbaux dressés par ces magistrats pour faits de police ; les procès-verbaux des gendarmes, gardes et autres concernant la police ordinaire ; et les licitations, jugements et significations qui interviennent à la suite de ces procès-verbaux ; les déclarations d'appel des jugements correctionnels, lorsque l'appelant est emprisonné.

2° Sont enregistrés *gratis* les acquisitions faites par l'Etat, et les échanges et partages entre lui et des particuliers ; les actes de reconnaissance d'enfants naturels appartenant à des indigents et les dispenses d'âge ; les exploits ayant pour objet le recouvrement de toutes sommes dues à l'Etat, lorsqu'il s'agit de cotes ou de créances n'excédant point 100 fr. ; les jugements ayant pour objet la rectification des registres de l'état civil, ou leur remplacement, en cas de perte ou de destruction ; les actes et jugements dont la production est nécessaire pour la célébration du mariage des indigents et la légitimation de leurs enfants.

3° Sont exempts de l'enregistrement : les actes du gouvernement ; les grandes lettres de naturalisation ; les actes administratifs qui ne contiennent ni transmission, ni adjudication au rabais ou marché, ni cautionnement relatif à ces conventions ; les inscriptions sur le grand livre de la dette publique, leurs transferts et les quittances des intérêts qui en sont payés ; les quittances des sommes payées à l'Etat, et celles des traitements de ses agents ; les actes et extraits de l'état civil, sauf les actes de mariage qui contiennent reconnaissance d'enfants naturels ; les passeports ; les légalisations de signatures ; les endossements et acquits des effets négociables et des avals.

SECTION V.

DROITS ACQUIS, PRESCPIPTIONS, POURSUITES ET INSTANCES.

1° *Droits acquis.* — Nous avons vu que tout droit régulièrement perçu n'est pas restituable, quels que soient les événements ultérieurs, et sauf les cas prévus par la loi.

Sont seuls restituables d'après la loi : 1° le droit de titre perçu sur un jugement ou un arrêté, ne faisant pas mention de l'enregistrement de l'acte qui sert de base à la demande, s'il est ultérieurement justifié de cet enregistrement ; 2° le droit de mutation perçu sur une obligation de somme pour prix de vente de meubles ou d'immeubles, s'il est ensuite établi que cette vente résulte d'un acte enregistré ; la restitution n'a lieu, dans ce cas, que sous la détention du droit d'obligation ; 3° les droits de transmissions d'offices non suivies d'effet.

La jurisprudence a ajouté à ces dispositions et déclaré restituables les droits des contrats de mariage, quand le mariage n'a pas été célébré ; ceux des adjudications en justice annulées sur appel ; ceux des cessions de brevets d'imprimeur, lorsque le concessionnaire n'a pas été admis par l'autorité ; ceux des actes de formation de sociétés anonymes, quand la société n'a pas été autorisée ; les droits perçus à raison des

biens qui n'ont été compris dans les déclarations de succession que par suite d'une erreur de fait. L'administration ne
doit, en aucun cas, l'intérêt des sommes restituées.

2° *Prescriptions.* — Il y a prescription : 1° après une
année à compter du jour de l'enregistrement pour l'introduction de la demande d'expertise des biens fixant l'objet
d'une vente ; 2° après deux années, à compter du même
jour, pour la demande d'un supplément de droit ou d'une
amende de contraventions, et pour celle tendant à la restitution d'un droit indûment perçu, ainsi que pour la demande
afin d'expertise des biens transmis par échange, par donation ou par décès ; 3° après cinq années, également à compter
du même jour, pour la demande des droits exigibles à raison
des omissions reconnues dans les déclarations de mutations
par décès ; 4° après dix années, à compter du jour du décès,
pour les successions non déclarées ; 5° après trente ans pour
les droits des actes qui auraient dû être présentés à la formalité dans un délai déterminé, et qui cependant n'ont pas été
enregistrés. Les amendes et droits en sus auxquels ces droits
donnent lieu, se prescrivent par deux ans, à compter du
jour où les employés ont été mis à portée de constater les
contraventions.

Ces prescriptions sont suspendues par des demandes signi-
fiées et enregistrées avant l'expiration des délais, mais elles
sont irrévocablement acquises, si les poursuites commencées
sont interrompues pendant une année, sans qu'il y ait instance, quand même le premier délai pour la prescription ne
serait pas expiré.

3° *Poursuites et instances.* — Les receveurs sont juges
de toutes les difficultés qui s'élèvent relativement à la perception des droits, au moment de l'enregistrement, mais
les demandes à fin de rectification des perceptions faites, de
même que celles tendant au paiement d'amendes encourues

ou des droits des actes et mutations non enregistrés, doivent être portés devant les tribunaux de première instance.

Le premier acte de poursuite de la part de l'administration doit être la signification d'une contrainte décernée par le receveur et rendue exécutoire par le juge de paix. L'exécution ne peut en être interrompue que par une opposition contenant assignation à jour fixe et élection de domicile dans la commune où siége le tribunal. Les demandes en restitution des droits perçus doivent être introduites dans la forme ordinaire ; les affaires sont instruites par simples mémoires respectivement signifiés et sans plaidoiries ; les jugements sont sans appel et ne peuvent être attaqués que par voie de cassation.

SECTION VI.

DROITS ACCESSOIRES A L'ENREGISTREMENT : DROITS DE TIMBRE, DE GREFFE ET D'HYPOTHÈQUE.

1° *Timbre.* — C'est la foule de transactions, de publications, d'effets de commerce qui, dans l'Europe moderne, ont pris naissance sous l'excitation des progrès de l'industrie et de la richesse, qui seule a fait concevoir l'idée de cet impôt et en a permis l'établissement. L'Etat, afin de réaliser cet impôt, contraint les particuliers à n'employer pour les actes et les transactions dont la loi garantit l'exécution, que des papiers et des formules revêtues d'une marque apposée par ses agents, et qu'il vend à des prix calculés de façon à lui assurer un bénéfice considérable. C'est, au reste, un impôt qui soulève moins d'objections que beaucoup d'autres: il répond à son but; les actes qu'il taxe sont à même de supporter la charge; seulement il importe qu'il demeure assez modéré pour ne pas peser sur des transactions, et qu'il le soit surtout en ce qui touche ceux des actes de la vie civile, que la loi exige également de tous.

L'impôt du timbre, suivant Boxhorn, a été inventé en 1624 par un Hollandais, poussé à cette sorte de découverte par la promesse d'un prix offert par les Etats-Généraux à celui qui indiquerait un nouvel impôt, productif pour le fisc sans être vexatoire pour les citoyens. Cet impôt a été établi en France sous le nom de *formules* par l'édit de Louis XIV, du 9 mars 1673. Un second édit d'avril 1674 remplaça généralement les formules par une empreinte ou marque qui variait suivant les provinces. L'Assemblée constituante, par la loi du 18 février 1791, abolit ce qui restait encore des anciennes formules, supprima la marque et créa le papier timbré, qui est resté depuis en usage. Il n'est fait mention dans cette loi que du seul timbre fixe. Parmi les dispositions principales, il faut remarquer celle de l'article 5, qui soumet à l'obligation du timbre les actions d'entreprises, de banque ou de commerce, notamment celles de la compagnie des Indes. La loi de brumaire an vii ne l'a pas reproduite, et elle est restée dans l'oubli jusqu'à la loi du 5 juin 1850, qui en a fait revivre le principe.

Une loi du 11 nivôse an iv établit la distinction du timbre fixe ou de dimension, et timbre gradué ou proportionnel.

Un règlement du 9 vendémiaire an vi soumet au timbre les journaux et affiches. L'art. 56 parle de tous journaux ou écrits périodiques qui traitent de questions politiques, sauf quelques changements de détail ou de tarifs, cette disposition a été maintenue jusqu'en 1848. Alors, par un décret, le gouvernement provisoire affranchit les journaux de l'impôt du timbre, mais ce droit a été rétabli par la loi du 16 juillet 1850.

Quant aux affiches et aux annonces, la loi n'atteignait que celles qui étaient insérées dans les journaux ou imprimées sur papier; il était facile de s'y soustraire, car elle n'avait pas prévu certaines inventions exploitées par l'industrie, notamment celle des affiches murales. Un décret de 1852 a fait cesser cette inégalité en frappant les affiches peintes d'un droit analogue à celui que supportent celles qui sont imprimées.

L'impôt du timbre n'a été fixé d'une manière définitive que par la loi du 13 brumaire an VII. La plupart de ses dispositions sont encore en vigueur ; elle établit en principe que la contribution du timbre porte sur tous papiers destinés aux actes civils et judiciaires, sans autres exceptions que celles nommément exprimées par la loi.

Cette contribution est de deux sortes : droit de timbre fixe ou tarifé en raison de la dimension du papier, droit de timbre proportionnel créé pour les effets de commerce ou négociables, et gradué en raison des sommes à y exprimer. Tous actes, soit publics, soit privés, actes de notaires ou autres officiers publics, jugements, actes des autorités administratives, quand ils intéressent des particuliers, sont assujettis au droit de timbre fixe, ainsi que les registres de ces mêmes autorités, et tous les livres de commerce destinés à être produits en justice et à y faire foi. Le droit de timbre proportionnel est assis sur les valeurs énoncées ; il porte sur les billets à ordre ou au porteur, effets de commerce ou négociables, lettres de change, etc. Certains actes sont exempts de timbre : ce sont ceux des pouvoirs politiques, les arrêtés et décisions de l'administration publique quand il n'y a pas eu lieu à l'enregistrement, les inscriptions sur le grand-livre de la dette publique et les effets publics. Dans certains cas, les parties ont la faculté de faire timbrer à *l'extraordinaire* du papier à leur convenance : cette faculté est interdite aux notaires, huissiers, etc. (art. 18, 26, loi de brumaire an VII). Afin de suppléer au défaut de la formalité qui aurait dû être remplie, la loi permet aussi de substituer à un timbre une mention écrite et signée par un receveur. C'est ce qu'on appelle *visa pour timbre*.

La loi de brumaire a été suivie de celle du 15 mai 1818, qui affranchit du timbre les actes et arrêts de l'autorité administrative, quand ils ne portent pas transmission de propriété ou ne contiennent pas d'adjudication ou marché.

La loi du 20 juin 1837 dispense du timbre les livres des banquiers, négociants, armateurs, etc. Les derniers changements introduits dans la législation française du timbre sont ceux qui résultent de la loi du 30 juin 1850. Cette loi modifie les droits à percevoir pour le timbre des effets de commerce. La progression est ainsi établie : 5 c. pour 100 fr. et au-dessous ; de 100 fr. jusqu'à 200 fr., 10 c. ; de 200 à 300 fr., 15 c. ; de 300 à 400 fr., 20 c. ; de 400 à 500 fr., 25 c. ; de 500 fr. à 1,000 fr., 50 c. ; et ainsi de suite, en suivant la même progression sans fraction. Elle frappe d'un droit de 50 c. pour 100 fr. du capital nominal les titres et certificats d'action dans toute société, entreprise, compagnie financière, commerciale ou industrielle. Les obligations négociables des départements, communes, établissements et compagnies, sont assujetties à un droit de 1 fr. pour 100 fr. Cette loi complète la série de celles qui régissent aujourd'hui l'impôt du timbre, qui rapporte au Trésor la somme de cinquante-deux millions.

2° *Droits de greffe.* — C'est la loi du 21 ventôse an VII qui créa cet impôt dans tous les tribunaux civils et de commerce, et qui en ordonna la perception pour le compte du trésor public, par les receveurs de la régie de l'enregistrement. Observons cependant qu'une partie de cette taxe est attribuée aux greffiers comme une remise destinée à couvrir les frais des bureaux qui sont à leur charge.

La loi du 20 juillet 1820 permet aux greffiers eux-mêmes de percevoir directement la remise qui leur est allouée.

Cette taxe consiste : 1° Dans un droit qui est perçu lors de la mise au rôle de chaque cause. Ce droit ne pourra être exigé qu'une seule fois ; en cas de radiation, la mise au rôle sera replacée gratuitement à la fin du rôle, et il y sera fait mention du premier placement ; 2° dans le droit établi pour la rédaction et la transcription des actes ; 3° enfin dans le droit d'expédition des jugements et actes délivrés par les greffiers.

3° *Droit d'hypothèque.* — Les droits d'hypothèque consistent en un droit sur l'inscription des créances hypothécaires et sur la transcription des actes emportant mutation de propriétés immobilières.

Le droit d'inscription des créances hypothécaires est de 1 fr. pour 100 fr. La perception de ce droit suit les sommes et valeurs de 20 fr. en 20 fr. inclusivement et sans fractions.

Le droit de transcription fut établi, par la loi du 27 ventôse an IX, à 1 fr. 50 c. p. 100. Comme en pratique on s'abstenait de transcrire les actes pour échapper à ce nouvel impôt, la loi du 28 avril 1816, conçue dans un intérêt financier au profit du fisc, décida que lorsque les citoyens présenteront à la régie un acte portant mutation de propriété, etc., celle-ci percevra non-seulement le droit de mutation, mais encore le montant du droit proportionnel de transcription, mais elle ajouta que la formalité de la transcription au bureau de conservation des hypothèques ne donnera plus lieu à aucun droit proportionnel. La loi du 23 mars 1855 déclare que, jusqu'à ce qu'une loi spéciale détermine les droits à percevoir, la transcription des actes ou jugements qui n'étaient pas soumis à cette formalité avant sa promulgation sera faite moyennant un droit fixe d'un franc.

Les acquisitions de biens faites par l'État ne sont soumises à aucun droit.

SECTION VII.

ORGANISATION DE L'ADMINISTRATION.

Avant 1780, la plupart des contributions et revenus publics étaient affermés à des compagnies ou à des fermiers généraux qui, moyennant une somme payée à l'Etat à titre de fermages, les faisaient recouvrer pour leur compte. Il en était ainsi notamment des droits dont la perception est actuellement confiée à l'administration de l'enregistrement. Un arrêt du conseil du 9 janvier 1780 ordonne que la perception de ces droits et celle des revenus du domaine proprement dit seraient attribuées à une compagnie intéressée, formée sous le nom d'administration générale des domaines et des droits domaniaux. L'Assemblée constituante ayant adopté le principe de la perception directe, pour le compte de l'Etat, de tous les impôts et revenus publics, l'administration générale des domaines et des droits domaniaux fut remplacée par la régie de l'enregistrement. Un arrêté des consuls de l'an ix constitua définitivement la régie en *administration de l'enregistrement et des domaines* et la divisa en deux grandes branches : administration centrale et administration départementale.

1° *Administration centrale.* — L'administration centrale se compose d'un directeur général, présidant le conseil d'administration ; de quatre administrateurs, membres de ce conseil ; de cinquante-trois chefs et sous-chefs et de cinquante-huit commis principaux et commis d'ordre, expéditionnaires, etc. Tous ces employés sont dispensés de fournir cautionnement.

Le directeur général est nommé par l'Empereur ; il dirige et surveille, sous l'autorité du ministre des finances, l'administration centrale, le personnel de toutes les opérations qui

rentrent dans les attributions de l'administration ; il préside
le conseil d'administration, approuve les délibérations ou en
réfère au ministre, lorsqu'il juge à propos d'en suspendre
l'exécution ; il soumet à l'approbation du ministre le budget
général des dépenses de l'administration, les délibérations
du conseil sur des questions ou des objets dont la décision
est réservée au ministre, et il lui rend compte périodiquement
du résultat de son administration. Il lui soumet, chaque an_
née, la liste des candidats admissibles au surnumérariat, et
le tableau des agents de tout grade qui ont des titres à l'a-
vancement. Indépendamment de deux bureaux, celui du
personnel et celui du contentieux, qui sont placés directement sous les ordres du directeur général, l'administration
centrale se compose de quatre divisions, à la tête de chacune desquelles se trouve l'administrateur nommé par l'Empereur. Les administrateurs, présidés par le directeur général, forment le conseil d'administration. Le travail de chaque
division est confié à des chefs et sous-chefs de bureau nommés par le ministre.

2° *Administration départementale.* — Le personnel des
départements et des colonies se compose de deux catégories
d'employés : les employés supérieurs et les receveurs. Les
employés supérieurs sont : les directeurs, au nombre de 88 ;
les inspecteurs, au nombre de 91 ; les vérificateurs, au nombre de 377. On range, sous la dénomination générique de
receveurs, 88 premiers commis, 8 contrôleurs de successions, 372 conservateurs des hypothèques, 2,500 receveurs
et 91 gardes-magasins. Il y a, en outre, 490 surnuméraires.
Nous n'avons pas à entrer ici dans les détails des attributions
de tous ces petits fonctionnaires.

CONCLUSION. — CONSIDÉRATIONS SUR L'IMPOT UNIQUE ET L'IMPOT PROGRESSIF.

Cette étude des principaux impôts maintenant connus et employés montre combien sont nombreuses et diverses les sources auxquelles les États puisent les revenus nécessaires à leurs besoins. Il est, en Europe, des pays où coexistent à peu près tous les impôts qui viennent d'être examinés. Il en est bien peu qui n'aient à en supporter à la fois le plus grand nombre. On serait en droit de s'en étonner si tout, dans cet état de choses, n'était le fruit des circonstances à l'empire desquelles il a fallu longtemps se soumettre. Pressés par des besoins croissants, les gouvernements n'ont cessé, durant les siècles passés, de travailler à grossir la recette, et à mesure que la richesse se réalisait sous des formes antérieurement inconnues, ils ont cherché à l'atteindre dans ses manifestations nouvelles. D'autre part, la constitution des sociétés et l'ignorance égoïste des contribuables n'ont que trop contribué à les pousser en avant dans les voies où ils se trouvaient entraînés. La terre était aux mains des classes privilégiées et puissantes, jouissant d'immunités qu'elles savaient défendre, et le peu qui en restait sous le coup des taxations n'aurait pu supporter tout le poids du fardeau. C'était donc aux actes civils, à l'industrie, aux consommations, qu'il fallait demander les ressources additionnelles dont la nécessité se faisait sentir, et de là cette multitude d'impôts qui vinrent successivement, sous les noms les plus divers, frapper les opérations du commerce, entraver la circulation, et accroître le prix de la plupart des produits essentiels à l'entretien de la vie humaine.

Ce fut un mal social que l'existence simultanée de tant d'impôts divers de formes, de buts, d'incidences, se contrariant ou se combattant dans leurs effets, et tantôt ménageant des revenus qu'il aurait été juste d'atteindre, tantôt, au contraire, prélevant sur d'autres des quotes-parts excessives. Le fisc lui-même n'y trouvait pas son compte, car le grand nombre des administrations et des agents qu'il avait à solder ne laissait arriver dans les coffres de l'État qu'une partie des sommes enlevées au public, partie, à certaines époques tellement réduite, qu'avant l'administration de Colbert elle équivalait à peine, en France, à 30 pour 0/0 du chiffre acquitté par les redevables. Aussi, du moment où, grâce au progrès des connaissances, l'impôt fut devenu l'objet d'études sérieuses, en entendit-on réclamer de toutes parts la réforme. Mais là encore se rencontrèrent dans l'application des difficultés insurmontables. Rien qui ait davantage à se heurter contre les habitudes acquises et contre les préjugés reçus, que les propositions de changement en matière de subsides. Autant les populations applaudissent à l'abolition de chacune des contributions qu'elles ont à payer, autant elles sont disposées à pousser de vives réclamations contre toute contribution nouvelle; et, comme on ne peut supprimer les plus malfaisantes sans les remplacer immédiatement par d'autres contributions qui, bien que moins défavorables à l'intérêt public, soulèvent des résistances souvent opiniâtres, on a vu plus d'une fois les gouvernements les mieux intentionnés, forcés de s'arrêter dans leurs œuvres et de renoncer au bien qu'ils désiraient faire.

De nos jours, cependant, les idées au sujet de l'impôt ont pris un cours plus hardi et plus éclairé; quelques-unes des lumières qui jusqu'ici manquaient au plus grand nombre se sont répandues, et il est facile de prévoir que le temps approche où les populations attacheront une grande importance à tout ce qui concerne les formes et l'incidence des taxes. Déjà, en Angleterre, elles s'en sont vivement préoccupées, et leurs réclamations ont obtenu un plein succès. Ainsi, la plupart des impôts dont le poids retombait principalement sur les classes salariées ont subi de larges réformes. Les droits sur les sels, les droits à l'entrée des céréales et des produits alimentaires, ont été supprimés ou réduits. C'est aux revenus que l'income-taxe est venu demander de suppléer à l'insuffisance des recettes, et peut-être même a-t-on, sur quelques points, dépassé la limite véritable des exigences de la proportionnalité.

L'exemple donné par l'Angleterre sera tôt ou tard imité dans d'autres contrées de l'Europe. Partout les progrès inévitables de l'esprit démocratique amèneront l'examen des questions d'impôt, et il deviendra de plus en plus difficile de maintenir les systèmes de taxation dont l'existence ne se concilie pas avec le droit appartenant à chacun, de n'avoir à contribuer aux dépenses publiques que dans la mesure même de ses ressources.

C'est aux gouvernements à compter avec le mouvement naturel des esprits et à savoir se prêter aux innovations qui deviendraient nécessaires. Il y avait, dans les systèmes en pratique durant les premiers siècles passés, bon nombre d'erreurs et d'iniquités inaperçues par ceux-là même qui en souffraient davantage, mais qu'il a fallu supprimer, lorsqu'enfin elles commencèrent à être visibles aux yeux de tous. Il y en a bon nombre encore dans les systèmes qui prévalent aujourd'hui : elles auront le même sort; car si l'ancienneté est en général, pour les impôts, un titre à la durée, ce titre cependant n'est pas, comme tant de personnes le supposent, assez valable pour pouvoir l'emporter sur toutes les considérations de justice et de raison.

Ce qui atteste à quel point les questions d'impôt émouvent maintenant les populations, c'est le grand nombre de projets de réforme éclos depuis quelques années. Jamais, à aucune époque antérieure, on n'en a vu naître autant ; et, comme parmi ces projets il en est qui ont séduit quelques imaginations, peut-être ne sera-t-il pas inutile de consigner ici les réflexions qu'ils suggèrent. Ces projets sont ceux qui se rapportent soit à l'établissement d'un impôt unique, soit à celui de l'impôt progressif.

Au premier aspect, l'idée d'un impôt unique a un côté très séduisant. S'il n'existait qu'un seul impôt, la perception, confiée à un seul corps d'agents financiers, s'opérerait à bon marché, et les contribuables, exonérés d'une partie des sacrifices qu'ils ont à faire aujourd'hui, seraient fort soulagés. Mais est-il une matière imposable qui, à elle seule, puisse subvenir à la totalité des dépenses publiques ? Quelques-uns ont proposé de choisir la propriété foncière ; d'autres, en plus grand nombre, le revenu.

L'impôt unique sur la terre a été, comme on le sait, au nombre des propositions faites par l'école du docteur Quesnay. Cette école n'admettait d'autre élément de richesse que le produit ou le revenu net du sol, et il était naturel qu'elle voulût chercher les ressources nécessaires aux besoins de l'État dans ce qu'elle en croyait être la source exclusive. Elle se trompait, et ceux qui maintenant adoptent ses principes en matière d'impôt se méprennent également.

D'abord ce serait, à l'égard des personnes, une injustice monstrueuse que de changer la répartition de l'impôt de telle sorte que le fardeau tout entier serait rejeté sur une seule classe de citoyens : un tel changement bouleverserait toutes les existences, et aucune société ne résisterait à la violence du choc. Assurément la terre peut payer beaucoup, sans qu'il en résulte d'autre mal que la diminution des rentes ou fermages qu'elle produit en faveur de ceux qui en sont les maîtres ; mais ce serait impossible de lui arracher la totalité des subsides dont l'État ne peut se passer, et, si on l'essaiait, l'agriculture ne tarderait pas à être frappée d'une langueur fatale aux intérêts de tous. C'est qu'il n'est pas de progrès rural qui ne réclame des dépenses préalables, et que, du jour où les propriétaires seraient contraints à livrer au fisc la majeure partie des revenus dont ils sont en possession, ils perdraient à la fois le goût et la possibilité de l'épargne et cesseraient de sacrifier la moindre partie du peu de fruit qu'ils tireraient encore de leurs biens à des améliorations trop peu productives. Les États sont appelés, par le cours naturel de la civilisation, à grossir progressivement leurs dépenses ; c'est à la terre qu'ils demanderaient sans cesse de nouvelles ressources, et c'en serait assez pour achever d'éteindre, chez ses possesseurs, tout désir d'ajouter à ses forces productives. L'impôt unique sur le sol, en frappant l'industrie agricole de stagnation, arrêterait infailliblement l'essor de la prospérité sociale.

L'impôt unique sur les revenus n'aurait pas, à beaucoup près, autant d'inconvénients. Ce n'est pas un impôt qui choisisse, au risque de l'accabler, un seul genre de richesse et d'industie. C'est un impôt qui, s'adressant à la fois à toutes les sources de la production, ne rompt pas violemment tout rapport de puissance et de fécondité entre elles, et qui, ne prenant à chacun qu'au prorata de sa part personnelle dans le revenu général, demeure exempt de partialité et d'injustice. Mais cet impôt serait-il aussi facile à asseoir et à recueillir qu'il l'a été peu jusqu'ici, qu'il n'y aurait pas de raison pour en faire le seul moyen de remplir les caisses publiques. Il y a pour tous les impôts un degré d'élévation au-delà duquel il ne faut pas les pousser, et des taxes trop fortes sur les revenus auraient à coup sûr le double inconvénient d'être fort incommodes pour les contribuables tenus de les acquitter à des jours ou échéances fixes, et d'exciter à des fraudes et à des dissimulations qui, dans l'état présent des idées et des habitudes, ne sont pas l'objet d'un blâme bien prononcé. D'un autre côté, parmi les impôts en usage, il en est qui ne sont ni moins proportionnels, ni moins faciles à recouvrer que l'impôt sur les revenus, et dont la suppression ne serait nullement motivée. L'impôt foncier, par exemple, est juste en principe comme dans l'application, et comme toutes les fois qu'il est d'origine suffisamment ancienne, il a, par l'effet naturel des transmissions opérées, cessé d'être à la charge personnelle des propriétaires des biens grevés, son abolition n'aurait d'autre résultat que de priver l'État d'une recette qui lui appartient à bon droit. L'impôt sur le revenu, à le considérer dans sa véritable destination, sera appelé à remplacer successivement la plupart des impôts qui coûtent trop cher à obtenir ou qui ont le tort réel de manquer de proportionnalité. Si la simplicité, en matière de taxation, doit être recherchée avec soin, elle n'est pas le seul but auquel il faille viser et, suivant toute apparence, l'unité de l'impôt demeurera un idéal dont on pourra se rapprocher de plus en plus, mais sans pouvoir l'atteindre et le réaliser complétement.

L'impôt progressif est d'une invention assez récente. Dans le passé, les classes en possession du pouvoir ont fait un effort continu pour échapper aux charges publiques et en rejeter le poids sur le reste de la société. De nos jours, où les idées démocratiques ont pris un cours mal réglé encore, les hommes qui les poussent à l'extrême veulent un effort en sens opposé, et c'est dans l'espoir de faire porter aux classes riches plus que leur part du fardeau qu'ils réclament l'établissement de l'impôt progressif.

Voici le système dans toute sa simplicité : il consiste à taxer les revenus privés à des taux qui diffèrent et croissent à mesure que ces revenus eux-mêmes deviennent plus con-

sidérables. Ainsi, tandis que les revenus de la dernière catégorie n'ont à payer qu'une certaine quotité pour cent, les
revenus de la catégorie supérieure paient une quotité plus
élevée, ceux de la catégorie qui suit, une quotité plus forte
encore, et autant de catégories, autant de quotité distinctes,
montant sans cesse et appelant les particuliers à subvenir
aux dépenses publiques dans des proportions dont l'augmentation relative marche plus vite que l'augmentation même de
la fortune.

Assurément, au premier aspect, on pourrait être tenté
d'approuver un mode de taxation qui, demandant peu aux
contribuables les moins aisés, réserve ses rigueurs pour les
plus riches et les appelle à contribuer d'autant plus aux nécessités de l'État, qu'ils sont moins exposés aux atteintes du
besoin ; en y regardant de près, on ne tarde pas à reconnaître combien tout, dans une pareille combinaison, est im-
praticable et illusoire.

Au nombre des objections élevées contre le système, il en
est une qui a attiré particulièrement l'attention : c'est qu'aux
points extrêmes où finissent et commencent les catégories, il
y aurait des augmentations de fortunes qui ne compense-
raient pas l'effet de la hausse du taux des droits réclamés
par l'État, et qui, conséquemment, se traduiraient en cause
d'appauvrissement. L'objection n'a pas toute la valeur qu'on
lui a attribué. L'impôt progressif se prête à des combinaisons assez variées : il peut s'appliquer aux revenus, à
des taux divers, suivant les additions qu'ils reçoivent, les
séparer en portions distinctes, et ne s'élever graduellement
que pour celles qui excèdent la première ; et, dans ce système, l'inconvénient signalé ne se ferait pas sentir. Aussi,
est-ce à des considérations plus sérieuses qu'il faut recourir
pour repousser le régime en question.

L'impôt progressif a un vice radical : il sévit contre les

qualités mêmes qu'il importe le plus de propager au sein des populations, et s'il lui était donné d'atteindre pleinement son but, ce serait au prix de la stagnation des richesses et de l'industrie. Deux choses sont, en effet, essentielles au développement des forces productives d'un pays : l'une, c'est que les efforts de chacun, pour améliorer sa position, trouvent la récompense qui leur est due ; l'autre, c'est que le goût de l'épargne subsiste et s'étende ; or, l'impôt progressif, par cela même qu'il s'attache à réduire les avantages attachés à l'accroissement des fortunes, affaiblit nécessairement les mobiles dont la puissance opère le plus heureusement sur la marche des sociétés. En marquant à la richesse privée des degrés au-delà desquels son augmentation cesse d'être suffisamment profitable, il ôte au travail une partie des rétributions dont il a besoin pour conserver toute son énergie ; il atténue le désir d'amasser et met obstacle à la formation des capitaux, qu'il condamne à mesure qu'ils grossissent à devenir de moins en moins productifs. Ce sont les ressources mêmes de toute prospérité sociale qu'il atteint et resserre de manière à en diminuer l'abondance.

Là ne s'arrêteraient pas les inconvénients inséparables de l'établissement de tout impôt progressif. Les hommes veulent tirer de leurs ressources et de leurs facultés le meilleur parti possible ; ils sentent que c'est leur droit comme leur intérêt ; et de là la recherche qu'ils font sans cesse des moyens d'utiliser les richesses à leur disposition. Aussi les capitaux affluent-ils toujours dans les voies où leur placement rencontre à la fois le plus de sûreté et les plus hauts bénéfices : de légères différences d'intérêt suffisent pour en déterminer l'emploi ; et comme l'attestent les transactions qui s'accomplissent sur toutes les places commerciales de l'Europe, ils n'hésitent pas même à aller recueillir au dehors les avantages qu'ils ne trouvent pas sur le sol natal. Aussi dans tout pays où l'impôt, venant prendre à une portion des capitaux concentrés dans les mêmes mains plus qu'au reste, en ferait descendre le produit au-dessous de la mesure normale, verrait-on bien peu de personnes se résigner à la perte qui leur serait infligée. C'est en dissimulant la possession des parts de richesses sur lesquelles le fisc pèserait le plus, ou en les envoyant à l'étranger chercher un meilleur sort, qu'on échapperait à des exigences contraires à des intérêts toujours écoutés, et les capitaux ne tarderaient pas à se cacher ou à émigrer en partie au détriment de l'activité nationale.

Rien ne saurait les forcer à se montrer ou les empêcher de fuir. Le capital, l'argent est par essence rebelle aux injonctions qui s'opposent à ce qu'il obtienne toute la rémunération à sa portée ; il arrive toujours là où il rencontre les rétributions les plus lucratives : nulle loi, si sévère qu'elle soit, ne saurait le retenir en captivité ; il prend toutes les formes que requiert sa libre circulation, et quand il ne peut traverser les frontières sous le nom même de son maître, il finit toujours par les passer sous des noms d'emprunt.

Nulle part encore n'a été faite l'épreuve d'un impôt largement et vraiment progressif ; mais cette épreuve, si quelque pays la tente, on peut hardiment en prédire les résultats. Les fortunes acquises se dénatureront afin d'échapper à l'excès des taxes ; les fortunes nouvelles ne se réaliseront en apparence que jusqu'à une hauteur donnée ; les capitaux se dissémineront et iront, en partie, fructifier à l'étranger ; bientôt les entraves mises à leur emploi au grand jour, ainsi que l'émigration des épargnes auront comprimé l'essor nécessaire du travail et châtié l'imprudence commise.

En matière d'impôt il est un principe fondamental dont on ne saurait s'écarter impunément : c'est le principe de la proportionnalité, l'impôt ne doit peser que sur les choses et non sur les personnes, et toute combinaison qui se propose d'appeler les individus à concourir aux dépenses publiques dans une mesure autre que celle de la part même dont ils jouissent dans le revenu général, ne peut produire que des résultats à la fois injustes et pernicieux.

TABLE DES MATIÈRES.

—

DROIT ROMAIN.

DROIT FRANÇAIS.

Pagination incorrecte — date incorrecte

NF Z 43-120-12

d'appeler les individus à concourir aux dépenses publiques dans une mesure autre que celle de la part même dont ils jouissent dans le revenu général, ne peut produire que des résultats à la fois injustes et pernicieux.

TABLE DES MATIÈRES.

—

DROIT ROMAIN.

DROIT FRANÇAIS.

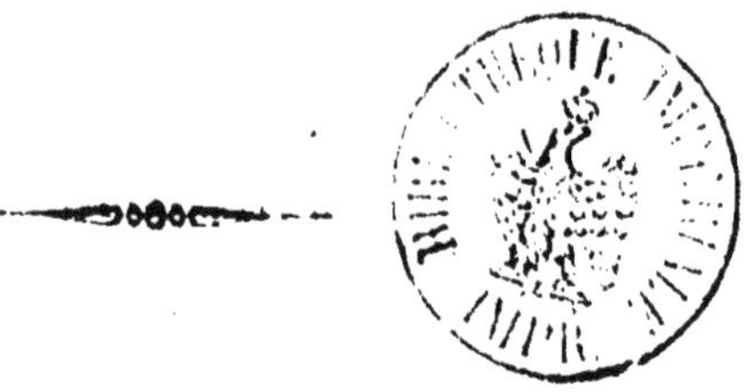

PARIS. — DE SOYE ET BOUCHET, IMPRIMEURS, PLACE DU PANTHÉON, 8

PARIS. — Typographie et Lithographie Lacour, rue Soufflot, 12.

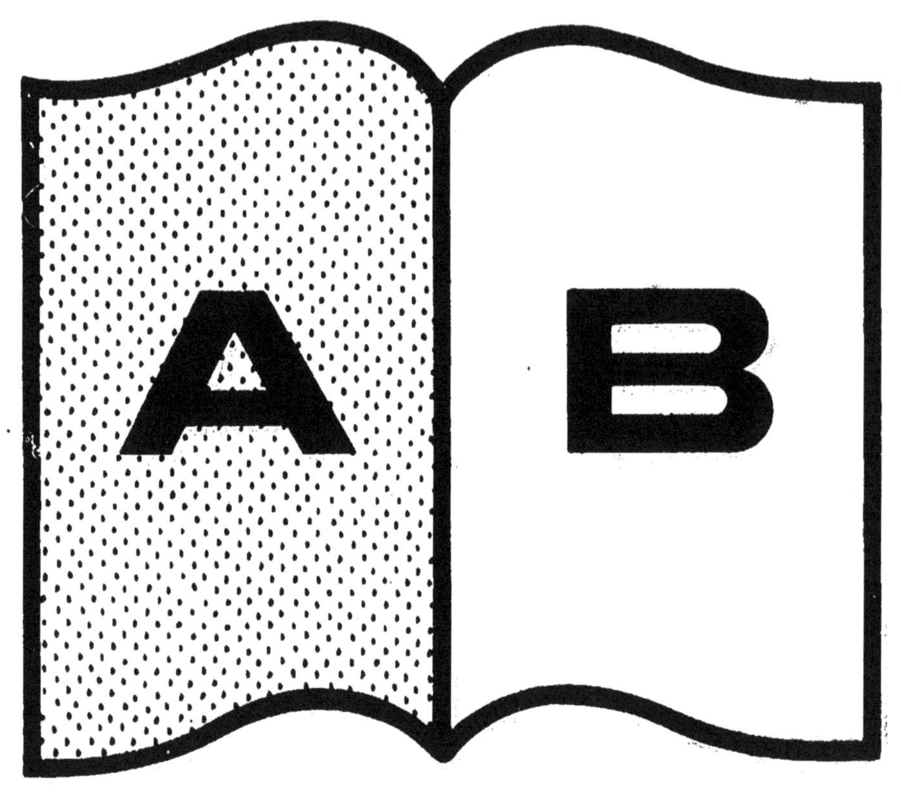

Contraste insuffisant

NF Z 43-120-14

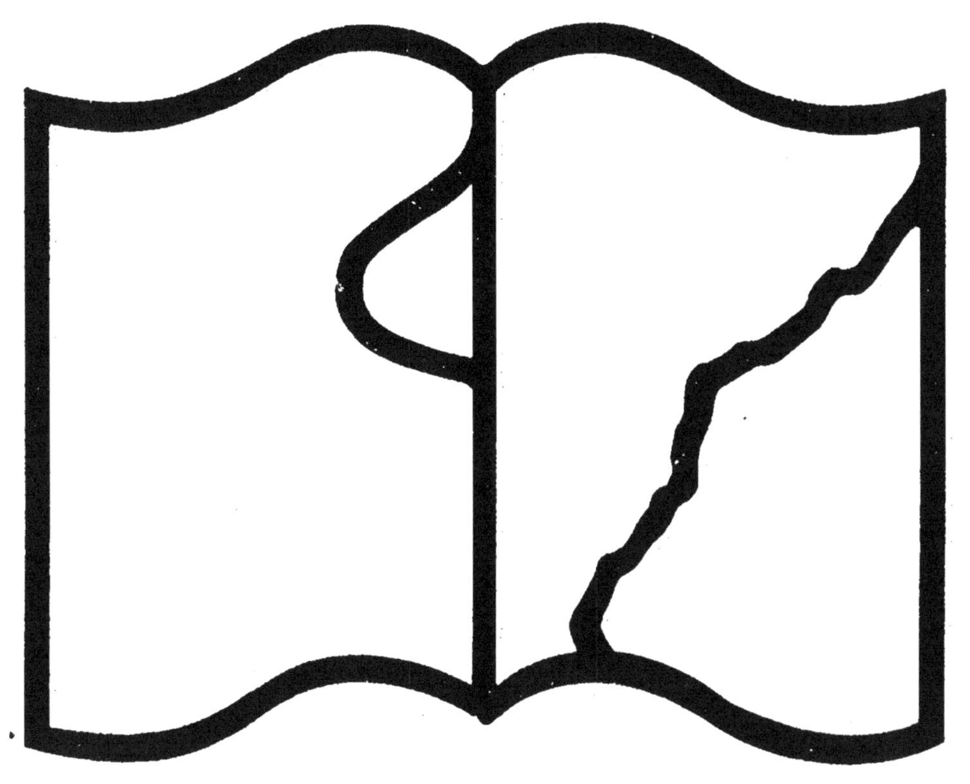

Texte détérioré — reliure défectueuse

NF Z 43-120-11

Pagination incorrecte — date incorrecte

NF Z 43-120-12